직장으로 간
뇌과학자

직장으로 간
뇌과학자

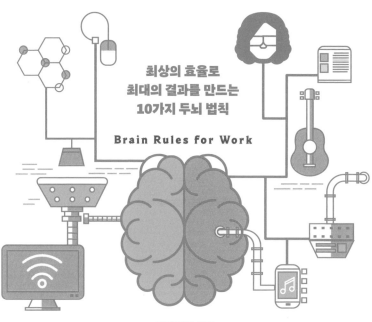

최상의 효율로
최대의 결과를 만드는
10가지 두뇌 법칙

Brain Rules for Work

존 메디나 지음
김미정 옮김

프런티어

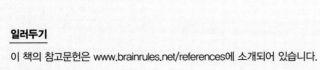

일러두기

이 책의 참고문헌은 www.brainrules.net/references에 소개되어 있습니다.

내가 아는 가장 따뜻하고 친절한 사람
내 친구 브루스 호스포드에게
이 책을 바친다.

1. 협력하는 뇌: 팀
혼자보다 팀이 더 생산적이다

2. 생산적인 뇌: 홈오피스
환경이 변화해도 원칙이 있다면 극복할 수 있다

3. 회복하는 뇌: 사무실
뇌는 자연 속에서 발달했고, 여전히 그곳에 살고 있다고 생각한다

4. 혁신하는 뇌: 창의력
실패라는 선택지가 생기는 순간, 새로운 길이 열린다

5. 리드하는 뇌: 리더십
높은 공감력과 약간의 강경함이 존경을 만든다

6. 조작하는 뇌: 권력
힘이 커질수록 공감력은 떨어진다

7. 집중하는 뇌: 프레젠테이션
상대를 사로잡는 것은 최초의 10분에 좌우된다

8. 통제하는 뇌 : 갈등과 편견
글쓰기는 감정을 객관적으로 바꾼다

9. 반응하는 뇌: 일과 삶의 균형
'업무용' 뇌와 '가정용' 뇌는 따로 존재하지 않는다

10. 성공하는 뇌: 변화
결심과 인내만으로는 아무것도 바뀌지 않는다

21세기 사무실에서 작동하는
세렝게티의 뇌 사용법

경영학과 학생들에게 이런 질문으로 강연을 시작한 적이 있다.

"손가락 장갑이 왜 있을까요?"

대답을 기다렸지만 내게 돌아온 것은 몇 명의 웃음과 혼란스러운 표정뿐이어서 답을 알려주었다.

"사람 손에는 손가락이 다섯 개 있으니까 손가락 장갑을 만들죠!"

대답을 들은 학생들은 더 많이 웃었고 그보다 더 많이 혼란스러워했다. 그들은 몇 년 후면 그들의 것이 될 비즈니스 세계에 관한 신경학자의 이야기를 들으러 왔을 테니 말이다. 장갑과 손가락이 직장이나 뇌, 또는 둘 다와 무슨 상관이 있단 말인가?

"당연한 거 아닌가요? 손가락이 다섯 개이듯 우리 뇌는 여러 가지 인지 능력을 갖추고 있습니다. 이 장기는 특정 환경에서는 아주 생산적으로 반응하지만 다른 환경에서는 대단히 비생산적으로 반응하게 형성되어 있죠." 나는 인체공학이 손만큼이나 정신에도 적용된다고 설명하며 경고했다. "여러분이 직장을 설계하고 있고 산출을 최대로 높이고 싶다면 뇌의 인지 양상을 염두에 두는 것이 좋아요."

나는 전형적인 직장은 손가락 장갑과 달리 인지 능력을 고려하여 설계되지 않았다고 설명하며 학생들을 사고 실험으로 이끌었다. 장갑을 손에 맞춰 만들 듯 직장을 뇌에 맞춘다면 어떨까? 영리 기업이 뇌 기능 문제를 진지하게 받아들인다면 기업 조직은 어떤 모습일까? 경영 구조는 어떻게 설계할까? 업무 공간은 물리적으로 어떤 모습일까? 어떤 환경이 창의력, 생산성, 업무 완수 능력에 가장 도움이 될까?

이 책은 이런 질문에 답을 알려준다. 우리는 행동 신경과학과 인지 신경과학을 적용하여 직장의 생산성을 향상하는 방법을 탐색할 것이다. 본사의 으리으리한 사무실에서 일하든 재택에서 근무하든 의미 있는 일이다. 인지공학(cognitive ergonomics)의 실행이라고도 할 수 있다.

그렇다고 일에 관한 전형적인 책은 아니다. 이 책에 나오는 거의 모든 개념은 찰스 다윈의 능숙한 솜씨로 구성되었다. 그의 진화론 개념들로 이 책의 중심 과제, 즉 21세기에 작동하면서도 여전히 옛날 세렝게티 초원에 있다고 생각하는 우리 뇌 사용법을 설명한다. 엄청난 문제 해결 능력을 지닌 1.2~1.4킬로그램 정도의 말랑한 뇌가 마스토돈을 사냥하고 열매를 따는 법에 정교하게 맞춰진 상태에서 어떻게 직원회의를 주재하고 스프레드시트를 읽는 법을 배우는지 살펴보자.

뇌는 가끔 마지못해 순응할 뿐이다. 우리 뇌는 최초의 현생 인류의 두개골 안에서 진화했던 홍적세(Pleistocene)의 족쇄에서 완전히 벗어날 만큼 오랫동안 문명을 배우지 못했으니까. 체육관에서 운동하지 못했으니까. 하지만 현대 생활에 기꺼이 순응하기도 하는데, 특히 뇌의 내부 메커니즘을 충분히 알고서 뇌의 자연적 경향에 반하기보다 맞춰 일할 때 그렇다. 그래서 행동의 과학적 측면이 사업적 측면의 행동에 미치는 영향을 알아볼 것이다.

이런 노력은 10가지 뇌의 원리로 나뉜다. 상호 심사를 거친 과학 지식을 바탕으로 우리가 뇌에 대해 알고 있는 이 원리는 직장생활의 해당 영역에 각각 적용할 수 있다. 채용 관행과 프레젠테이션 같은 전문 업무 영역을 다루는 원리, 업무 공간 설계에서부터 다른 사람들과 어울리기까지 좀 더 일반적인 관심 영역을 다루는 원리 등이 있다. 줌 회의를 끝내면 왜 더 피곤한지, 생산성을 높이기 위해 집 또는 회사 사무실에 무엇을 할 수 있는지(힌트: 식물 들여놓기), 승진한 후에 왜 섹스에 더 흥미를 느끼게 되는지, 창의력과 팀워크 배후에 있는 인지 신경과학을 탐구하고 끝내주는 파워포인트를 만드는 가장 효과적인 방법은 무엇인지 살펴보자. 마지막으로는, 선량하고 보수적인 사람들이 변화를 왜 그리 힘들어하는지 설명하면서 이 책을 마무리한다. 이런 지식들로 우리는 손가락 장갑을 한 땀 한 땀 설계하여 더 영리하고 효율적으로 일하는 법을 알게 될 것이다.

경이로운 뇌의 능력

우선 몇 가지 배경 정보로 시작하자. 당신에게 장갑에 비유해 인지 능력을 이야기하는 나에 대해 간단히 소개하겠다.

나는 발달분자생물학자(developmental molecular biologist)로 정신질환의 유전적 특질 연구에 특히 관심이 많다. 이러한 관심은 나의 두 갈래 경력에 드러나 있다. 학문적으로는 워싱턴대학교의 생명공학과 겸임교수로, 비즈니스 면으로는 주로 민간 부문의 영리 기업에 조언하는 분석 컨설턴트로 일하고 있다. 위에서 말했던 경영학과 학생들을 위한 강연은 후자의 경력 덕분에 요청받았다.

나는 평생 뇌과학에서 단서를 얻고 그것들을 삶의 면면에 적용하는 데 관심이 있다. 그래서 세 권의 책《브레인 룰스》,《내 아이를 위한 두뇌 코칭》,《젊어지는 두뇌 습관》을 저술했다. 뇌가 우리에게 가르쳐줄 수 있는 것에 항상 경이와 매혹을 느낀다. 이를 보여주기 위해 나는 강의든 집필이든 언제나 사례연구로 시작하며, 이 책도 마찬가지다.

정말 특이한 뇌진탕을 입었던 평범한 사람에 대해 이야기해보자. 이두박근에 헤어스타일이 주 관심사인 제이슨 패짓(Jason Padgett)은 평균 이하의 수준이었던 대학 중퇴자였다. 수학이라면 질색이었고 여자와 파티가 삶의 목적이었던 제이슨은 즐기던 파티에서 무자비한 폭행을 당해 의식을 잃고 쓰러졌고, 심각한 뇌진탕을 입은 채 응급실에서 깨어났다. 의사들은 그에게 엄청난 양의 진통제를 주사한 후 귀가시켰다. 그는 결코 예전 같을 수 없는 상태였다.

제이슨은 깨어나면서부터 사람들의 윤곽을 보기 시작했고 소름 끼치도록 정교한 도형을 며칠에 걸쳐 그렸다. 여전히 회복 중이던 어느 날, 쇼핑몰에서 도형을 스케치하는 제이슨에게 한 남자가 다가와 말을 걸었다. "안녕하세요, 나는 물리학자입니다. 당신은 무엇을 그리고 있나요?" 그러고는 제이슨의 인생을 바꿔 놓은 이야기를 했다. "마치 시공간과 우주의 이산(離散) 구조를 이야기하려는 것 같군요." 제이슨은 깜짝 놀랐고 낯선 남자는 미소 지으며 물었다. "혹시 수학 강의를 들어볼 생각 있어요?"

놀랍고도 재밌게도, 결국 물리학자의 제안을 받아들인 제이슨은 파티광에서 수학 천재로 거듭났다. 그의 초능력은 프랙털(fracta: 나무, 구름, 해안선 등에서 볼 수 있듯 작은 부분이 전체 구조와 닮은 형태로 끝없이 되풀이되는 구조를 말하며 컴퓨터 그래픽 이론에서 출발하여 현대 물리와 수학에서 빼놓을 수 없는 일부가 되었다-옮긴이)을 그리는 능력이었고, 이는 다양한 수학 기술로 빠르게 발전했다. 핀란드의 연구원들이 제이슨의 뇌를 연구한 결과, 뇌 부상이 대수학 전 단계도 이해하지 못했던 그에게 수학적 사고를 담당하는 뇌 영역에 전면적인 접근권을 제공했다는 사실을 발견했다. 하지만 그것이 온전한 축복만은 아니었다. 그는 강박장애도 갖게 되어 몇 년 동안 은둔 생활을 해야 했다.

제이슨은 후천적 서번트 증후군(Acquired Savant Syndrome) 진단을 받았다. 이런 드문 사례로 연구 문헌에 보고된 사람들이 약 40명에 이른다. 문헌에 자세히 보고된 후천적 재능은 수학에만 국한되어 있지 않으며 작문, 기술, 그림 능력 등에서 갑작스러운 진보를 보인 사람들이 있다. 이런 변화가 어떻게 일어나는지는 모른다. 제이슨은 모든 사람에게 특정한 인지 초능력이 숨어 있다고 믿는다. 그것에 접근할 수만 있다면 말이다. 좀 과장된 주장일 수 있지만, 그 가능성은 흥미로우며 내가 수년 동안 단 하루도 지루함을 느끼지 못한 뇌에 깜짝 놀라는 수많은 이유 중 하나일 뿐이다.

(하지만 제이슨을 모델로 삼아서는 안 된다. 그처럼 심각한 부상을 입은 사람들 대부분은 아인슈타인으로 깨어나지 않으며, 때로는 의식조차 찾지 못한다.)

뇌는 에너지 욕심쟁이

연구자들이 제이슨 같은 사람들을 어떻게 바라보는지 이해하려면 기본적으로 뇌가 어떻게 작동하는지 살펴봐야 한다. 천재든지 아니든지 모든 사람에게는 성가실 수 있는 의외의 경향이 있다. 우리 뇌는 에너지 절약에 매우 열심이라는 점이다. 뇌는 방을 나갈 때 불을 *끄라고* 끊임없이 잔소리하는 부모처럼 군다. 뇌는 우리 몸이 에너지를 얼마나 낭비하는지, 에너지를 얼마나 사용하는지, 에너지 탱크를 채우려면 어떻게 해야 하는지 감시한다. 이런 계산은 뇌의 작업 중 아주 많은 부분을 차지하기 때문에, 에너지 절약이 뇌의 주요 기능이라고 확신하는 과학자도 있다. 연구자 리사 펠드먼 배럿(Lisa Feldman Barrett)은 이렇게 말한다.

당신이 하는 (또는 하지 않는) 모든 행동은 경제적 선택이다.

당신의 뇌는 언제 자원을 쓰고 언제 자원을 절약할지 추정한다.

뇌가 자원을 걱정하는 근원적 이유가 있다. 1.3~1.4킬로그램짜리 SUV처럼 구는 에너지 돼지인 뇌는 체중의 2퍼센트를 차지할 뿐이지만 가용 연료의 20퍼센트를 소모한다. 많은 양 같지만 그 정도로는 뇌 기능을 유지하기도 빠듯하다. 뇌는 할 일이 너무 많다(프레젠테이션을 진행할 때 유념해야 할 청중의 특성이다). 그래서 계속 지름길을 검색하여 작업 과부하를 해결하려 든다. 일례로 뇌는 주목해야 할 사항을 줄이는데 대표적인 분야가 시각 처리다. 눈은 초당 100억 비트의 정보를 뇌로 보내지만, 뇌의 에너지 편집기가 작동하므로, 정보가 뇌의 뒤편(실제로 무언가 보이기 시작하게 만드는 영역)에 도달할 때쯤에는 초당 1만 비트로 확 줄어든다.

뇌는 에너지 자원에 늘 신경을 써서 주어진 순간에 생존을 위해 필요한 에너지를 끊임없이 예측한다. 그렇다고 연료 탱크 정보만 예측하지 않는다. 사람들의 의도부터 그들을 이끄는 최상의 방법을 도출하기까지, 뇌의 예측 능력은 수많은 다른 영역으로 퍼져나간다(기업 경영자나 임원이 되고자 하는 사람에게 유용할 것이다).

에너지 효율을 높이려는 뇌

뇌는 정확히 어떤 종류의 에너지 자원을 소비하고, 무엇을 위해 그

에너지를 사용할까?

첫 번째 질문의 답은 단것을 좋아하는 사람이라면 익히 알 것이다. 뇌는 하루 110그램 이상의 당분(포도당)을 주로 소비한다. 두 번째 질문의 답은 전기와 관련 있다. 뇌는 당분을 전기 에너지로 변환하여 뇌의 한 영역에서 다른 영역으로 정보 전달하기를 포함한 작업 대부분을 수행한다.

두피에 전극 몇 개만 붙이면 이 전기 흐름을 알 수 있다. 뇌가 쉬고 있다고 생각할 때조차 상당한 전기가 흐른다. 뇌는 생명 유지에 필수 기능인 심장 박동이나 호흡 등을 유지해야 하는데, 이는 모두 에너지가 필요한 행위이기 때문이다.

뇌는 얼마만큼의 에너지가 필요할까? 스탠퍼드대학교의 과학자들은 일반적인 뇌가 휴식 상태에서 수행하는 모든 작업을 로봇이 수행할 수 있다면 10메가와트의 전력이 필요하다고 추정한다. 보통 소형 댐에서 생산하는 전력량이다. 하지만 뇌는 단 12와트, 작은 전구를 밝히는 데 필요한 전력량으로 충분히 해낸다. 그러니 뇌가 에너지 비축에 몰두하는 게 당연하다!

어떻게 우리 뇌는 연료를 잡아먹는 돼지인 동시에 연료 효율이 높은 걸까? 과거 인간의 진화 과정, 이 책의 거의 모든 장에서 재논의할 진화사를 조금만 이해하면 답을 알 수 있다.

처음부터 인간이 12와트의 전력만 쓰는 효과적인 뇌로 시작한 것은 아니었다. 처음 인간의 뇌는 훨씬 작아서 오늘날 중앙아프리카 정글에서 볼 수 있는 영장류 조상의 뇌와 별반 차이가 없었다.

아주 오래전이라 이유를 알 수 없지만 600만~900만 년 전쯤에 인간은 유인원 형제자매로부터 발생학적으로 갈라지기 시작했다. 인류는 네 발로 걷는 습관을 버리고 훨씬 위험한 직립 보행을 선택했는데, 끊임없이 움직이는 다리로 체중을 계속 번갈아 옮겨주어야 했다. 상체가 무거워져서 위험할 수 있는 진화였다. 두개골(인간의 머리는 무려 체중의 8퍼센트다)로 둘러싸인 엄청나게 중요하고 엄청나게 연약한 뇌는 이제 지면과 가장 멀어진 신체 부위가 되었고, 균형 유지는 생존에 아주 중요한 문제가 되었다. 일부 연구자들은 이러한 변화가 뇌 기능에 온갖 요구를 하면서 인간이 지구의 대표적 지적 생물이 되는 길로 나아가게 했다고 믿는다. 인간의 뇌는 더 커졌고, 더 복잡해졌으며, 더 많은 연료가 필요해졌다.

인류 고생물학의 다른 사안들처럼 이런 기원설과 연대표는 논란의 여지가 많다. 과학자들이 동의할 수 있는 유일한 사실은 한동안 직립 보행이 별로 중요하지 않았다는 점이다. 인류 출현 후 300만 년이 되어서야 부분적으로 깨진 돌로 사물을 내려치는 법을 겨우 배웠으니 말이다. 하지만 상황은 바뀌고 있다.

최초의 협력

200만 년도 전에 일어난 여러 지질학적 사건들로 인해 날씨가 극적으로 변화하여, 기온이 내려가고 인류의 집이었던 습한 아프리카의 정글 대부분이 건조해지기 시작했다. 때문에 과거 안정적이었던 지구의 기후는 몹시 불안정해졌다. 아프리카가 말라가면서 사하라 사막이 확대되었고 그 과정은 지금까지 이어지고 있다.

이런 건조화는 인류에게 재앙일 수 있다. 인류는 대부분의 세월을 비가 잦고 습하며 비교적 살기 쉬운 기후에서 살아왔다. 하지만 상황이 어려워졌다. 더는 나무에서 열매를 따 먹은 후 근처의 개울물을 마실 수 없다. 인간은 숲의 생물에서 초원의 생물로 바뀌어야만 했다. 습한 기후에서 건조한 기후로의 변화에서 살아남은 우리 조상들은 아프리카 사바나라는 더 건조한 세계를 떠돌아다니는 수렵채집인이 됨으로써 생존했다. 그로 인해 변화한 생활방식은 인류의 거의 모든 것을 바꾸어 놓았다.

열대우림의 식료품점이 닫히면서 인류는 음식물을 찾기 위해 점점 더 많은 거리를 걸어야만 했다. 이러한 변화는 에너지 소모가 많고 계속 발달 중인 뇌에 새로운 압박을 가했다. 인류는 (a) 어디에 있는지 기억하고, (b) 어디로 갈지 결정하며, (c) 현재 위치에서 목적지까지 어떻게 갈지 알아내야만 했다. 기억 형성에 관여하는 뇌 영역(해마)이 길 찾기에도 관여하는 것은 우연이 아니다.

기후 변화로 인해 물리적 환경뿐만 아니라 사회적 관계를 탐색하는 법도 새롭게 배워야 했다. 신속한 협력은 사바나에서 생존에 관한 문제였다. 비슷한 몸집의 모든 포식자와 비교했을 때 인간은 물리적으로 매우 약했기 때문이다. 송곳니는 너무 작고 뭉툭해서 바싹 구운 고기조차 씹기 어렵고, 손발톱은 플라스틱 포장재조차 잘 뜯지 못한다.

이런 열세는 인간에게 '진화'라는 선택지를 제시했다. 인간은 코끼리처럼 커지는 진화 계획에 따라 몸집이 더 커질 수 있었다. 거대하고 압도적인 덩치로 진화하려면 엄청난 시간이 걸렸을 것이다. 그 반대로 인간은 더 영리하게 몇 개의 신경망을 이리저리 옮겨 이미 능숙했던 사회적 관계 맺기 능력을 발전시켰다. 그런 변화는 코끼리 크기로 커지려는 노력만큼 많은 시간이 걸리지 않아도 동일한 효과를 가져왔다. 실제로 바이오매스를 두 배로 늘리지 않고도 바이오매스를 두 배로 늘리는 효과를 가져오는 동맹 개념을 만들어냈기 때문이다.

선신세(Pliocene) 원시 인류의 평균 신장이 160센티미터로 추정된다는 사실을 고려하면 인류가 어떤 길을 선택했는지 짐작할 수 있다.

팀은 인간에게 유익했다

협력은 유용한 설계로 드러났다. 오늘날과 마찬가지로 협력은 불가능한 프로젝트를 완수하는 데 큰 도움이 되었다. 잘 협력하면 160센티미터의 원시 인류가 무엇을 할 수 있는지 보여주는 좋은 사례들이 있다. 그들은 살상 구덩이를 만드는 데 능숙해졌다.

멕시코시티에서 북쪽으로 몇 킬로미터 떨어진 곳에서 매립 쓰레기를 파내던 건설 노동자들이 이런 무시무시한 구덩이 몇 개와 매머드 뼈 수백 개를 발견했다. 두 개의 구덩이에서 나온 그 뼈들은 자연사한 모습이 아니었다. 총 14마리의 매머드 뼈가 오래된 낙타와 말의 뼈와 함께 발견되었다. 이제껏 발견된 유일한 선사 시대 살상 구덩이는 아니지만 특이하게 매머드를 도살하고, 살을 바르고, 껍질을 벗겨내고 의식을 치른 흔적이 있었다. 모든 매머드의 왼쪽 어깨뼈가 없고 오른쪽 어깨뼈만 있으며 머리뼈도 전부 거꾸로 놓여 있어서 조사관들은 그 이유를 찾아내기 위해 노력했다.

그들은 원시인 사냥꾼들이 이색적인 구덩이를 파고 진흙으로 채워 동물들을 그 속으로 몰아넣고는 창으로 찔러 죽였으리라 추측했다. 깊이 1.8미터, 길이 25미터인 구덩이는 충분히 그럴 수 있는 크기였다. 이 둘 외에도 여러 구덩이가 있었던 증거도 있다. 이는 산업적 규모의 거대한 살육장이 있었음을 암시한다.

매머드 성체는 어깨까지 키가 3.3미터에 무게는 약 8톤이나 된다. 160센티미터의 인간 혼자서는 이런 동물을 한 마리도 쓰러뜨릴 수 없다. 그런데 14마리의 뼈가 나왔다는 것은 무슨 의미일까? 원시 수렵채집인들이 거대한 도살장 여러 개를 만들려면 조직적인 행동이 필요했을 것이다. 구덩이 파기에서부터 고기 저미기와 의식의 거행에 이르는 이 모든 협력의 흔적은 멕시코시티 유적지의 거의 모든 물리적 특성에서 명백하게 나타났다.

이 이야기의 여러 측면은 여전히 논쟁 중이며 더 연구해야만 한다. 하지만 논란이 없는 한 가지 사실은, 고작 키 160센티미터의 생물을 석기 시대의 최상위 포식자로 변화시킨 진화의 힘을 보여주는 증거라는 점이다.

신경 연결

오늘날 우리는 진화가 만들어낸 가장 강력한 문제 해결 도구의 하나가 뇌라는 사실을 안다. 뇌는 어떻게 작동하는가? 뇌의 특이점은 무엇인가? 모든 연료는 어디로 가는가? 인간의 놀라운 뇌를 들여다보면 무엇을 발견할 수 있는가? 기본적인 뇌 생물학을 살펴보자.

이 핵심 기관이 중요한 기능을 한다는 사실을 발견하기까지 수백 년이 걸렸다. 쿵쾅대는 심장과 소리치는 폐와 달리 뇌는 그저 제자리에 있으니 말이다. 그 결과 초기 연구의 대부분은 지루한 해부도 작성이었다. 초기 신경해부학자들은 두개골을 가르고 보이는 것들에 이름을 붙였다.

많은 뇌 조직에 세상의 익숙한 사물의 이름이 붙여졌다. 피질(cortex)은 나무껍질이라는 뜻인데, 뇌의 얇은 '표피'를 본 학자들이 나무껍질을 떠올렸을 것이다. 시상(thalamus)은 침실을 의미하는데 누군가가 그것이 침실처럼 생겼다고 생각했기 때문일 것이다(사실 그렇게 안 생겼다). 편도체(amygdala)는 아몬드를 뜻하는 그리스어로, 껍질이 딱딱한 핵과를 연상시킨다. 심지어 유두체(mammillary body)라는 한 쌍의 작은 조직은 그것을 본 신경 지도 작성자가 아내의 가슴을 떠올려서 이름 붙였다는 소문도 있다.

초기 연구자들은 이러한 뇌 영역들이 고도로 특화되어 저마다 고유한 작업을 담당한다고 믿었다. 부분적으로는 맞지만, 뇌의 작동 방식에 대한 현대적 이해는 좀 더 미묘하고 역동적인 뇌의 구조와 기능을 그려준다. 이제 우리는 뇌가 어설프게 이름 붙은, 한 가지 과업만 수행하는 영역들의 집합이라기보다는 수백 개의 방대하고 역동적이며 상호 연결된 네트워크라는 사실을 안다. 세상에서 가장 복잡한 로드맵일 것이다. 대부분 옛날 이름으로 불리는 신경세포 군집들은 도시와 비슷하다고 볼 수 있으며, 이 도시들은 몇 킬로미터나 되는 신경 '도로'로 연결되어 있다. 멜론보다 그리 크지 않은 두개골은 이런 신경 도로 약 80만 킬로미터로 채워져 있으며 이는 미국 고속도로 시스템의 3배가 넘는 길이다.

물론 이 신경망은 단단한 아스팔트가 아닌 말랑말랑한 세포들로 만들어져 있다. 뇌에 존재하는 여러 세포 중에서 가장 유명한 것은 뉴런(neuron)이다. 전형적인 뉴런은 긴 막대기 끝에 털이 사방으로 뻗친 대걸레 같은 모양이며, 이런 이상한 모양의 세포 약 860억 개가 머릿속을 채우고 있다. '시냅스'라는 작은 공간을 두고 연결된 이 대걸레들은 뇌의 신경망 내의 개별 축삭을 형성한다. 보통 뉴런 하나에 수천 개의 시냅스가, 놀라우리만치 복잡한 형태로 서로 연결되어 있다. 한 줌의 뇌는 분형근(盆形根), 즉 공 모양으로 얽혀 있는 뿌리 같은 모습이다.

뇌 신경망

명석한 사람들이 시도했지만 분형근 같은 신경망을 도식화하기는 어려운 일이다. 연방정부 재정적자 규모의 예산을 써가며 노력을 기울이는데도 아직 완전하고 권위 있는 인간 뇌 신경회로 구조도는 없다. 이를 '구조적 커넥톰'(connectome)이라고 부른다. 가장 도식화가 어려운 부분은 구조가 아니다. 기능 혹은 특정 회로가 함께 작동하여 서비스를 제공하는 방식을 도표화하기가 훨씬 더 어렵다. 이를 기능적 커넥톰이라고 한다. 기능적 커넥톰이 어려운 이유 중 하나는 뇌의 성가신 관대함 때문이다. 즉, 뇌가 내부 신경회로에 다수의 '고용 기회'를 제공하기 때문이다.

어떤 신경회로에는 상당히 안정적인 직무 기술서가 있다. 그것들은 뇌에 내장되어 있어서 인간이라면 누구에게나 비슷하게 기능한다. 일례로 좌뇌에 있는 브로카 영역(Broca's area)과 베르니케 영역(Wernicke's area)은 언어 능력을 담당한다. 브로카 영역이 손상되면 정상적으로 언어를 구사하는 능력은 잃겠지만 구어와 문어는 여전히 이해할 것이다(브로카 실어증). 베르니케 영역이 손상되면 정반대로 구어와 문어를 이해할 수 없게 되지만 말하는 능력에는 영향을 미치지 않는다(베르니케 실어증).

그런 생래적 신경회로는 말도 안 되게 특정적이며, 언어 능력에만 국한되지도 않았다. 연구계에서 RFS로 불리는 사람을 살펴보자. RFS는 질병으로 인해 의식 수준에서 숫자를 이해하는 능력을 잃었다. 아주 이상한 방식으로. 그의 뇌가 숫자를 감지하면 숫자 이미지가 아주 이상한 방식으로 교란되고 뒤집혀서 엉망으로 뭉개져버린다. 하지만 글자를 볼 때는 전혀 문제가 없다. 문자는 정상적으로 인식하고 읽고 쓸 수 있으며 말하기도 훌륭하다. 다른 시각 정보와 별개로 숫자 처리를 전담하는 신경회로만 손상된 것이다.

극도로 특정적인 신경회로의 경우이지만, 이와 같은 생래적 특정화는 일부 뇌 신경회로의 특징일 뿐이다. 많은 뇌 신경회로는 어떤 보편적인 템플릿으로 정해져 있지 않아서, 지문만큼이나 고유한 구성 형태를 보이는 회로도 있다. 개개인의 뇌 신경회로는 다른 사람들과 다르게 연결되어 있다는 뜻이다. 따라서 뇌의 구조도를 작성하고 각각을 기능과 연결 짓는 작업은 고통스러울 정도로 느리다. 모든 사람에게 공통적인 회로와 아무에게도 공통적이지 않은 회로를 알아내려는 신경과학자들은 수십 년 동안 좌절을 겪었다.

가소성

뇌의 신경회로가 그때그때 새롭게 연결될 수 있음을 생각하면 두뇌 지도 작성은 더욱 어려워진다. 이상하게 들릴지 모르지만 실제로 신경회로의 새로운 연결은 꽤 흔한 일로, 당신이 이 책을 읽는 지금도 일어나는 중이다. 무언가를 배울 때마다 뇌 신경회로는 새롭게 연결된다. 새로운 정보를 처리할 때마다 새로운 연결을 늘리거나 기존의 전기적 연결이 변하는 등 뉴런 간의 물리적 연결이 바뀐다. 이런 새로운 연결을 '신경 가소성'(neural plasticity)이라고 한다. 에릭 캔델(Eric Kandel)은 뇌는 고정 연결을 피하도록 고정되어 있다는 사실을 발견한 공로로 노벨상을 받았다.

자신이 경험하기로 선택한 것들은 뇌의 기능 방법에 엄청난 영향을 미친다는 뜻이다. 스트레스에 대응하는 방식에도, 삶에 창의력을 허용하는 정도에도 영향을 미칠 수 있다. 이에 대해서는 잠시 후 논의할 것이다.

뇌는 말도 안 되는 차원까지 스스로 재구성하는 능력도 보여준다. 심각한 뇌전증을 앓는 6세 소년이 있었다. 아이의 생명을 구하기 위해 외과 의사들은 뇌 절반을 제거하는 대뇌 반구 절제 수술 (hemispherectomy)을 했고, 그 결과 언어를 담당하는 브로카 영역과 베르니케 영역이 있는 좌뇌가 제거되었다. 언어 기능을 전담한 신경 조직을 완전히 제거했으니 소년은 평생 말을 할 수도, 이해할 수도 없으리라고 생각하겠지만 전혀 그렇지 않았다. 2년 안에 아이의 우뇌는 말하고 이해하는 능력을 포함하여 좌뇌의 많은 기능을 이어받았고, 8세가 된 아이의 언어 능력은 어째서인지 '기적적으로' 회복되었다!

가소성이 뛰어나서 뇌가 결손을 감지하고 일시적인 신경 연수에 들어간 후 스스로 물리적으로 재구축한 걸까? 이 경우는 그랬다. 이 소년뿐 아니라 연구 문헌에 보고된 뇌의 회복 사례는 많지만 모두 불가해하다. 관련 연구를 해온 존스홉킨스대학교의 신경과 전문의 존 프리먼(John Freeman)은 이렇게 말했다.

더 어린 나이에 반구절제술을 받을수록 언어 장애가 덜하다. 우뇌의 어느 영역으로 말이 전달되고 그것이 무엇을 대체하는지는 사실 아무도 알아내지 못했다.

이것들은 연구자들이 포괄적인 커넥톰을 작성하려 할 때 직면하는 난제의 일부에 불과하며, 그 목표를 달성하기까지 몇 년이 더 걸릴 수 있다. 하지만 뇌의 작동 방법을 전혀 모르는 것은 아니다. 내 분야의 연구자들은 분할 정복 전략에 상응하는 연구의 전문화를 선택했다. 그것이 정확히 어떤 방식이며 상황이 어떻게 변하고 있는지 다음에 살펴보자.

역사적으로 우리의 연구 노력은 세 분야로 구분되어왔다. 첫 번째 분야에서는 아주 작은 DNA 조각들이 뇌 기능에 어떻게 기여하는지 분자 수준에서 뇌를 연구한다. 두 번째 분야에서는 앞서 대걸레처럼 생겼다고 묘사했던 세포 수준에서 뇌 기능을 연구한다. 이 세포들은 개별 대걸레 혹은 대걸레 집단, 즉 네트워크 수준에서 검토된다. 세 번째 분야에서는 행동 수준에서 뇌 기능을 연구하며, 이는 실험심리학과 사회심리학의 영역이다. 거의 모든 장에서 그들의 노력에 대해 이야기할 것이다.

세월이 흐르면서 이러한 분자, 세포, 행동 수준의 연구 분야의 구분은 모호해졌다. 많은 연구자가 복수 영역에 걸친 질문을 활발히 제기한 덕분이다. 이런 융합 연구를 포괄하는 용어가 '인지 신경과학'(cognitive neurosciences)이다. 이 분야에는 생물학적 과정을 행동과 연관 짓는 데 관심 있는 과학자들이 모여 있다. 지금까지 가장 정리되지 않은 연구는 행동 연구로, 이를 특별히 언급해둘 필요가 있다.

회의적인 태도의 필요성

과학자인 나는 자주 인간 행동과 관련된 문제로 비즈니스 전문가들에게 자문해준다. 우리는 대개 어떻게 하면 건전한 회의적 태도로 뇌 연구를 고려할지 논의한다. 나는 점잖은 사람이지만, 정신질환에 관심 있는 분자생물학자로서의 나는 인간 행동의 복잡성에 관해 연구에서 주장하는 (그리고 주장하지 않는) 것들에는 까다로운 편이다. 특히 자기계발 분야에서는 지나치게 달콤한 허튼소리들이 많다. 한 고객은 이러한 나의 회의론을 듣고 나를 불평가라고 불렀다. 그 말은 단순히 내가 공유하는 사실들이 증거에 기반하고, 상호 심사를 거친 연구들로 뒷받침되며, 대체로 여러 번 반복 연구되었음을 의미했다. 대다수의 다른 과학자들처럼 말이다.

이 책에 담긴 정보들도 역시 까다로운 필터를 거쳤지만, 가독성을 위해 본문에는 참고문헌을 넣지 않기로 했다. 물론 이 책에 언급된 어떤 연구든 brainrules.net/references에서 찾아 확인할 수 있다.

그렇다면 나는 재계 고객들에게 뇌 연구를 비즈니스에 어떻게 적용하라고 조언할까? 대중적 신화를 욕하기만 해서는 컨설턴트 경력을 쌓을 수 없음을 깨달은 나는 다음 네 가지 문제를 기억하라고 말해준다.

문제 1: 뇌과학 분야는 아직 미완성이다

우리는 기본적인 뇌 기능조차 이제 이해하기 시작하는 단계다. 아직

직장으로 간 뇌과학자

도 우리는 어떻게 뇌가 서명하는 법을 아는지 또는 오후 3시에 자녀를 데리러 가야 한다는 사실을 기억하는지 알지 못한다. 오랜 시간이 지나야 무엇이 훌륭한 지도자를 만들고 무엇이 훌륭한 주차요원을 만드는지 뇌과학이 알려줄 수 있을 것이다.

문제 2: 재현하기 힘든 연구 결과가 많다

인간 행동은 혼란스럽고, 행동이 어떻게 이루어지는가에 관한 연구도 그와 마찬가지로 어지러울 때가 있다. 몇 년 전, 실험심리학의 중요한 연구 결과들을 항상 재현할 수 있는 것은 아니라는 꺼림칙한 연구 결과가 행동 연구 학계를 뒤흔들었다. 버지니아대학교의 연구자 브라이언 노섹(Brian Nosek)은 유명한 특정 행동 연구 결과들을 재현해보려는 재현성 프로젝트(Reproducibility Project)를 진행했다. 그와 동료들은 발표된 실험심리학 결과들 가운데 성공적인 (그리고 독립적인) 재현이 가능한 것은 50%밖에 안 된다는 사실을 발견했다.

학계에 충격을 던졌지만 이런 감사(監査)는 당연히 바람직하다. 많은 과학자들이 예전 연구 결과들을 열심히 재검토하여 결함을 찾아낸 다음 타당한 결론으로 수정했다. 이를 통해 좌절하기도 했다. 이전에도 뇌 기능에 대해 거의 알지 못했는 데다가 전에는 견실하다고 생각했던 연구 결과들의 일부, 심지어 고전적 연구 결과까지 재검토해야 했으니 말이다.

문제 3: 행동의 원인은 복잡하다

천성 대 양육 논쟁을 들어본 적이 있을 것이다. 수년간 행동은 주로 유전적 요인(천성)에 기인한다는 견해와 주로 비유전적 요인(양육)에 기인한다는 견해로 나뉘어 대립해 왔다.

오늘날 연구자들은 거의 모든 인간 행동이 천성 그리고 양육의 요소를 다 가지고 있다는 사실에 굴복하며 휴전을 맺었다. 자신들이 중시하는 분자, 세포, 행동을 기반으로 열심히 연구하던 과학자들은 이런 깨달음을 얻은 후 경계를 무너뜨리고 다학제간 연구 프로젝트에 빈번히 참여하며 더욱 통찰력 있게 연구하고 있다. 나 역시 고객들에게 인간의 모든 행동에는 천성과 양육 요소 둘 다 있다고 말한다. 아직 불명확한 것은 각각의 기여도다.

문제 4: 예측에는 본질적인 문제가 있다

마지막 우려는 내가 최근에야 고객과의 대화에 추가한 문제다. 나는 이 원고를 코로나19가 대유행이던 때에 집필했다. 이 보이지 않는 적에게 급소를 맞아 비틀거리는 세계 경제를 지켜보면서 가슴이 아팠다. 많은 분야의 연구자들은 그로 인한 피해를 여전히 평가하는 중이고, 바이러스로 인한 사회적 경제적 혼란의 영향을 검토하려면 수년이 걸릴 것이다. 팬데믹 발생 시기가 최근이라 그 영향에 대한 엄격하고 확실한 증거는 현재 매우 드물다. 그래서 나는 고객들에게 행동을 점치는 사람들을 너무 믿고서 코로나19 이후 직장의 미래를 예측하려 들지 말라고 경고했다.

과거가 프롤로그라고 해도 사람들 대부분은 어떤 식으로든 오해할 것이다. 9장에서 살펴볼 쟁점인 일과 삶의 균형을 이해하려는 노력보다 예언의 위험성을 더 잘 보여주는 예도 찾아보기 힘들 것이다(스포일러 경고: 어떤 사람들은 바이러스가 일과 삶의 균형을 영원히 바꿔놓았다고 생각하지만 나는 잘 모르겠다). 결국에는 사회학자들이 그 영향을 이해하게 될 것이다. 여러분과 나도 이해하겠지만 그 세부 내용들은 이 책보다 훨씬 뒤에 나올 출판물에 맡겨야 한다. 이 책에서는 미래를 예측하지 않으며, 도움이 된다면 다시 상상해볼 것이다.

이를 모두 고려하면 나의 여러 가지 불평에도 불구하고 인지 신경과학이 비즈니스계에 해줄 말이 많다고 확신한다. 이 책에 나오는 증거에 기반한 제안들은 검토하고, 시도해볼 가치가 충분하다. 인지 요소를 고려하고 실행한다면 비즈니스 세계가 어떤 모습일지 알 수 있을 것이다.

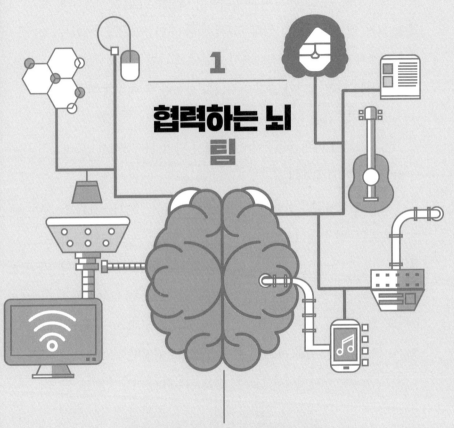

1

협력하는 뇌
팀

혼자보다 팀이 더 생산적이다

나는 원래 스콧 애덤스(Scott Adams) 작품의 대사로 이 장을 시작하려 했다. 그가 신문에 연재한 만화 〈딜버트〉의 주인공인 불운한 회사원 딜버트와 그의 팀은, 상사에게서 그들의 성과와 실패에 대해 듣는다. 상사는 팀의 성과가 그저 그렇다고 발표한 후 이렇게 말한다. "팀워크 상 머그잔은 하나이니 교대로 사용하도록."

그런데 생각이 바뀌었다. 〈딜버트〉 대신 단편 애니메이션 〈밤비, 고질라를 만나다〉에 관한 묘사로 시작하려 한다.

긴 오프닝 크레딧이 올라가며 영화는 시작한다. 밤비는 기분 좋게 풀을 뜯고 있고 서정적인 배경 음악이 부드럽게 흐른다. 이 목가적 장면 1분쯤 후 갑자기 비늘로 덮인 고질라의 거대한 발이 나타나 밤비를 짓밟는다. 이 폭력적 장면 뒤로 '끝'이라는 단어가 등장하고 곧바로 '이 영화에 고질라를 쓸 수 있도록' 협조한 도쿄 시에 감사를 표하는 크레딧 화면이 다시 나온 후 화면은 어두워지며 끝난다.

2분도 안되는 애니메이션으로 이 장을 시작하는 이유가 있다. 여전히 직접적인 상호작용이 필요한 직업의 경우 2020년 그처럼 강력하고 예상치 못한 발이 일의 개념을 짓밟은 듯하기 때문이다. 코로나19라는 발이.

이러한 격변을 고려할 때 팀을 효과적으로 운영하려면 지금 무엇이 필요한지 권위 있게 말해줄 사람이 있을까? 인지 신경과학에 이런 논의와 연관된 내용이 있을까?

적어도 행동과학의 경우 기쁘게도 '그렇다.' 그리고 거기에는 다윈의 진화론이 코로나19보다 강력하다는 매우 구체적인 이유가 있다. 코로나 이전과 이후의 사무실에서 원동력이 되었던 팀워크 역학과 사회적 협력은 4만 년 전에도 찾아볼 수 있었다. 당시 상호 협력은 인간의 진화에 중요한 두 가지 욕구, 즉 음식과 자기 보호를 가능하게 했다. 험난한 세렝게티 평원에서 인간은 협력 없이는 생존할수 없었다. 그리고 코로나19와 무관하게 우리도 여전히 협력 없이는 2인 이상 회사의 까다로운 회의실에서 살아남을 수 없다.

팬데믹 이전에도 이미 소규모 상점부터 거대한 다국적 기업까지 직접적 협력 작업이 활발히 진행 중이었다. 2016년 〈하버드비즈니스리뷰〉에 실린 한 연구에서는 기업 관행을 검토한 결과 '관리자와 직원들이 협력 활동으로 보낸 시간이 50퍼센트 이상 증가'했으며 '많은 직업의 일상 활동 중 75퍼센트가 다른 사람들과의 상호작용을 포함'한다는 사실도 발견했다.

과학계도 영향을 받았다. 내가 연구를 시작했을 때는 단일 저자의 논문을 가끔 접했지만 이제 단일 저자 논문은 찾아보기도 어렵다. 1955년 사회과학 논문의 약 18퍼센트만 팀 작업으로 작성되었지만 2000년 그 비율은 52퍼센트가 되었다. 한 생태학 학회지의 경우 1960년경에는 단일 저자 논문이 약 60퍼센트를 차지했지만 지난 10년 동안 그 숫자는 4퍼센트로 급감했다.

그러나 먼 옛날 고안됐던 협동 작업이 지금도 활발히 진행된다 해도, 모든 집단의 노력이 개인의 노력보다 낫다는 보장은 없다. 동료 없이 혼자 했더라면 오히려 나았을 팀 프로젝트에 참여한 경험은 다들 있을 것이다. 하지만 통계적으로 팀 작업이 더 생산적이기 때문에 팬데믹 이전부터 증가하고 있었고, 코로나19의 그림자에서 빠져나오면서 다시 증가할 것이다.

무엇이 일 잘하는 팀과 못하는 팀을 구분하는가? 모든 회사에 통용되는 확실한 비결은 존재하지 않지만, 생산성이 매우 높은 팀과 낮은 팀을 구분하는 요소들은 연구 결과들로 명백히 나타난다. 행동 특성부터 생리적 특성까지 다룬 연구들을 살펴보면, 효율적인 팀 만들기가 상당히 간단한 작업임을 깨달을 수 있을 것이다. 하지만 '간단하다'가 '쉽다'는 뜻은 아니다.

팀을 구성할 것인가, 말 것인가

먼저 몇 가지 질문부터 살펴보자. 팀은 얼마나 효과적일까? 팀이 정말 생산성을 높일까? 구내식당에서 동료들이 있는 테이블로 다가가면 무슨 일이 일어날까?

애리조나주립대학교의 한 연구에 따르면 4인용이 아닌 12인용 테이블에서 점심을 먹은 직원들의 개인적 생산성이 더 높았다. MIT의 유명한 미디어랩의 벤 웨이버(Ben Waber)는 이러한 결과를 '더 많은 우연한 대화와 더 넓은 사회적 관계망 덕분'이라고 추측했다. 직장 동료들과의 자발적인 상호작용은 생산성을 장려한다. 웨이버는 서로 마주치고 상호작용하기 쉬운 회사, 즉 '점심시간이 정해져 있고 구글이 아주 좋아하는 카페 등을 갖춘 회사는 개인의 생산성을 최대 25퍼센트 높일 수 있다'는 점을 발견했다.

상당히 놀라운 수치지만 자발적인 상호작용이 팀의 생산성과 똑같은 것은 아니다. 다행히 수많은 연구가 집단이 개인보다 문제를 더 잘 해결하고, 더 창의적이며, 오류를 더 잘 찾아내고, 더 이지적이라는 주장을 뒷받침한다. 직원들이 팀을 구성하고 협력하도록 장려하면 수익성도 오른다고 하며, 직원들도 이에 동의하는 듯하다. 회사의 수익 창출 능력에 가장 큰 영향을 미치는 것이 무엇이냐는 질문에 응답자의 56퍼센트가 '협업'이라고 답했다. 코로나19가 기업에 위험을 초래한 이유 중 하나는 코로나 극복을 위한 사회적 격리가 이러한 수치들을 위태롭게 만들었기 때문이다.

이에 관한 연구 결과들이 아무리 많아도 모두가 MIT나 구글처럼 팀에 열광하는 건 아니다. 오랫동안 집단 상호작용을 연구한 하버드대학교 실험심리학자 리처드 마컴(J. Richard Markham)은 팀 작업에 반대하는 유명 인사다. 그는 대부분의 집단이 실상 잘 협력하지 않는다는 사실을 발견했다. 내분(공을 인정받으려는 경쟁), 불균형적인 직무 분배(일부 팀원들이 모든 작업 수행), 목표에 대한 혼란(어떤 목표를 달성하려는지에 대한 합의 부재)이 집단이 제공하는 대부분의 이점을 갉아먹는다. 〈하버드비즈니스리뷰〉와의 인터뷰에서 마컴은 이렇게 말했다. "팀을 구성하면 마법이 일어날 가능성은 의심하지 않습니다. … 하지만 너무 기대하지 마세요. 여분의 자원이 있는데도 팀 실적이 저조하다는 것이 일관된 연구 결과입니다."

마컴은 팀 단위 작업을 완전히 일축하지는 않는다. 무심코 그랬겠지만, 그는 그 인터뷰에서 탈출구를 지적한다. 그는 팀이 실패하는 주된 이유가 팀원들 간의 신뢰 부족이라고 말한다.

다행히도 우리는 팀의 신뢰도를 측정할 수 있고, 무능한 팀의 존재를 감지하고 유능한 팀의 성공을 측정할 수 있는 능력도 있다. 우리가 쓸 수 있는 측정 기준은 행동 지표부터 생화학 지표까지 종류가 광범위하다. 예를 들어 우리가 기술할 미세 분자는 발견자에게 노벨상을 안겼는데, 주로 팀 작업으로 이룬 개가였다.

아리스토텔레스의 지혜

인간이 비사회적인 종에 비해 잘 협력하는 이유를 조사한 연구자들은, 그럴 때 매우 친숙한 물질이 뇌에 분비된다는 사실을 발견했다. 바로 옥시토신(oxytocin)이다.

옥시토신의 여러 기능 중 행동과 관련된 강력한 특성은, 사람에 대한 신뢰를 유도할 수 있다는 것이다. 한 실험에서 피험자들에게 옥시토신 스프레이를 코로 흡입하게 하자, 자기 돈과 관련해 낯선 사람을 신뢰할 확률이 훨씬 높아졌다. 이런 경향을 '사회적 학습 증진'(enhanced social learning)이라고 부른다. 사회적 욕구는 우리의 생리에도 힘을 발휘한다!

신뢰감과 옥시토신의 관계에 관해 많은 연구를 시행한 과학자가 '올해 가장 섹시한 남성' 상을 받기도 했다. 과학자가 이런 상을 받는 경우는 매우 드물어서 우리는 그 소식에 촉각을 곤두세웠다. '2005년 가장 섹시한 전문가 10인 중 1인'으로 지명된 사람은 서던캘리포니아대학교의 폴 잭(Paul Zak)이었다. 외모로 거론되지 않을 때의 잭은 옥시토신과 행동의 연관성에 관한 세계적인 권위자이기도 하다.

잭의 연구는 집단을 문제 해결 기구로 생각하는 MIT의 열렬한 지지자들과 그렇지 않다고 투덜대는 마컴을 화해시키는 데 크게 일조한다. 양측 다 잭의 옥시토신 관련 연구 결과 중 가장 흥미로운 부분에 관심이 있을 것이다. 잭은 옥시토신과 대인관계 스트레스 간에 연관성이 있음을 발견했다. 스트레스는 옥시토신 생성을 방해하고 옥시토신이 없으면 상호 신뢰감을 형성하기 어려워진다. 흔히 스트레스가 대인관계에 해로운 이유다. 그 연구 결과는 무엇이 어떤 팀은 성공하고 어떤 팀은 실패하게 만드는지 직접적인 관계가 있다.

잭의 생화학 연구 결과를 시험하려다 본의 아니게 마컴의 부정적 의견의 이유까지 확증해준 구글의 '아리스토텔레스 프로젝트'를 살펴보자.

구글의 유명한 인재 분석팀(People Analytics)이 시작한 아리스토텔레스 프로젝트는 회사에 내부 성찰을 요구했다. 그들은 실적이 낮은 팀과 매우 생산적인 슈퍼스타 팀의 차이가 어디에서 비롯되는지 알아내기 위해 회사 내부를 살폈고, 그 결과 가장 큰 차이점은 '심리적 안전감'이라는 사실을 발견했다. 잭의 연구도 이를 뒷받침한다.

심리적 안전감은 신뢰와 연관되어 있다. 모든 구성원에게 '대인관계에서의 위험 감수'를 안전하다고 느끼게 하는 정서적 분위기는 구글의 슈퍼스타 팀을 만드는 가장 큰 요인이었다. 시간 엄수, 목표에 대한 신념 공유 같은 다른 요인들도 물론 중요했지만, 팀원들이 서로에게 느끼는 신뢰만큼 중요한 것은 없다.

다른 연구자들도 같은 사실을 발견했다. 당시 MIT의 아니타 울리(Anita Woolley)의 연구는 그중에서 가장 정밀하다. 아리스토텔레스 프로젝트팀과 마찬가지로 울리는 무엇이 똑똑하고 생산적인 팀을 만드는지에 관심을 가졌다. 개별 구성원의 지능과는 별개로 집단 지능을 수량화할 수 있는가? 모두 함께할 때만 나타나는 비법이 있는가? 전체는 부분의 합보다 큰가? 아리스토텔레스는 이 질문을 던진 사람으로 유명하다. 구글도 그걸 알지 않았을까.

성공적인 팀의 세 가지 공통점

아리스토텔레스의 오래된 질문에 답하기 위해 울리와 동료들은 약 700명의 집단행동을 조사했다. 그들을 팀으로 나누어 일련의 과업을 부여했다. 창의적 해결책의 고안에서부터 사고 문제의 해결, 마트에 다녀올 계획의 수립까지, 각기 다른 협력 기술을 요하는 과업이었다.

예상대로 어떤 팀은 매우 훌륭하게 협력했고, 어떤 팀은 제대로 협력하지 못했다. 훌륭한 팀의 성공 요인은 무엇인지, 처음에는 데이터가 명확하지 않았다. 강력한 리더가 통솔하는 팀이 있는가 하면, 권한이 균등하게 분배된 팀도 있었다. 어떤 팀에는 의도적으로 해결책을 매우 세분하는 똑똑한 사람들이 있었고, 어떤 팀은 과업을 할당하기 전 팀원들의 강점을 고려하여 작업량을 분배했다. 팀은 매우 다양하고 통찰은 부족해서 성공에 필요한 공통점이 잘 보이지 않았다. 그러자 연구자들은 관계 문제를 살피기 시작했다.

성공적인 팀이 보유한 강력한 공통점은 사람들이 상대에게 행동하는 방식과 관계 속에서 서로를 대하는 방식이었다(흥미로운 인구통계학적 반전은 잠시 후에 살펴보자). 이런 대인관계 안에서 아리스토텔레스가 말한 집단지성이 발생했고, 집단지성의 정도가 팀의 성공 여부를 예측하게 해주었다. 울리와 동료들은 이 집단지성을 집단 요인(collective factor)의 줄임말인 'C요인'이라고 명명했다. C요인이 높은 집단일수록 모든 과업을 훨씬 더 성공적으로 수행해냈고 그 차이는 결코 작지 않았다.

C요인은 세 가지 요소로 구성된다. 울리의 연구에서 슈퍼스타급 실적의 부담을 지탱하려면 세 가지 모두 동시에 존재해야 했다. C요인의 구성 요소들을 알아보자.

1. 집단 구성원들은 서로의 사회적 단서를 아주 잘 읽어낼 수 있다.
2. 집단 구성원들은 대화 차례를 지킨다.

3. 집단 내에 여성이 많을수록 C요인이 높다.

타인의 얼굴에서 정보를 읽어내는 능력

C요인의 첫 번째 요소는 신경과학만큼이나 독심술에 가까운 복잡한 인지 장치인 '마음 이론'(theory of mind)이다. 유명 배우 사샤 바론 코헨(Sacha Baron Cohen)을 살펴보면 이 개념을 이해하기 쉬울 것이다.

〈보랏〉부터 〈못 말리는 알리〉까지 바론 코헨의 작품에는 정서적으로 둔감한 인물이 자주 나온다. 자주 영화 속 배역으로 분해 홍보하던 코헨은 독재자 역할을 맡은 영화 〈독재자〉 홍보 인터뷰에서 그런 인물을 보여주었다. 전설적인 코미디언이자 TV 토크쇼 진행자 존 스튜어트(Jon Stewart)와의 인터뷰에서 독재자 코헨은 허리춤에서 금장 권총을 꺼내 스튜어트의 책상 위에 올려놓고 인터뷰를 시작했다. 청중 사이에서 헉 소리가 새어 나왔다.

이어진 그의 행동은 더욱 가관이었다. 독재자는 자신의 다양한 성적 착취에 대한 충격적인 묘사에서부터 같은 독재자 친구인 김정일과 무아마르 카다피의 죽음에 이르기까지 여러 이야기를 떠들어댔다. 인터뷰 내내 독재자 코헨은 청중들이 자신의 이야기에 움찔거리는 것도 모른 체하며 희희낙락했고 스튜어트는 웃음을 참느라 애먹는 모습이었다. 코헨이 전형적인 독재자를 너무 사실적으로 연기했기 때문이다.

바론 코헨이 연기한 독재자에게 없었던 것은 무엇일까? 과학자들은 그에게 마음 이론이 부족하다고 말할 것이다. 코헨의 캐릭터와 달리 마음 이론이 발달한 사람들은 타인의 얼굴에 담긴 감정과 관점을 잘 감지하여 읽어낸다.

얼굴에서 정보를 찾아내는 능력과 관점을 이해하는 능력은 다른 듯하지만, 둘 다 사람의 사람의 내면 심리, 의도, 동기를 이해하는 능력인 마음 이론에서 비롯된다는 사실이 연구 결과 밝혀졌다. 핵심은 타인의 마음속에서 보상과 징벌을 발견하여 마음에 대한 '이론'을 발전시키는 것이다. 이 이론을 발전시키기 위해 우리의 마음은 다양한 신체적 단서를 포착하는 데 가장 중요한 것은 표정이다. 얼굴에서 정보를 추출하는 것은 뇌에게 매우 큰일이기에 처리하는 데 두뇌의 한 영역(방추이랑, fusiform gyrus)을 전부 할애해야 한다.

마음 이론은 양적으로 측정이 가능하고 연구자들은 그 측정값을 통해 변화를 감지한다. 심리 측정 도구는 RME, 즉 눈만 보고 마음 읽기(Reading the Mind in the Eyes)다. RME 검사에서는 감정을 경험 중인 사람들의 얼굴 사진을 보여준다. 피검자는 어떤 감정인지 추측해야 하는데 모든 사진이 눈만 보여준다는 특징이 있다. 마음 이론이 발달한 사람은 이 검사에서 높은 점수를 받고, 발달하지 않은 사람들은 점수가 낮다. 매우 명백해서 자폐증 여부를 알아내는 데 사용되는 검사법이다.

RME 검사 개발자인 케임브리지대학교의 사이먼 바론 코헨(Simon Baron Cohen)은 뇌과학자이며 자폐증 분야의 세계적인 권위자다. 이름에서 예상했겠지만 사샤 바론 코헨의 사촌이다. 그들의 가족 모임은 도대체 어떨지 감히 상상도 할 수 없다.

그렇다면 마음 이론과 RME는 C요인과 무슨 관계가 있을까? 울리는 C요인의 첫 번째 요소인 소위 '사회적 민감성 점수'(social sensitivity score)를 집계하는 지표로 RME 검사를 사용했다. 사회적 민감성 점수가 높은 집단에는 성공이 슬롯머신의 동전처럼 쏟아진다.

대화 차례 주고받기

두 번째 요소는 대화 차례 주고받기다. 이게 안 되면 어떤지 알고 싶다면 우리 가족이 게임을 할 때 지켜보라.

내가 어릴 때 우리 가족이 즐겼던 게임은 '피트'(Pit)였다. 컴퓨터로 인해 중개인들이 소리칠 필요가 없어지기 이전 상품거래소의 공개 호가 경쟁을 모방한 게임이었다. 남보다 크게 소리 지르고, 카드를 교환하며, 남의 거래를 방해하고, 시장을 지배하며 '독점'을 시도하는 게임이다. 우리는 유독 이 게임에 열심이어서 누가 무슨 말을 하는지 알아들을 수 없을 때가 많았다.

소란의 이유는 피트 게임이 대화도, 순서 지키기도 안 되는 상황을 만들기 때문이다. 울리는 피트에서처럼 서로 말하려고 다투는 팀은 생산적이지 못하다는 사실을 발견했다. C요인 점수가 높은 팀은 공개 호가 거래와는 반대로 행동한다는 점도 알아냈다. 문제를 해결해나갈 때 어느 한 명만 말하지 않고 모두 차례대로 토의했으며, '발언 시간(과 차례)'의 측정으로 이를 확인할 수 있었다. 울리는 "소수가 대화를 지배하는 집단은 대화 순서를 고르게 배분하는 집단보다 총체적으로 지적이지 않았다"라고 했다.

그렇다. 팀 회의 중에 특정 개인이 계속 발언권을 지배하도록 허용하면 집단이 '총체적으로 덜 지적이게' 된다. 직설적으로 말하면 더 멍청해진다.

대화 차례 주고받기 개념에서 또 다른 중요한 요소는 피트에서 잘 기를 수 있는 '말 가로채기'다. 이는 반응 오프셋(response offset), 즉 누군가 말을 멈추고 다른 사람이 반응하기 시작하기까지의 시간으로 측정 가능하다. 정상적인 대화에서 반응 오프셋은 약 0.5초, 대화를 가로챌 때 반응 오프셋은 0이다.

반응 오프셋이 0인 경우는 혼성 집단에서 가장 쉽게 관찰된다. 미국 대법원 녹취록을 검토하여 측정한 연구에서 여성 판사들이 남성 판사들 때문에 발언이 끊기는 경우가 32퍼센트임을 발견했다. 그러나 여성 판사들은 당한 대로 돌려주지 않았다. 여성 판사가 다른 판사의 말을 끊은 경우는 4퍼센트에 불과했다.

법정 밖에서도 같은 현상이 나타났다. 3분간의 대화에서 발생한 말 가로채기를 분석한 연구 결과, 남성은 여성이 대화할 때 두 번이나 말을 가로챘지만 다른 남성의 말을 가로챈 것은 한 번뿐이었다. 평균적으로 남성은 남성보다 여성의 말을 33퍼센트 더 가로막았다.

사람들은 발언이 허용될 때 공감받고, 안전하며 자기 의견이 중시된다고 느낀다. 대화 순서가 고르게 분배되지 않으면, 즉 한 사람이 대화를 지배하거나 말 가로채기가 빈번하게 일어나면 다른 사람들은 그런 느낌의 근사치만 얻을 뿐이다. 침묵하는 다수는 자기 의견이 다른 사람들의 의견만큼 중요하지 않다고 생각하게 된다. 그래서 생산적인 집단에서 신뢰는 매우 중요하다. 신뢰의 부족은 실패의 원인임을 기억하라. 누구도 대화를 지배하지 않고 말을 끊지 않는다면 신뢰는 커지고 생산성도 높아지며 시끄러운 중개인은 사라질 것이다.

여성의 비율

C요인의 세 번째 요소는 가장 논란의 여지가 크다. 울리는 C요인의 점수는 여성의 존재와 긍정적 상관관계가 있음을 발견했다. 즉, 집단에 여성이 많을수록 C요인 점수가 올라갔다.

그 이유도 논란의 원인이다. 울리는 "(이전 연구와 일관되게) 우리 표본의 여성은 남성보다 사회적 민감도 지표에서 더 높은 점수를 받았기 때문"이라고 말한다. 울리가 테스트한 집단의 여성들은 모두 그녀가 '사회적 민감성(마음 이론)'이라고 부르는 RME 점수가 높았다.

여기서 중요한 부분은 '이전 연구와 일관되게'다. 여성이 RME 검사에서 높은 점수를 받는 경향이 있음을 입증한 연구들을 뜻한다. 옥스퍼드대학교의 로빈 던바(Robin Dunbar)에 따르면 이런 우위는 여성이 평균적으로 남성보다 2차 및 3차 마음 이론 과업(다른 사람이 무엇을 생각하고 느끼고 있는지 예측하기 그리고 다른 사람의 행동을 보고 그의 정신적 상태에서 원인을 찾아내기 – 옮긴이) 점수가 더 높기 때문이다.

울리는 두 번째 요소에 포함할 수 있는 연구 결과도 참조했을 것이다. 연구자들은 사회적 지배 신호로 채워지는 남성의 상호작용 방식이 비즈니스 문화에서 비롯된다는 점을 오래전부터 알고 있었다. 자진해서 명령하기와 턱 내밀기, 연구자들이 포비에이팅(foveating)이라고 지칭하는 통제된 시선 맞춤, 공격적인 손짓과 몸짓 같은 비언어적 신호가 여기에 포함된다.

반대로 여성의 비즈니스 행동은 훨씬 독단적이지 않다. 여성은 남성과 동등한 열정으로 어려운 결정을 내릴 수 있지만, 처음부터 더 민주적인 전략을 선택한다. 행동은 놀랍도록 공평하고, 집단의 요구를 먼저 추구하며, 가능한 한 합의점을 찾는다. 여성은 안전을 청하는 신호(예: 턱 내밀기와 반대되는 미소 짓기)를 기꺼이 보여줌으로써 사람들 간의 상호작용이 우선임을 알린다. 앞서 언급했듯 논쟁의 여지는 있다.

한 집단에 필요한 여성의 수를 묻는다면 문제는 더 복잡해진다. 여성이 많을수록 C요인 점수가 높아진다. 데이터는 실제로 어느 지점까지 투여량 의존적인데 그 지점은 여성으로만 집단이 구성될 때였으며 이후로는 성과에 변화가 없다. 팀 환경의 다양성이 팀 성공에 아주 중요한 요인임을 보여준 많은 연구들과 일치하는 결과다.

C요인은 단지 여러 구성요소 중 하나일지도 모른다. 당장은 당신이 일하는 곳에서 팀의 C요인을 높이기 위해 무엇을 할 수 있을지 궁금할 것이다. 그 시작은 아리스토텔레스가 아닌 또 다른 위대한 그리스 철학자 소크라테스의 말이다. "너 자신을 알라." 뇌가 아직

초보 인간 안에 들어 있던 유치원 시절 당신은 누구였고, 어떻게 행동했는지 생각해보라. 현재 당신이 남들과 어울리기 위해 사용하는 많은 방법은 오래전 더 나은, 때로는 더 나쁜 방향으로 개발된 것들이다.

자기중심적 사고에서 벗어나는 법

사업적 성공을 예측하는 대부분의 행동은 어렸을 때 정해진다. 뇌과학자들은 이를 잘 알고 있으며, 심지어 유치원 시절의 행동을 근거로 미래의 경제적 성공까지 예측한다. 연구자들은 30여년에 걸친 연구로 이 사실을 알아냈다. 캐나다에서 유치원생 3,000명의 사회적 상호작용을 지켜본 것이다.

연구자들은 '친사회적 행동'(협동성, 친구를 사귀고 유지하는 능력), '반사회적 행동'(공격성, 일반적 저항), '집중 행동'(부주의, 행동 과잉)을 조사했다. 그들은 "이 아이들은 어떤 어른이 될까?"라는 질문의 답을 얻기 위해 30년을 기다리며 종단연구를 시행했다. 대부분의 지표는 직업과 경제적 성취와 관련되었다. 성공 혹은 실패를 예측한 행동들이 있었을까?

'그렇다.' 유치원 시절 주의력이 떨어졌던 아이들은 30년 후 수입이 남들보다 적었다. 공격적이고 저항적이었던 아이들은 수입이 적을 뿐만 아니라 감옥에 가거나 약물 남용에 시달리거나 둘 다 겪을

직장으로 간 뇌과학자

가능성이 더 컸다.

반대도 마찬가지였다. 수업에 집중한 아이들일수록 총수입이 많았고 친사회적 행동이 발달할수록 친구를 사귈 가능성이 더 크며 성적도 더 좋았다(믿거나 말거나 성적은 친구를 사귀는 능력과 관련이 있다). 이는 대학에 진학하고 더 많은 수입을 올릴 가능성이 크다는 의미다.

이러한 결과 외에도 '사회적 기술은 개인적 번영에 중요하다'는 한 문장으로 요약할 수 있는 상관관계를 보여주는 데이터는 산더미처럼 많다. 이는 변화가 어려운 이유도 설명해준다. 일단 형성된 사회적 기술은 우리의 행동 궤적에 강력한 영향을 미친다.

다행히도 그 궤적을 바꿀 기회를 제공하는 방법들이 입증되어 있다. 일례로 우리는 (특질이자 기술인) 마음 이론 능력을 발전시키는 방법을 안다. 특히 여성의 대화를 중간에 끊는 데 익숙한 남자라면 더는 대화를 지배하고 남의 말을 가로채지 않기 위해 무엇을 해야 하는지도 알 것이다.

어느 것도 쉽지는 않지만 전부 실행할 수 있는 일들이다. 당신은 과거에 의해 형성됐을지 몰라도 다행히 더는 과거를 살고 있지 않다. 현재는 당신이 가진 전부이며 당신에게 필요한 전부다.

이제 실천할 때다.

나르시시즘

다행히도 C요인의 세 요소를 강화하기 위해 할 수 있는 것들이 있다. 마음 이론부터 살펴보자.

앞서 마음 이론은 타고난 특질이기도 하지만 배울 수 있는 기술이라고 했다. 그렇다면 마음을 읽는 이 섬세한 능력을 어떻게 향상할 수 있을까? 핵심은 자신이 아닌 다른 사람에게 집중하는 것이다.

과학자들은 두 종류의 실험을 통해 자기중심성을 줄이는 방법을 찾았다. 첫 번째 실험은 지구상에서 가장 자기중심적인 사람인 부적응적 나르시시스트와 관련 있으며, 두 번째 실험은 독서클럽과 관련이 있다(그렇다, 독서클럽!)

영국에서 진행된 나르시시스트 관련 실험은 두 집단을 나누어 자기도취적 행동 정도를 평가했다. 걱정스럽고 공감을 불러일으키는 이야기에 어떻게 반응하는지, 행동 및 생리적 평가(심박수 같은 자율신경계 반응)도 이루어졌다. 전형적인 비(非) 나르시시스트 집단은 공감을 유도하는 이야기에 노출될 때 항상 신경계 반응이 급증한다. 편향적인 자기 보고 대신 신경계의 반응을 측정한다면 사람들의 반응을 더 객관적으로 볼 수 있다.

두 집단에게 가정 폭력 생존자의 경험과 연인과의 괴로운 이별 등 슬픈 이야기를 들려주는 것으로 실험이 시작되었다. 그런 다음 통제군인 첫 번째 집단에게 "어젯밤 어떤 TV 프로그램을 보았습니까?" 같은 중립적 질문을 던진 후 그들의 뇌와 신체 반응을 측정했다. 진정한 나르시시스트답게 그들은 텔레비전 시청 습관 질문에 그랬던 것처럼 참혹한 이야기에도 무감했고 생리적 반응에는 변화가 없었다.

두 번째 집단에게는 방금 들은 이야기에 관해 질문했다. "당신에게 그런 일이 일어났다면 어떤 기분이었을까요?"라는 질문을 받은 피험자들은 이야기의 주인공이 트라우마를 경험하면서 무엇을 느꼈을지 묘사하면서 어떤 기분이었을지 상상해야 했다. 다른 사람에게로 초점을 강제 전환하게 하는 질문들이었다. 그런 다음 그들의 행동 및 생리 반응을 측정했다.

이러한 질문은 공감 점수를 급증시켰다. 심혈관 반응도 통제 집단보다 자율신경 반응이 67퍼센트 증가했다. 고통받는 대상자의 관점을 취하도록 지시받았을 때 (부적응적) 나르시시즘과 연관된 공감과 심박수 부족이 사라진다는 결과를 보여주었다.

그렇다, 없어진다. 매우 둔감한 사람들도 공감할 수 있게 된다. 놀랍게도 공감하게 만드는 데 그리 많은 것이 필요하지도 않았다. 간단한 지시만으로도 신경계가 바뀌었다.

이 데이터는 제 역할을 다하지 못하는 팀에 가장 해로운 요소 중 하나는 자기중심성(self-centeredness)이며, 가장 강력한 해독제는 타인중심성(other-centeredness)이라는 이중적인 주제를 분명하게 보여준다. 정기적으로 타인의 세상에 들어간 다음 거기서 지내면 어떨지 생각해보는 습관을 들인다면 모든 것이 나아질 것이다. 혼자 하기에 쉽진 않지만 불가능한 일도 아니다. 연구자들은 사람들의 자기 준거적 성향을 약화하는 방법을 알고 있다. 이런 데이터에서 실용적인 원석을 캐낼 수 있으며, 상담자나 부모 혹은 여타 권위자가 아니어도 채굴할 수 있다.

원전이

〈베스트 키드〉(1984)는 주름이 자글자글한 노인이지만 가라테 고수인 미야기가 고등학생 다니엘에게 무술을 가르치는 내용의 영화다. 처음에 그는 다니엘에게 반복적이고 지루한 집안일(울타리 페인트칠, 바닥 사포질, 자동차 왁스칠 등)을 시키면서 특정 운동 기술을 연습시켰다. 그때도 지금도 믿기 어렵지만, 이런 집안일을 하면서 무술 동작의 기초를 배운다는 것이다.

믿거나 말거나 미야기는 한 가지 기술의 연습이 다른 기술의 숙달로 이어지는 원전이(far transfer)를 기대하고 있었다. 가라테를 익히기 위해 집안일을 한다는 설정은 좀 억지스럽지만, 원전이 아이디어는 타당성이 있다. 독서클럽이 인지 기술에 도움이 된다는 의견도 원전이 원리의 예다. 좋은 책을 읽으면 마음 이론이 향상된다고 하니까 말이다.

증거를 원하는가? 뉴욕의 연구자들은 5차례의 흥미로운 실험에서 사람들의 마음 이론을 검사한 다음 문학작품을 읽게 했다. 나르시시스트 실험처럼 피험자들은 이야기를 파악하고, 인물에 대해 논의하고 자신이라면 어떻게 행동했을지 예측했다. 활발한 독서클럽과 마찬가지로 피상적이지 않고 심도 있는 수준에서 본문을 살폈다. 그러자 나르시시스트들 관련 실험처럼 눈에 띄는 행동 변화가 나타났다. 마음 이론 점수가 약 13퍼센트 상승한 것이다.

한 영역에서의 연습이 다른 영역에 도움이 되는 이런 긍정적 실험 결과는 원전이의 아주 좋은 사례다. 연구자들은 문학이 현실의 인간 관계를 모방하여 타인에게 초점을 두게끔 사람들을 연습시켰기 때문에 원전이가 일어났다고 믿는다(소설을 심장용 모의 비행 장치라고 부르는 연구자도 있다). 그러면 현실에서도 반사적으로 타인에게 집중하게 된다. 흥미롭게도 이 실험은 문학상을 받을 만큼 훌륭한 작품을 읽을 때만 효과를 보였고, 일반 대중소설이나 논픽션은 마음 이론 점수를 높이지 못했다.

독서클럽을 만들고 문학작품 속 등장인물들의 삶에 몰입하면 팀의 생산성이 높아진다니, 터무니없는 소리 같지만 이 데이터는 바로 그 점을 시사한다. 독서클럽이나 영화 감상 동호회를 결성하거나 푸드 뱅크에서 자원봉사를 하고 관찰한 사람들에 대해 글을 쓴 다음 그 글을 동료들에게 읽어주라. 사회적 민감성은 팀의 생산성을 높이므로 삼단논법에 따르면 그런 활동은 생산성 향상으로 이어진다. 생산성을 높이고 싶다면 사람들이 정기적으로 자신의 세계가 아닌 다른 세계를 경험하게 해야 한다.

전환 반응이 아닌 지지 반응을 보이라

C요인의 두 번째 요소는 대화 차례 지키기, 즉 모든 사람이 차례대로 말하고 아무도 대화를 지배하지 않는 것이다. 하지만 이런 대화가 드문 데는 그럴 만한 이유가 있다. 대화할 때 뇌는 사람들의 천적이기 때문이다. 간혹 예외는 있지만 대부분은 나 자신, 내 아이디어,

공개적인 표현의 극치인 자기 말하기를 좋아한다. 말할 때마다 뇌는 즐거움을 느끼게 하는 도파민을 분비하기 때문에 중독성까지 있다. 코카인 그리고 트위터가 그렇듯이.

어떻게 하면 대화를 지배하고 싶은 욕구를 멈출 수 있을까? 사회학자 찰스 더버(Charles Derber)는 가정과 직장에서의 대화 수백 건을 조사하고 분류하여 사람들이 자신에 대해 말하기를 정말 좋아한다는 사실을 정량적으로 입증했다. 두 직장 동료의 가상 대화를 살펴보자.

> 인물 1: 난 매디슨이 정말 마음에 안 들어.
> 인물 2: 나도 매디슨이 마음에 안 들어. 오늘 아침 나한테 어떻게 했는지 알아?

인물 2는 자신에 관한 대화가 아니었는데도 즉시 자기 경험을 꺼내기 시작했다. 더버는 이런 대화를 '전환 반응'(shift response)이라고 부른다. 인물 1의 경험을 무시하고 대화를 자신의 경험으로 전환했기 때문이다.

아래 대화를 보자.

> 인물 1: 난 매디슨이 정말 마음에 안 들어.
> 인물 2: 왜 마음에 안 들어? 둘 사이에 무슨 일 있었어?

위와는 다르다. 인물 2는 대화를 시작한 동료에게 초점을 맞추고 독려한다. 더버는 이를 '지지 반응'(support response)이라고 칭한다.

사람들은 대화 시간의 대부분을 자기중심적인 전환 반응에 쓴다(실시간 대화의 약 60퍼센트). SNS 대화를 조사하면 그 비중은 80퍼센트까지 올라간다. 신경학적 측면에서 보면, 회의는 도파민이 응원하는 이런 경향의 공개 전시인 경우가 빈번하다.

당신의 나르시시스트 척도는 어느 정도인가? 그걸 확인하려면 회의 내내 당신의 대화를 모니터하거나 다른 사람에게 모니터를 요청하라. 정식으로(도움이 된다면 간단한 도표 작성) 또는 약식으로(당신이 얼마나 오래 발언했다고 생각하는지 동료에게 질문) 계산해보라. 누군가에게 시간을 재게 하여 실제로 당신이 발언 시간의 얼마를 쓰는지 평가할 수 있을 것이다. 그리고 그 시간의 얼마를 당신에게 집중하고 있는지 생각해보라. 만약 전환 반응이 60퍼센트를 차지한다면 반대로 지지 반응이 60퍼센트를 차지하게 바꾸라. 디지털 경험의 80퍼센트가 자신에 관한 것이라면 그 비중을 20퍼센트로 줄이라.

마음 이론과 마찬가지로 당신이 가장 좋아하는 대화 주제인 당신 자신에서 벗어난 대화를 계속하면 다른 사람들도 대화에 참여할 수 있다. 연구 결과가 증명하듯 그것은 모든 사람이 멋있어 보일 기회를 제공하며 C요인의 두 번째 요소를 보강한다.

여성의 비중 확대

세 번째 요소는 남녀의 차이에 기초하고 있음을 기억할 것이다. 팀에 여성이 많을수록 생산성이 높아진다. 약과 마찬가지로 그 효과는 투여량 의존적이어서 실질적인 제안은 유리 천장 문제의 해법만큼 분명하다. 여성을 더 많이 고용하라. 실제로 변화를 가져올 수 있는 지위로 여성을 승진시키라.

논란의 여지가 있을지 몰라도 이런 데이터는 적지 않으며 북미에만 국한되지도 않았다. OECD(경제협력개발기구)는 10여 년 전 개발도상국에서 성별 효과에 주목했다(2010년). 여성은 자본을 확보하는 즉시 남성보다 더 많은 돈을 가족과 주변 지역사회에 투자했고 결과적으로 모두를 위한 지역의 부를 늘렸다. 남녀의 토지 소유가 동등한 조건에서 여성의 농작물 수확은 남성보다 10퍼센트 많았다.

어린 나이에도 여성은 생산성을 높인다. OECD는 국가가 최소 10퍼센트의 소녀들을 교육시키면 전체 GDP가 약 3퍼센트 증가한다는 사실을 발견했다. 여성이 경제 테이블에 장기적으로 자리 잡자 국가 전체의 재정 잠재력이 향상되었다. 〈포춘〉 선정 500대 기업 중 이사회의 남녀 성비가 비슷한 기업은 그렇지 못한 기업보다 많은 수익을 올렸으며 그 효과는 작지 않았다. 이사회의 성비가 균형을 이룬 회사들은 성비가 불균형한 회사들보다 투하자본수익률 (return on invested capital)이 평균 66퍼센트, 자기자본이익률(return on equity)이 53퍼센트, 매출수익률(return on sales)이 43퍼센트 높았다.

성비 균형을 이룬 이사회는 회사의 세금 부담을 줄이고자 할 때 위험한 행동을 덜 하므로 증권거래위원회와의 분쟁도 적었다.

이 모든 생산성 향상의 이유를 확실히 아는 사람은 없다. 문화 전쟁에서 휘두를 총에 이런 데이터를 장전하는 경향이 있지만 이렇게 명확한 데이터로는 거의 의미가 없다. 울리는 생산성이 C요인의 첫 번째 요소와 관련 있다고 믿는다. 여성은 (RME 같은) 사회적 민감성 검사에서 남성보다 높은 점수를 받고, 사회적 민감성이 높을수록 생산성이 향상되므로 논리적으로 여성이 많을수록 더 생산적인 집단이 된다는 결론이 나온다.

이런 데이터를 그냥 보관해두고만 있지 말라. 더 높은 생산성을 원한다면 여성을 가능한 한 많이 고용하라.

집단 사고 vs. 기타 의견

일반적으로 집단이 개인보다 나은 결정을 내리고 그중에서도 C요인 점수가 높은 팀이 가장 좋은 결정을 내리지만, 협업이 항상 원-원은 아니다. 연구자들은 집단의 부정적인 면도 조사했고 조직에 상당히 파괴적일 수 있다는 점도 밝혀냈다. 모순 같지만 그 해결책은 팀워크를 강화하는 것이다.

가장 널리 특정된 팀 작업의 단점은 집단 사고(groupthink)다. 행동주의자들은 이를 '집단 구성원들이 합의를 얻으려고 노력하느라 비판적 사고를 유예하는 경향'으로 정의한다. 조지 오웰(George Orwell)이 썼을 법한 이 용어는 1970년대에 예일대학교 심리학자 어빙 재니스(Irving Janis)가 처음 쓴 후로 가망 없는 군사적 침공에서부터 두차례의 우주왕복선 참사에 이르기까지 온갖 사건을 설명하는 데 두루 사용된다.

재니스는 특정 사회적 조건에서만 집단 사고가 판친다는 사실을 발견했다. 집단 사고의 중독에 이르게 하는 약물은 정보 제한이었다. 외부 정보를 스스로 차단하는 팀들은 집단 사고에 가장 취약했고 거기에는 고약한 이유가 있었다. 자신들의 능력을 엄청나게 과대평가했기 때문이다. 그들은 재빠르게 다른 사람들과 자신들을 비교하며, 과거 성공을 누렸다면 더더욱 그랬기 때문에 자신과 타인을 구분하는 종족주의 사고방식에도 쉽게 빠졌다. 제일 먼저 희생되는 것은 다른 의견이었다. 대안을 제시하는 외부 세력을 열등, 위협 또는 둘 다의 완곡한 표현인 '기타 의견'이라는 딱지를 붙이기 일쑤였다.

집단 사고 대대의 또 다른 병사는 외부 압력이다. 특정 시간 내에 해결책을 만들어내야 하는("급한 일이야") 팀은 집단 사고에 더 취약하다. 권위주의적 유형의 리더가 이런 압박을 가할 수 있는데, 이는 크고 요란한 또 다른 적신호다. 지배적 성격, 특히 리더의 지배적 성격은 팀을 집단 사고에 빠뜨리는 커다란 위험 요소다. 특히 리더가 숭배를 즐긴다면 비판적 사고보다는 그의 비위를 맞추는 데 급급할 수 있다.

집단 사고를 하는 사람들의 또 다른 이상한 점은 대체로 매우 잘 협력한다는 것이다. 심지어 군대에서 말하는 '집단 결속력'에 자부심을 느끼기도 하며, 성취 전력이 있다면 그 결속력은 더욱 강화된다. 하지만 장기적으로 그런 결속력은 축복이자 저주다. 이런 팀에서 대안적 아이디어는 잠시 집단 사고를 중단시킬 수 있지만, 혁신적 아이디어들은 장점이 무엇이든 '불충'이라는 단어에 묻히므로 비판적 사고를 하는 사람은 부당한 비난을 받는다.

여기에 모순이 있다. 집단 결속력도 C요인의 특징 아니던가? C요인은 안전을 촉진하지 않는가? 구성원들은 안전이 너무나 좋은 나머지 결속을 비판적 사고보다 우위에 두는 위험을 감내한다. C요인이 대단히 강한 유능한 집단이 집단 사고를 피하려면 또 다른 요소, 다른 행동 조정자가 필요하다. 다행히 연구자들은 무엇이 필요하며, 어떻게 제공하는지 알고 있다.

다양한 구성원의 힘

미국 법조계 역사상 가장 이상한 커플인 루스 베이더 긴즈버그(Ruth Bader Ginsburg) 대법관과 안토닌 스칼리아(Antonin Scalia) 대법관은 매우 명석하고 대단히 독립적이었다. 둘의 정치적 성향은 감자튀김과 당근만큼이나 달랐지만 그 차이점이 오히려 상대를 끌어당겼고 매혹과 깊은 존경심, 애정까지 불러일으켰다. 그들은 함께 어울리고, 함께 오페라를 보러 가고(그들에 관한 오페라까지 만들어졌다!), 가장 친한 친구가 되었다. 스칼리아의 장례식에서 긴즈버그는 추도사를 낭송

했다.

차이점을 포용하려는 이런 의지는 집단 사고에 중독된 집단에는 없는, 관점의 다양성(마음과 생각, 가장 중요하게는 사회적 경험의 다양성)의 핵심이다. 인종, 경제력, 성별, 종교, 언어 그리고 지리적 다양성까지 전부 집단의 풍요와 역량에 일조한다. 다양성이 증가할수록 집단 기능이 향상된다는 사실을 보여주는 실증적 증거들은 많다. 다양성을 갖춘 집단은 집단 사고의 통상적 마취제인 서로에게 취할 가능성이 작다.

몇 년 전 이런 긍정적 효과를 시사하는 연구가 발표되었다. 컬럼비아대학교와 메릴랜드대학교의 연구자들은 시장 붕괴를 초래한 원인을 이해하고자 인종적으로 다양한 시장과 가격 거품을 주의 깊게 관찰했다. 주로 자산 과대평가를 다룬 그들의 연구는 복잡하지만 매우 중요한 사실을 밝혀냈다. 인종적으로 다양한 시장은 집단 사고가 만들어내는 맹목적인 과신을 피할 수 있어서 자산 평가가 더욱 정확했다는 점이다. 무려 58퍼센트나 더! 연구 결과가 입증했듯 정확한 자산 평가는 엄청난 돈, 사실상 수백만 달러의 절약으로 직결되었다.

평가의 정확도가 올라간 주요 원인은 사실 확인 행동에 있었다. 집단의 사회적 다양성이 클수록 편견에 기초한 오류와 추정이 적었다. 반대의 목소리가 추정에 이의를 제기했고 결과적으로 사실의 정확도를 높였다. 다양성이 큰 집단이 문제를 해결할 때 단위 시간당 제안된 참신한 아이디어의 수로 측정된 창의성도 더 높았다. 당연히 동질적인 통제 집단보다 혁신적인 해결책을 제공했고 더 나은 결정을 내렸다.

확고한 연구 결과 덕에 연구자들은 다양성이 효과적인 이유를 설명하는 메커니즘을 제시할 수 있었다. 그 메커니즘을 함께 살펴보자.

다양성의 메커니즘

직업 군인의 아들인 나는 일본에서 태어났다. 그곳에서 보낸 몇 년 동안 가장 기억에 남는 것 열 가지를 꼽는다면 첫째는 연날리기였다. 이 섬세한 물체는 마치 누군가가 하늘에 남긴 작고 밝은 물감 자국처럼 멀리서도 아름다워 보였다. 나는 대학에 가서도 계속 연에 매료됐지만, 과학적 이해가 깊어지면서 완전히 다른 이유로 감탄하며 연을 바라보게 되었다. 팽팽히 당겨주는 장력이 없으면 연은 날아오르지 않는다. 연이 나는 데 필요한 힘을 만들어내는 것은 나무 연살과 종이를 미는 바람이다.

장력이 필요한 연은 설교부터 자기계발서까지 인생 교훈을 가르치기 위한 비유로 자주 사용된다. 입장은 전혀 다르지만 나도 비슷한 사회적 유익을 위해 연의 비유를 사용하려 한다. 다양성이 팀을 슈퍼 해결사로 만들 수 있는 이유를 연의 원리에서 찾아보자.

컬럼비아대학교 경영대학원 교수였던 캐서린 필립스(Katherine Phillips)는 다양한 슈퍼 해결사들을 면밀히 연구한 결과, 집단 역학에 관한 몇 가지 흥미로운 사실을 발견했다. 그중 하나는 사회적으로 다양한 팀이 처음 만날 때는 거의 항상 긴장이 존재한다는 점이다. 의사소통은 짧고 간결하게 이뤄지는 편이며 참여자들은 여전히 익숙하지 않은 새로운 환경을 경계하고 다수는 불편한 감정을 느낀다. 명백한 신뢰의 결여, 존중에 관한 관심의 고조, 집단 결속력의 부족도 흔히 나타난다.

이런 감정적 불편을 고려하면 다양한 집단이 실패할 가능성이 더클 것 같지만, 실증 연구 결과는 정반대다. 명백해 보이는 것들조차 조사해야 하는 이유를 보여주는 좋은 예이기도 하다.

필립스와 동료들이 발견한 답은 바로 연의 물리 법칙이었다. 사람들은 집단의 초기 긴장감으로 인해 '열심히 일한다.' 차이점을 인지했기에 구성원들은 집단의 성공에 대한 기대치를 바꾸는 경향이 있다. 어떤 이들은 합의된 결정에 도달하려면 더욱 노력해야 한다고 생각한다. 어떤 사람들은 편견을 버리고 사실을 바로잡는 데 더 많은 주의를 기울여야 한다고 믿는다. 자정(自淨) 역학이 형성되기 시작한다. 필립스는 이렇게 말했다. "집단에 사회적 다양성이 더해지기만 해도 사람들은 그들 사이에 관점의 차이가 존재할 수 있다고 믿으며, 그런 믿음이 사람들의 행동을 변화시킨다."

이 연구 결과는 신뢰가 집단의 생산성에 가장 중요한 요소라는 생각에 이의를 제기하는가? 그렇게 볼 수도 있지만, 전혀 그렇지 않다. 최우수 집단은 여전히 서로 신뢰하지만, 긴장감이 없기 때문은 아니다. 대신 그들은 성공을 위해 긴장감을 활용하며(문헌들이 지적하듯 대개 적극 활용한다), 성공만큼 집단 결속력에 이바지하는 것은 없다.

필립스는 이와 관련하여 나쁜 소식, 좋은 소식, 이상한 소식을 찾아냈다. 나쁜 소식은 구성원이 다양한 팀에서는 초반에 상호작용이 일어나기 전 긴장감이 존재한다는 것, 좋은 소식은 시간이 지나면 그런 팀들이 최고의 문제 해결사가 된다는 것, 이상한 소식은 나쁜 소식이 있어야만 좋은 소식이 생긴다는 점이다. 연날리기와 참으로 비슷하다. 날아오르고 싶다면 처음에 바람을 등에 업으면 안 되고 바람에 맞서야 한다.

적절한 집단의 크기

이제 우리는 팀이 세상에서 문제를 가장 잘 해결하고 생산성 높은 공장이 될 수 있다는 사실은 깨달았다. 하지만 문제를 가장 능률적으로 해결하려면 어느 정도 규모의 집단이어야 할까? 어떤 경우에나 적용되는 적정 규모가 있을까?

사실 아무도 모른다. 정확히 말하면 아무도 확실하게 알지 못한다. 과학 분야의 팀 규모는 종종 정도를 벗어난 듯하다. 일례로 '신의 입자'라는 이상한 이름이 붙여진 힉스 입자(Higgs boson)의 질량을 발견한 공로를 인정받은 저자의 수는 5,000명이 넘는다. 내가 속한 유전학 분야에서는 저자가 1,000명인 논문을 흔하게 찾아볼 수 있다. 단일 저자 논문도 있긴 하지만 미슐랭 별만큼 드물다.

대규모 팀이 정말 도움이 될까? 한 연구에서는 "가장 생산적인 학문 활동을 하는 팀의 규모는?"이라는 극히 단순한 질문을 중심으로

1954년부터 2014년까지 60년 동안 전 세계의 연구 및 공학 기술 활동을 조사하여 답을 찾아내려 했다. 연구자들은 6,500만 개의 프로젝트를 분석하여 팀 규모와 관련된 추세선(trendline)을 주의 깊게 살폈고, 두 가지를 발견했다.

첫 번째 추세선은 특정 연구 노력이 '혁신적'이고 '영감을 주는' 정도를 조사했다. 혁신적 연구란 독특하고 비전통적이며 기존 연구를 뒤집는 연구, 영감을 주는 연구란 다른 연구자들이 자신의 활동을 시작 또는 보충하기 위해 그 연구를 인용한 횟수로 조사했다. 그 결과 정말 혁신적인 연구는 거의 항상 5명 이하인 팀에서 나왔다. 분야나 유형에 상관없이 소규모 팀은 혁신적 연구의 동일한 특성이었다.

그러나 소규모 팀이 항상 긍정적인 건 아니었다. 과학의 혁신은 가져올지 몰라도 아이디어를 더 발전시키는 일에는 그리 능숙하지 않았기 때문이다. 아이디어를 발전시키려면 더 큰 집단이 필요했다. 거대 조직은 기존의 혁신 연구를 확장하고 정교화하는 데 탁월했다. 골리앗 조직은 새로운 아이디어를 창출하지는 못해도 아이디어 실행에는 매우 효과적이었다. '신의 입자'의 존재를 상정하는 데는 몇 명의 과학자만 필요했는지 모르지만, 그것을 발견하는 데는 5,000명 이상이 필요했다.

한 가지 흥미로운 사실도 발견할 수 있었다. 작은 팀을 떠나 더 큰 팀에 합류한 혁신적 연구자들을 추적한 결과, 혁신적이었던 과학자들이 덜 혁신적으로 변해 있었다. 반대로 더 작은 팀에 머물면 창의력을 더 발휘했다.

결론적으로 작은 팀과 큰 팀 둘 다 필요하다. 프로젝트 관리자는 이를 팀 구성 단계에서 현명하게 조율해야 한다. 문제 유형을 평가한 다음 그것을 가장 잘 해결할 수 있는 규모의 팀을 구성해야 한다. 데이터에 따르면 팀의 성공 (또는 실패) 확률은 문제를 해결하기 위해 팀을 가동하기 훨씬 전인 팀의 구성 시점에서 결정된다. 막강한 문제 해결 기구의 구성은 C요인 점수가 높고 다양성이 강화된 팀의 결성을 의미한다. 그러한 결론은 다음 월요일에 무엇을 하라고 제안할까? 그 제안 사항들은 다음과 같다.

1. REM 검사 점수가 높거나 점수를 향상시키기 위해 문학 독서클럽에 가입할 의향이 있는 사람을 선택한다.
2. 자신의 대화 습관을 검토할 의향이 있는 사람을 선택한다. 그들은 전환 반응에서 지지 반응으로 언어 습관을 바꿔야 한다. 사람들의 말을 가로채지 않는 등 건전한 대화법을 실천해야 한다. 경청을 더 잘하는 법을 배울 용의가 있어야 한다.
3. 성별부터 인종, 지리적 측면부터 지정학적 측면에 이르기까지 모든 면에 걸쳐 다양성을 선택한다.
4. 적절한 팀 규모를 선택한다. 소규모 팀은 창의성을 더 잘 발휘한다. 대규모 팀은 그 창의성을 생산까지 이어지게 하는 실용성 측면에서 더 효과적이다.

증거에 기반한 이런 아이디어 대부분은 장구한 진화 역사에 깊은 뿌리를 두고 있어서 안정적이며 격동의 시기에 희망을 품을 이유를 제공한다. 코로나19의 세계적 유행이 집단 기반 상호작용에 미쳤을 수 있는 가장 심각한 피해조차도 단기적일 뿐이다. 우리는 수천 년 동안 팀으로 일해야 했다. 향후 수천 년도 여전히 팀으로 일해야 할 것이다.

직장으로 간 뇌과학자

브레인 룰스 1
혼자보다 팀이 더 생산적이다
단 적합한 팀원들로 구성될 때만

1. 동료들이 서로 신뢰하는, 심리적으로 안전한 환경은 팀 생산성의 핵심 요소다.
2. 심리적으로 안전한 환경을 만들려면 세 가지가 필요하다.
   1) 사회적 단서를 읽는 능력(강력한 마음 이론)
   2) 팀원들이 서로 말을 끊지 않고 대화 차례 주고받기
   3) 여성 증원

- 사회적 단서에 대한 민감성을 높이려면 문학 독서클럽 가입, 푸드 뱅크에서의 자원봉사 활동 또는 자신이 아닌 다른 사람에 집중하는 연습을 할 수 있는 활동에 참여하라.
- 팀의 집단 사고를 피하려면 생각, 인종, 종교, 성별, 경제적 지위는 물론 지리적으로도 다양한 사람들을 고용하라. 팀이 심리적으로 안전한 환경을 유지하는 한 서로의 차이점으로 인한 초반의 긴장은 장기적인 성공에 도움이 될 것이다.
- 진행하려는 프로젝트에 따라 팀의 규모를 선택하라. 새롭거나 혁신적인 무언가를 만드는 것이 목표인 프로젝트에는 소규모 집단이 효과적이다 (5명 이하). 그보다 큰 집단은 기존의 성과나 혁신을 발전시키는 데 더 효과적이다.

2
생산적인 뇌
홈오피스

환경이 변화해도
원칙이 있다면 극복할 수 있다

최고경영자 캐시 메릴(Cathy Merrill)은 〈워싱턴포스트〉에 논평을 게재하면서 무심결에 벌집을 건드렸다. 그리고 그것을 증명해줄 흉터를 얻었다.

이 장의 주제를 담은 그녀의 논평 제목, '나는 CEO로서 원격 근무의 증가로 약화된 사무실 문화를 우려한다'가 모든 것을 말해준다. 그녀는 코로나19로 사무실에서 이루어지던 개인적 상호작용이 사라졌다고 한탄했다. 사무실 복도에서 자연스럽게 나누던 3분 대화도, 어떤 종류의 대면 회의도 이제 없다. 팬데믹 이전의 정상 상태로 돌아갈 때쯤이면 직원들이 사무실에는 가끔만 들르는 자유에 너무 익숙해질지 모른다고 걱정했다.

한탄 끝에 그녀는 재택근무를 원하는 직원들은 계약직으로 전환 가능하다는 폭탄선언을 했다. 계약직으로 전환되면 시급을 받고 건강보험과 퇴직연금 혜택도 사라질 것이다. 그녀는 진짜 사무실로 돌아올 때 가장 큰 이점은 고용 안정이라고 말하며 다음과 같이 글을 마무리했다. "모든 관리자가 알고 있는 중요한 사실을 기억하세요. 가장 해고하기 힘든 사람은 자신이 아는 사람들입니다."

그 결과는 마치 프로판 가스 탱크에 성냥불을 던진 것 같았다. 노골적인 위협을 감지한 직원들은 분통을 터뜨렸고 다른 기관의 근로자들도 충격을 받았다. 결국 직원들은 '우리의 생계를 공공연히 위협하는 캐시 메릴에게 경악을 금할 수 없다'는 내용의 트윗을 올리고 하루 동안 파업에 돌입했다. 대중의 분노는 훨씬 더 오래 지속되었다. 메릴은 논평의 주제는 "우리가 쌓아온 사무실 문화의 보존이었다"며 오해라고 대응했다.

나는 여기서 역설을 느꼈다. 그날 다들 출근했더라면 모든 오해가 금방 풀렸을 것이다. 그녀는 회의를 소집해 직원들이 이견을 피력하게 하고, 자기 의도를 다시 밝힌 다음 모두를 데리고 술을 마시러 갈 수 있었을 것이다(1차는 그녀가 사야 한다). 하지만 그러는 대신 직원들은 자기 집에서 맹렬한 분노를 원격으로 보냈다. 직원들의 굴욕감도, 메릴 마음의 상처도 그대로 남았다.

답답했던 팬데믹 이후 세상의 근로자들이 서서히 직장으로 복귀하는 동안 우리는 회의를 어떻게 진행해야 할까? 전면적 혹은 부분적으로 원격 근무를 계속한다면 어떤 위험이 있을까? 원격 근무가 직장에 영구 정착된다면 그 위험을 피할 수 있을까?

이 장은 이런 질문들을 다룬다. 먼저 코로나 이전 사무실에서 하던 주요 활동의 하나, 회의에 관한 친숙한 아이디어들로부터 시작할 것이다. 그리고 점점 더 많은 사람이 집에서 컴퓨터로 회의를 진행함에 따라 이러한 아이디어들이 어떻게 변했는지 살펴볼 것이다. 끝으로 재택근무의 생산성을 극대화하는 방법들을 알아보려 한다. 다들 알겠지만 몇 가지 중요한 점만 염두에 둔다면 홈오피스는 전통적인 사무실만큼 적절한 작업 환경일 수 있다.

코로나19 이전의 비즈니스

코로나 이전에는 회의하는 동안 두 가지 자책을 느꼈다.

첫째는 회의가 지겹다는 것이었다. 지겨울뿐더러 시간, 에너지, 돈 같은 자원을 실제로 집어삼켰다. 별 쓸모도 없었다. 약 90퍼센트가 회의 도중에 공상을 펼치고, 70퍼센트 이상이 회의 시간에 다른 일을 한다고 했다. 둘째는 기업가들은 불평을 늘어놓으면서도 많은 회의를 소집했다. 하루에 최대 1,100만 건, 기업의 시간의 최대 15퍼센트, 바쁜 관리자의 일주일 중 최대 23시간이 회의에 소요되었다. 이 모든 회의에 들어간 시간은 큰 손실일 수 있었다. 대략 일 년에 370억 달러 이상으로 추정되었다.

이러한 자학은 성공적인 회의 개최법을 전문으로 가르치는 소산업을 만들어냈다. 대부분의 제안은 고통을 미리 피하는 방법을 포함한다. 〈뉴욕타임스〉와의 인터뷰에서 스타트업 투자자 폴 그레이엄(Paul Graham)은 이상적인 회의를 이렇게 묘사했다.

> 참석자는 4~5명 이하, 서로를 잘 알고 신뢰한다. 점심 식사 같은 다른 일을 하면서 미결 안건들을 빠르게 검토한다. 프레젠테이션은 없다. 아무도 다른 참석자에게 깊은 인상을 남기려 하지 않는다. 모두가 회의실을 나가 다시 업무를 하고 싶어 한다.

다른 한편으로 생각하면, 모든 사람이 입에 음식을 물고 회의하는 게 이상적이지는 않다. 회의는 대면 상호작용을 실시간으로 경험하는 시간이다. 실상 회의 주관자들의 80퍼센트는 회의가 생산적이고 지킬 가치가 있다고 생각한다. 그들은 회의를 없애려 말고 행동과학을 지침 삼아 회의를 개선하라고 조언한다.

우리도 행동과학을 지침으로 활용하고 회의를 더 생산직으로 만들 방안을 이야기하겠지만, 먼저 말 그대로 방 안의 바이러스, 코로나19 이야기부터 해야 한다. 이 미생물은 미국 자본주의가 거의 200년 동안 하지 못했던 한 가지를 해냈다. 회의 방식을 바꾸어놓은 것이다.

팬데믹을 거치며 많은 기업이 원격 회의로 전환했다. 그것이 직장생활에 정확히 어떤 의미가 있을지는 여전히 정답을 알 수 없다. 하지만 이런 이례적인 사회 혼란이 단지 끔찍한 해였던 2020년의 독특한 특징은 아니라는 점은 분명한 사실이다.

줌이 바꾼 뇌 사용 공식

유튜브에서 어떤 인터뷰 영상을 보고 나서 '미래를 봤네. 그런데 그 미래가 재미있네!'라는 생각이 들었던 기억이 난다.

아마 당신도 보았을 것이다. 한국 전문가인 로버트 켈리(Robert Kelly) 교수가 집에서 BBC와 인터뷰하는 영상 말이다. 켈리의 자녀들은 자신들도 방송에 출연하기로 결심했고 마침내 인터넷의 전설이 되었다. 먼저 노란 셔츠를 입은 딸이 서재 문을 열고 웃는 얼굴로 춤을 추며 컴퓨터 카메라 앞으로 다가왔다. 뒤이어 9개월 된 아들이 보행기를 탄 채 등장하자 인터뷰 진행자가 켈리에게 아이들의 난입을 알렸다. 당황한 엄마가 아이들을 재빨리 화면 밖으로 끌어내려 하면서 책이 바닥에 떨어지는 것으로 영상은 끝났다. 할리우드 슬랩스틱코미디도 이보다 훌륭하거나 재미있지는 못할 것이다.

이 영상에는 회의의 미래를 예견하는 듯한 요소들이 있다. 이 현장 인터뷰가 가져온 경제적 절감을 생각해보라. 켈리는 대한민국 서울에 산다. 인터뷰를 위해 그를 비행기로 런던에 데려왔다면 그냥 집에서 화상 채팅으로 연결하는 것보다 훨씬 많은 비용이 들 것이다. 사무실 통근이 사라지면 많은 기업의 교통비가 줄어든다.

또 다른 절감 요소는 사기 진작이다. 켈리는 예외일 수 있지만, 근로자들은 적어도 근무 시간의 일부라도 집에서 일하기를 원하는 경향이 있다. 한 설문조사에 따르면 코로나19 기간에 칩거 생활을 했던 사람들 가운데 14퍼센트만 방역 조치가 풀리면 매일 사무실에 출근하고 싶다고 대답했다. 응답자의 거의 절반은 주중 대부분은 집에서 일하고 가끔 사무실에 출근하는 혼합 방식이 가장 좋다고 대답했다.

마지막 절감 요소는 생산성이다. 거대 기업 시스코와 마이크로소프트 등을 포함한 일부 기업은 현재 재택근무 중인 직원들의 생산성이 급증했다고 보고한다. 모두 환호하진 않았지만 경영진, 관리자,

직원들은 업무 처리에 실제로 불필요한 회의가 많았다는 사실에 똑같이 놀랐다. 재택근무는 지식 기반 경제에 참여하는 사람들에게 가장 적합해 보이며, 알다시피 우리 대부분이 거기에 해당된다.

결론은 앞으로도 원격 작업은 계속될 테고, 이는 원격 회의도 그렇다는 의미다.

줌 회의 같은 원격 회의에 대해 무엇을 알고 있는가? 원격 회의를 진행하는 장소인 홈오피스의 설계에 대해서는 무엇을 아는가? 그모든 것은 축복인가, 저주인가 아니면 둘 다인가? 이러한 문제에 관한 연구는 이제 막 시작되었으며 초기 증거들이 확보되는 중이다. 재택근무는 득실이 있으며 때로는 정말 재미있다.

시각 정보 처리에는 뇌 에너지가 쓰인다

부정적인 면부터 살펴보자.

줌 외에도 페이스타임, 스카이프, 구글 미트 같은 여타 화상 회의 플랫폼들의 공통점은 뇌가 싫어한다는 것이다. 정확히 말하면 그런 것에 적응할 시간이 많지 않았고, 뇌는 여전히 세렝게티에 있다고 착각 중일 것이다. 이런 착각은 화상 채팅과 관련된 뇌의 문제 대부분의 기저에 있다.

그런 문제 중 하나는 에너지 소모다. '줌 피로'(Zoom fatigue)라는 신조어가 나올 만큼 화상 회의는 에너지를 앗아간다. 왜 피로할까? 주요 원인은 화상 회의의 시각적 특성 때문이다. 뇌의 거의 절반은 시각 정보의 처리를 전담한다. 영상은 음성 등 다른 정보들은 주지 않는 부담을 뇌의 자원에 끼친다.

또 다른 원인 역시 뇌의 시각 시스템이 감지하는 비언어 정보와 관련이 있다. 화상 회의 플랫폼은 너무 적거나 너무 많은 비언어 정보를 가지고 있다. 원격 기술은 대부분 얼굴만 보여주므로 다른 신체 부위에 담긴 중요한 사회적 정보를 숨겨 왜곡을 일으킨다. 이에 대처하기 위해 사람들은 실제로 존재하지 않는 걸 추론해댄다. 일례로 누군가의 언어적 단서를 과대평가하기 시작한다. 그것이 자신이 이용할 수 있는 유일한 감각 정보이기 때문이다. 이런 보상 행동도 피로를 불러온다.

스탠퍼드대학교의 제러미 베일렌슨(Jeremy Bailenson)은 그 반대 현상도 발생할 수 있다고 주장한다. 회의 규모에 따라서 줌 기술은 사람들에게 너무 많은 비언어적 정보를 제공하기도 한다. 그는 그것을 '비언어 정보 과부하'(nonverbal overload)라고 칭했다. 이런 과부하가 발생하는 이유는 보통 참가자가 여럿이며(브레디 번치 오프닝크레딧을 떠올려보라) 제각각 비언어적, 응시 신호를 보내기 때문이다. 비언어적 내용이 너무 많아 과부하가 걸리는 것이다.

정보가 너무 많든 너무 적든 원격 회의는 에너지가 많이 소모되는 환경을 조성한다. 원격 회의에서는 연료 소모가 많은 두 가지 활동, 즉 시각적 데이터를 처리하고 사회적 상호작용법을 알아내는 데에 두뇌의 절반이 동원되므로 자연히 지친다. 특히 얼굴과 몇 마디 말만으로 소통해야 하면 줌 피로가 밀려온다.

전형적인 대화에서 일어나는 상황만 고려해도 이런 에너지 소모의 증거를 볼 수 있다. 많은 회의가 참석자들 중 두 사람만 주로 대화하고 나머지는 관전하는 형태로 전락한다.

이런 전략이 화상 회의에만 국한될까? 전형적인 대면 업무 회의도 4명이면 대개 2명이 주도한다. 회의 규모를 6명으로 늘리면 발언권 침해자가 3명으로 늘어난다. 그러나 대면 회의에서는 줌을 쓰지 않으므로 줌 피로를 겪지는 않는다. 원격 회의에서는 계속 대화를 재편집하고 재해석하느라 에너지가 소진되어 성가시다. 이런 불쾌감을 고려하면 대화에서 빠질 가능성이 더욱 커진다. 회의 참가자가 여럿인 이유가 의문스러워진다. 비디오카메라가 아니라 통화로 쉽게 처리될 사안이라면 더욱 그렇다.

부자연스러운 시선

화상 채팅을 하는 동안 뇌가 불편한 이유는 또 있다. 그러한 상호작용이 극단적으로 부자연스럽게 느껴지기 때문이다.

원격 대화는 상당 시간 서로 얼굴을 응시하게 하는데, 세렝게티에서 이런 일은 중대 사건이다. 지속적인 응시는 사회적 포유류의 주의 집중을 위해 설계되었고, 이때 뇌는 비교적 짧은 시간에 각종 사회적 정보를 받아들인다. 응시는 엄청난 양의 에너지를 소모한다. 대면 세계에서의 대화에서는 결코 빤히 응시하지 않지만 줌 세계에서는 사실 그것이 소통을 위한 전부다.

자연스러운 시선의 타이밍을 측정한 적이 있다. 처음 만난 사람이 1.2초 안에 당신에게서 시선을 돌린다면 당신은 무시당했다고 생각한다. 반면 그가 3.2초 이상 당신을 쳐다본다면 왜 그러는 건지 의아해지면서 불편함을 느끼기 시작한다. 그 중간에서 적절한 균형 맞추기는 우리 종의 매우 고유한 특성이어서 응시 행동의 변화는 정신건강 문제로 간주된다. 영유아의 경우 눈 맞춤 회피는 자폐증 초기 징후에 해당된다.

그런데 줌 세계에서는 이 모든 게 무시된다. 화상 회의 동안 사람들은 당신을 응시하고 당신도 몇 분씩 그들을 응시한다. 많은 경우 그 외의 사람들은 실제로 당신을 보고 있는지조차 알 수 없어서 다른 참석자들의 반응을 읽을 때 어찌할 바를 모른다. 누군가를 무시해서가 아니라 비디오카메라를 잘못 보는 바람에 그를 외면한 것처럼 보일 수도 있다.

이런 부자연스러움의 또 다른 측면은 원격 회의 중 나타나는 얼굴의 상대적 크기다. 전형적인 화상 채팅에서는 머리가 화면을 가득 채운다. 하지만 얼굴 크기의 평가는 진화적으로 중요한 의미가 있다.

인류가 사바나에 사는 동안 큰 얼굴을 감지할 때는 타인과 물리적으로 아주 가까울 때뿐이었으므로 큰 머리를 보는 즉시 뇌의 근접 센서에 빨간불이 켜진다. 수렵채집인이 상대에게 그렇게 가까워질 이유는 둘뿐이다. 몸싸움이나 성관계다. 이런 사건이 원격 회의에서 일어나지 않는 건 알지만, 세렝게티에서 형성된 잠재의식의 경고는 여전히 촉발되므로 뇌는 그런 우려를 누르라는 편집 의견을 계속 끼워 넣어야 한다. 큰 얼굴이 불편해서 뇌의 주인은 실시간으로 몸을 움찔거리기 시작한다. 그렇다, 움찔거린다. 화상 채팅은 신경가스만큼 자연발생적 반응을 일으킨다.

얼굴과 관련된 또 다른 기이함은 그리스 신화에서 나온다. 강의 신 케피소스의 아들 나르시스는 너무나 잘생긴 나머지 물에 비친 자신의 모습과 사랑에 빠졌다. 한시도 제 모습에서 눈을 돌리지 않을 정도였다. 제 모습에 푹 빠진 나르시스는 결국 그 자리에서 죽었고 나르시시즘이라는 단어는 여기서 유래되었다.

그와 같은 얼굴은 아닐지 몰라도, 우리가 나르시스의 집착을 갖고 있다는 사실은 과학적으로 입증되었다. 사람은 시야 내의 어디서든 자기 얼굴이 보이면 무수히 많은 타인의 얼굴 중에서도 자기 얼굴을 골라내 과도한 주의를 기울인다. 자기 얼굴을 마주 보면 시선을 떼기가 더 어려워진다는 연구 결과도 있다.

세렝게티 세계에서는 그런 자신과의 만남이 일어난 적이 없었다 (물웅덩이에서 일어나는 잠깐의 만남은 예외다). 하지만 화상 채팅에서는 자기 얼굴을 마주 보게 되고, 이는 누구에게도 자연스럽지 않을 것이다. 그게 핵심이다. 얼굴을 가리지 않는 줌은 소통하기에 매우 산만한 방식일 수 있다.

해결책

종합하면 줌은 그리 긍정적이지 않다. 우리를 쉽게 지치게 하고, 주의력을 떨어뜨리며, 부자연스럽다. 하지만 오늘날 사용되고 있으며 앞으로도 그럴 것이다. 화상 채팅 세계의 부정적 영향을 최소화하는 해결책이 필요하다는 뜻이다.

나는 먼저 줌 피로에 직접 맞서기를 제안한다. 모든 회의를 화상으로 하지는 말라. 훨씬 덜 지치는 전화 통화를 일상 소통에 종종 이용하라. 화상 회의를 한 번 하면 휴식(화장실 다녀오기, 음식 섭취, 간단한 운동 등)을 취한 후에 전화 회의를 하는 주기를 온종일 반복하는 교차 배치를 고려할 수도 있다. 그런 주기가 항상 가능하지 않다면 단순히 화상 회의 옵션을 사용함으로써 인지 배터리 소모를 최소화할 수 있다. 회의를 요청할 때 오디오만 켜놓고 카메라를 끄라고 명시하여 본질적으로 대규모 전화 회의를 하는 방법도 있다.

카메라를 끄는 게 선택 사항이 아닌 회의라면 카메라가 켜지는 시간을 조정하도록 제안한다. 베일렌슨은 회의에서 발언자에게만 카메라를 활성화하는 방식을 소개한다. 다른 사람들은 모두 비디오 스트리밍과 비슷하게 오디오만 켜놓는다. 그는 이 모델을 사용하면 평소의 줌 피로에서 벗어날 수 있다고 설명한다.

마지막으로 화상 회의 자체의 사회적 역학을 개선하는 몇 가지 기법을 연습하라. 화상 회의에서는 정보 흐름의 부족 또는 왜곡을 고려할 때 잘못된 이해와 해석이 발생할 가능성이 더 크다고 했다. 혼란을 줄이기 위해 공식적으로 인식을 점검하는 방법이 있다. 자신이 들었다고 생각하는 정보를 반복해서 말한 다음 명료화를 요청하라. 어색하더라도 이런 공식적인 인식 점검은 대면 회의에서도 명확성

직장으로 간 뇌과학자

과 이해도를 높인다. 특히 화상 회의에서는 무엇이 언급되는지 확인하여 정확히 이해하는 것이 훨씬 더 중요하다.

화상 회의에 통합해야 할 또 다른 습관은 참여 균등화를 위한 노력이다. 발언하지 않는 참석자가 있다면 다음과 같이 확인하여 대화를 슬쩍 돌려보라. "한동안 당신 의견을 못 들었군요. 방금 내용을 어떻게 생각하나요?" 그리고 답변을 기다린다. 꾸준히 실천하면 작위적으로 보이는 이러한 습관들은 금방 자리 잡을 수 있다.

이 모든 제안은 회의 중 혹은 회의 전후의 행동과 관련 있으며, 화상 회의의 본질적 약점을 일부 보완하려는 시도다. 그러나 회의 자체의 구조는 어떤가? 특히 화상 회의의 부자연스러움으로 인해 회의가 부담스럽다면 생산성을 향상할 구조적 디자인이 있을까?

화상 회의 및 대면 회의 둘 다의 생산성, 효율성, 명확성을 끌어올릴 수 있을 것 같은 회의 디자인이 등장했다. 기이하게도 그것은 세상에서 가장 명석한 사람들이 저지른 실수에서 비롯되었다.

온라인 공개강좌

내가 말한 '가장 명석한 사람들'은 MIT의 교수진이다(그리고 점차 교육계의 대다수로 확대됐다). 2010년 MIT 교수진은 디지털 학습의 잠재력에 푹 빠졌던 듯하다. 자신들의 강의 내용을 전부 온라인에 올리기로 한 것이다. 그들은 이를 온라인 공개강좌(MOOC: Massive Open Online Courses)라고 불렀다.

온라인 공개강좌를 만든 이유는 간단했다. 너무 오랫동안 그 나라의 명문 대학에 입학한 선택된 소수의 학생만 세계 최고 석학들을 지속적으로 접할 수 있었다. 그러나 온라인 공개강좌로 인해 모든 것이 바뀔 수 있다. 시험도 온라인으로 치를 수 있다. 입학금은 오직 확실한 인터넷 연결뿐이다.

당시 인터넷으로 인한 여러 다른 혁신 가능성과 마찬가지로 온라인 공개강좌는 흥미로운 등장이었다. 그 후 몇 년 동안 많은 대학에서 MIT의 선례를 따라 자체 온라인 공개강좌를 올렸다.

자연히 사람들은 온라인 공개강좌의 효과를 알고 싶어 했고, 10년에 걸친 연구 끝에 배심원단이 평결을 내렸다. 2019년 〈사이언스〉지는 〈중심축, 온라인 공개강좌. 교육의 혁신적 변화는 어떻게 되었나?〉라는 불길한 제목의 논문을 실었고 내용은 호의적이지 않았다. 연구자들은 온라인 공개강좌 하나를 수강한 학생들이 다른 강좌를 수강하는 일이 드물다는 사실을 발견했다. 가을 학기에 등록한 학생 중 7퍼센트만 다음 학기에 재등록했다. 수강하는 동안 학생들의 진도를 조사하자 전망은 더 나빠졌다. 첫 번째 과제를 완료한 학생은 겨우 44퍼센트였고, 강좌 전체를 수강한 학생은 13퍼센트 이하였다.

하지만 희망도 있었다. 연구계에서 이처럼 획일적 결과가 나오는 일은 거의 없다. 다행히도 온라인 공개강좌에 대한 이런 비관적 데이터는 결국 더 미묘한 차이가 있는 연구 결과에 자리를 내주었다. 연구자들은 일부 온라인 공개강좌는 정보를 매우 잘 전달한다는 사실을 알아냈다. 특정 규칙만 지키면 되는데, 전통적인 강의 형식을 따르지 않는 규칙들이었다. 온라인 공개강좌의 마법을 만들어낸 가장 큰 두 가지 요소는 다음과 같다.

1. 미리 준비한다

가장 성공적인 온라인 공개강좌 교수진은 온라인 강의에 앞서 학생들에게 강의 노트를 제공했다. 그러자 학생들은 수업 전에 자료를 살펴보고, 아이디어에 의문을 제기하고, 혼란스러운 부분을 발견하고 찾아낼 수 있었다.

2. 강의가 아닌 토론을 한다

이런 준비 단계 후에 온라인 공개강좌를 실시간으로 수강할 수 있지만, 교수가 강의를 생중계하는 대신 토론, 즉 체계적인 질의응답 경험을 실시간으로 제공했다. 이런 강좌에서는 학생들이 공통으로 혼란스러워하는 문제를 쉽게 다룰 수 있었고, 활발한 상호작용 공간이 만들어졌다. '무대 위의 현자'가 아니라 '옆에 있는 안내자'를 통해 대학의 가장 좋은 점을 경험할 수 있었다.

온라인 공개강좌와 업무 회의

온라인 공개강좌의 마법을 만드는 이 규칙을 비즈니스계, 특히 줌 세계에도 적용할 수 있을까? 나는 그럴 수 있다고 믿는다. 슬프게도 믿는다는 말밖에 못 쓰지만 말이다. 엄격한 무작위 통제 설계 연구가 이 규칙이 줌 회의에도 적합하다고 증명할 때까지는 '이러한 데이터가 시사하듯이…' 같은 구절을 쓸 수밖에 없다.

데이터들이 시사하는 것은 준비 활동과 3단계 프로토콜을 포함하는 급진적인 방안이다. 이 접근법은 줌 회의뿐만 아니라 미래의 어떤 회의에도 적용될 수 있다.

준비 단계는 회의 인지(認知)하기다. 회의 '주관자'가 가장 먼저 할 일은 마음속으로 무엇에 관한 회의인지 명확히 하는 것이다. 회의 목적을 한 문장으로 적은 후 거기서 벗어나지 않는다는 한 가지 기본 원칙에 따라 안건을 정하라. 이것은 강의 개요 작성하기와 같다.

참가자들이 기억에 남는 소득을 갖고 회의장을 떠나게 하려면 몇 가지 안건 구성 원칙을 따라야 한다. 인간은 정보가 위계적으로, 요점에서 세부 사항 순으로 제시될 때 더 잘 기억한다(보통 기억률이 40퍼센트 증가한다). 스프레드시트 공개가 안건에 포함되어 있다면 참가자들에게 스프레드시트(세부 정보)를 보여주기 전에 그것이 중요한 이유(요지)를 말해주어야 한다. 먼저 일반 정보를 제시한 후 세부 정보를 제공하라.

준비 작업을 마치면 회의의 근간이 될 명확하고 간결한 문서를 손에 쥐게 된다. 이 문서를 '회의 주관자의 의제'라고 부르자.

이제 3단계 프로토콜로 넘어갈 준비가 되었다.

1. 회의 주관자의 의제를 미리 전달한다

회의 전날이나 이틀 전에 전달하면 가장 좋다. 슬라이드 같은 시각 자료도 함께 보낸다.

2. 참석자가 정보를 미리 읽고 오게 한다

참석자들은 전달받은 내용을 검토하고 자신의 질문 목록, 의견, 명료화할 점들을 목록으로 만든다. 그들은 회의 주관자가 보낸 문서에 거리낌 없이 표시하고, 자신의 목록을 화상 회의에 가져와 생각한 것들을 토론할 준비를 한다.

3. 화상 회의를 시작한다

한 가지 중요한 차이를 염두에 두고 화상 회의를 시작한다. 당신은 회의를 주도하는 게 아니라 토론을 이끌 것이다. 신속히 안건을 처리하고 넘어가려고 서두르지 말고, 줌 회의가 허용하는 한 신중하게 질문과 우려 사항에 귀를 기울여라. 나는 원격 강의를 할 때 중요한 의제 항목을 간략히 요약한 다음 이렇게 말하면서 가능한 한 빨리 강의를 수강생들에게 넘긴다. "자, 여러분, 이제부터 이 쇼는 여러분이 제공할 것입니다. 질문 있습니까? 제가 어떻게 도와줄까요?"

몇 분간은 어색해도 그 뒤로는 지루한 온라인 공개강좌에서 계속 주의 집중하는 완전한 학습으로 바뀐다. 줌 행성의 소통 대기권이 희박한데도 말이다.

성공적인 재택근무를 위한 조건

앞에서는 화상 회의를 다루었다. 화상 회의가 피곤한 이유와 성공적으로 진행하는 방법을 설명했다. 그러나 새롭게 대중화된 화상 회의의 현재 환경, 즉 홈오피스에 대해서는 아직 이야기하지 않았다.

홈오피스 회의는 업무 목록에 비집고 들어와 영구히 자리 잡은 듯하다. 행동 신경과학은 홈오피스 설계에 놀랍도록 확고한 역할을 할수 있다. 우선은 영구적이라는 단어부터 살펴보자.

코로나19 사태가 지속되면서 홈오피스는 임시 대안이 되었다. 어떤 CEO들은 좋아하며 모든 직원에게 영구적인 원격 근무를 고려해보라고 장려했다. 어떤 CEO들은 직원들의 원격 근무를 싫어하여 이전으로만 돌아가기만 고대했다. 이 장의 첫 부분에서 언급한 메릴도 그중 하나였다. CEO들이 옥신각신하는 가운데 직장의 새로운 균형이 정착하려면 수년은 걸릴 것이다.

슬프게도 팬데믹으로 진행되기 쉬운 치명적인 여러 변이가 대기중이니, 코로나19의 퇴치 성공 여부와 상관없이 CEO들은 느슨한 관점을 유지해야만 할 것이다. 특히 코로나19는 변이가 매우 잘 발생한다고 알려져 있다. 원래 바이러스보다 전염성 강한 변종들이 전세계에서 나타났다. 세계화와 더불어 새로운 바이러스들은 점점 더빠르게 전파될 것이다. 실제로 1980년대 이후로 우려스러운 감염성미생물로 인한 비상사태는 3배 증가했다.

일부 연구자들이 홈오피스가 대안으로 오래 지속되리라고 보는

직장으로 간 뇌과학자

이유 중 하나는 비용 절감 가능성이다. 팬데믹 기간에 적어도 일정 시간은 집에서 일했다는 것은 적어도 일정 시간은 사무실에서 일하지 않았다는 의미다. 논리적으로 중요한 업무를 보기 위해 항상 큰 사무실 건물이 필요한 것은 아님을 암시했다. 아예 건물이 필요하지 않은 회사도 있다는 뜻이다. 〈하버드비즈니스리뷰〉에 게재된 한 연구에 따르면 직원 1명당 가구와 사무실 공간 절감 비용이 1,900달러라고 한다. 재택근무로 돌릴 수 있으면 교통비 절감과 함께 큰돈을 회수할 수 있다는 건 기본적인 스프레드시트만 익숙해도 알 수 있다.

홈오피스가 없어지지 않는다고 확신하는 또 다른 이유는 직원 생산성 때문이다. 놀랍게도 팬데믹 기간에 이에 관해서는 엇갈린 연구 결과가 나왔다. (팬데믹이 훌륭한 사전-사후 연구가 가능하게 해준 덕에) 주의 깊게 연구된 회사들 대부분은 생산성의 변화가 없었다고 보고했다.

이러한 연구 결과를 결합하면 대부분의 회사는 군침을 흘린다. 거실이나 붙박이장 한편의 책상, 여분의 침실에서 일해야 하는 강력한 이유는 존재한다. 학자금 대출에 시달리는 대학생들처럼 홈오피스가 곧 사라지지 않으리라는 말이다. 정확히 얼마나 오래 존재할지는 몇 년이 지나야 알게 될 것이다.

집행 기능의 정의

앞으로도 집세나 대출금 상환을 처리하는 어떤 장소에서 업무를 볼

수 있다고 한다면 홈오피스는 어떤 모습이어야 할까? 어떤 기능을
해야 할까? 뇌과학이 여기에 도움이 될까?

그럴 수도 있다. 사람들이 홈오피스 설계에 실패하는 이유는 대부분 집행 기능(executive function)이라고 하는 인지 도구에 충분한 주의를 기울이지 않기 때문이다. 홈오피스의 모습과 분위기라는 복잡한 문제에 들어가기 전에 집행 기능의 정의부터 살펴보자.

영화 〈라이언 일병 구하기〉의 한 장면으로 시작해보자. 일부 참전 용사들이 영화 시작 30분 만에 뛰쳐나왔을 정도로 전쟁을 사실적으로 묘사한 이 작품의 중심에는 톰 행크스가 연기한 미 육군 대위가 있다. 우리는 그의 눈을 통해 전투를 바라본다. 한 번은 포탄에 반쯤 날아간 시체를 오마하 해변에서 끌어올리면서 엄청난 공포를 경험한다. 하지만 그는 충동을 억누르고, 상황을 평가하고, 함께 시신을 끌어올 장병들을 찾아 명령을 내린다. 사방에서 격렬한 전투가 벌어지는 속에서 독일 포진지를 공격하게 하여 결국 시신을 손에 넣고 목표를 달성한다.

행크스는 슈퍼맨을 연기하지 않는다(그가 등장한 첫 장면은 착륙을 준비하는 그의 떨리는 손이었다.) 그 인물이 가진 것은 강력한 집행 기능이었고 영화는 이를 가능한 한 가장 강력하고 가장 끔찍한 방식으로 보여준다.

흔히 집행 기능은 '무언가를 해내게 하는' 행동으로 정의된다. 더 과학적인 용어로는 두 종류의 행동을 포함하는데 하나는 감정 조절(emotional regulation)이다. 연구자들이 '억제'(inhibition)라고 부르는

충동 조절 등이 여기에 포함된다. 온몸의 세포가 숨고 싶은데도 유혈 상황에서 임무를 수행한 행크스의 능력은 감정 조절의 대표적인 사례다. 다른 하나는 인지 제어(cognitive control)다. 독자적으로 무언가를 계획하고 거의 도움 없이 그것을 위한 틀을 제시하는 능력인 목표 설정이 여기에 포함된다. 자유자재로 집중했다가 산만해졌다가 다시 집중하는 집중 능력도 포함된다(ADHD가 있는 사람들은 대개 인지 제어가 부족하다). 인지 제어는 뇌가 무질서한 입력 정보를 다루기 쉬운 형태로 조직하도록 돕는다. 이때 요점에서 세부 사항으로 옮겨가는 위계 시스템이 자주 사용된다.

성공적인 재택근무를 위해서는 집행 기능의 여러 도구가 필요하다. 그리고 희한하게도 물리적인 홈오피스의 설계는 (생산적인 회의 진행을 포함하는) 그런 도구들의 기능을 최대화하는 데 도움이 될 수 있다. 먼저 홈오피스가 어떤 모습이어야 하는지에 관한 조언으로 시작해서 사람들이 그 안에서 어떻게 기능해야 하는지 살펴보자.

업무 전용 공간

첫 번째 제안이 가장 어려울 수 있다. 재택근무를 하는 동안 생산성을 높일 가장 좋은 방법은 업무 전용 공간을 정하는 것이다. 거기서는 업무만 보고 다른 어떤 일도 하지 않는다. 문을 닫을 수 있는 방이 좋지만 그러기 어려운 가정도 있다. 생활 공간 중 방 하나를 업무 전용으로 쓸 수 없다면 차선책으로 붙박이장 한구석, 식탁의 일부,

조용한 구석 등 낮 동안만 업무 공간으로 쓸 곳을 정해두라.

업무 전용 공간이 왜 필요할까? 재택근무에 관한 가벼운 글들은 심리적 경계를 두는 것이 중요하다고 강조한다. 한 장소에서 점점 더 많은 이질적인 활동을 하면 활동들 사이의 경계가 사라질 위험이 있고, 그로 인한 심리전 문제가 발생할 수 있다는 연구 결과들이 있다. 주된 피해는 일과 삶의 균형 전쟁에서 휴전 협정의 소멸이며, 이는 대체로 자기 복잡성 이론(self-complexity theory)이라는 개념으로 정리된다. 이 이론은 개인의 여러 사회적 역할에 상황이 미치는 영향을 검토한다.

연구자들은 사람이 건강하려면 매우 다양한 사회적 환경과 맥락이 필요하다는 사실을 발견했다. 이러한 환경과 맥락은 별도로 유지되어야 한다. 경계를 해체하는 것은 건강에 좋지 않다. 연구자 잔피에로 페트리글리에리(Gianpiero Petriglieri)는 이렇게 설명한다.

> 당신이 다니는 술집에서 교수들과 이야기도 하고,
> 부모님도 만나고, 데이트도 한다고 상상하면
> 이상하지 않은가?

이런 경계 부재는 이상할뿐더러 사람을 불안하게 만든다. 일과 가정 생활을 분리할 수 없으면 번아웃될 가능성이 더 커진다. 단순히 사회적 역할 간의 경계를 관리하기가 어려워진 탓에 우울 또는 불안 같은 정서 장애에 취약해진다.

페트리글리에리에 따르면 우리의 사회적 역할 대부분은 다른 장소에서 수행되어야 한다. 생활 공간 일부를 업무 용도로 지정해두는 것은 '업무 모드', 즉 업무에 전념하는 행동과 활동들을 소집하는 마인드셋 돌입에 도움이 된다. 반대로 '가정 모드'는 직장의 갑옷을 벗고 집안 문제에만 집중하게 한다.

'모드'는 모호한 용어이지만 핵심 아이디어는 잘 정립된 행동과학에 기초하고 있다. 몇 년 전 연구자 앨런 배들리(Alan Baddeley)는 맥락 의존적 학습(context-dependent learning)이라는 현상을 발견했다. 그는 특정 공간에서 단어들을 학습하고 몇 시간, 며칠, 몇 주 후에 회상하게 했다. 그는 학습자가 원래 정보를 학습했던 공간에서 정보를 떠올리면 더 확실하게 기억한다는 것을 발견했다. 얼마나 여러 상황에서 실험을 진행했냐면, 물속에서 잠수복을 입고 단어 목록을 암기하게 하기도 했다!

뇌는 지적 활동이 일어나는 물리적 환경을 기록하는 데 아주 뛰어나다. 뇌는 그 공간에서 뇌에 기대되는 활동을 회상하는 데 도움이 되도록 그 기록을 활용한다. 이 효과는 매우 커서 수면 연구에도 활용되었다. 자는 데 어려움을 겪는다면 오직 수면을 위한 방을 정해두라. 그러면 뇌가 그 공간을 마주할 때 스스로 이렇게 말한다. "여기는 잠 자는 곳이군. 그럼 자야겠네." 장기간 수면 장애가 있는 사람들에게 이 방법은 매우 효과적이다. 생산적인 홈오피스가 필요한 사람들에게도 효과가 있을 것이다.

맥락 의존적 설계에는 부수적인 이점도 따른다. 일례로 전용 공간을 만들면 주의력 분산을 억제하고, 단일 용도 공간은 퇴근 시간에 중단했던 일을 다음 날 바로 찾을 수 있게 해준다.

홈오피스를 만들면 회의는 어떻게 개선될까? 앞서 화상 회의 세계는 이미 뇌에 인위적인 부담을 준다고 언급했다. 최적화되지 않은 입력 정보에 집중할 수 있도록 문을 닫아야만 한다. 집중은 집행 기능에 중요한 요소이므로 줌 행성에서 더 생산적일 수 있도록 인지 장치를 소환하라.

일정 통제

재택근무와 관련한 첫 번째 조언은 전용 업무 공간을 만들라는 것이지만, 두 번째 조언은 "일단 책상에 앉으면 무엇을 해야 하는가?"라는 질문의 답변과 관련 있다. 어려운 질문이지만 간단히 다음 두 문장으로 대답할 수 있다.

일정을 짜라. 그 일정을 지켜라.

연구계에서는 공식적으로 이를 일정 통제(schedule control)라고 칭한다. 연구자들이 연구하는 또 다른 경험, 직무 통제(job control) 또는 일하는 방식과 대조되는 방법이다. (나중에 논의할 것처럼) 작업 방식은 특징 짓기 어려울 수 있지만, 일정 통제는 그렇지 않다. 일반적으로 'z 기간 y 시간 동안 x 작업을 할 것' 같은 형식으로 업무들을 열거한 미결 업무 목록을 만든다. 스프레드시트만큼 지루하면서도 매우 중요한 일이다.

일정 통제에 대한 선형적 생각은 '삶은 대체로 너저분하다'는 불편한 사실과 조화를 이루기 어렵다는 것을 안다. 게다가 항상 업무가 예측 가능한 시간 내에 깔끔하게 완수되지도 않는다. 동료와 가족이 번갈아 가며 방해하는 재택근무에서는 더더욱 그렇다. 하지만 아무리 어려워져도 통제력을 발휘하는 일은 매우 중요하다.

활동을 쉽게 소화할 수 있는 작은 목표들로 나누는 방법이 있다. 앤 라모트(Anne Lamott)가 책을 집필할 때 쓴 전략이다. 그녀는 어릴 적 그 습관을 들였다. 《쓰기의 감각》에서 라모트는 남동생이 새에 관한 책을 읽고 보고서를 쓰려고 했을 때를 회상한다. 조사해야 할 새들이 너무 많아 쩔쩔매다 울음을 터뜨린 동생에게 아버지가 다가와 말해준다. "하나씩, 하나씩. 한 종류씩 써나가면 돼." 그녀가 말하는 짧은 과제(short assignment)로 과업을 나누면 프로젝트가 간단히 해결되는 조각들로, 아무리 큰 과업도 바로 소화할 수 있는 조각들로 바뀐다.

일정 통제를 연습하지 않으면 생산성이 떨어진다는 연구 결과가 있다. 당연히 뇌과학적 이유가 있으며, 부정적인 스트레스와 집행 기능 사이의 불안한 관계와 관련 있다. 부정적인 스트레스에 관해서는 책의 후반부에서 더 다루겠지만 핵심은 이것이다. 대부분의 사람들이 부정적인 스트레스를 받는 이유는 혐오스러운 상황 자체가 아니라 그 상황을 통제할 수 없기 때문이다. 통제할 수 없다는 느낌이 강할수록 부정적인 스트레스를 경험할 가능성이 커진다.

이것이 왜 중요할까? 연구에 의하면 부정적인 스트레스는 집행 기능 도구 상자의 많은 도구를 녹슬게 만들고, 거기에는 결과가 따른다. 집행 기능은 계획 수립, 감독, 집중/초점 이탈/재집중, 충동 조절 등, 생산적인 일정 잡기에 포함된 대부분의 활동에 참여한다. 부정적인 스트레스는 그러한 기능들을 확립하고 유지하는 데 관여하는 뇌 영역을 무력하게 만든다.

따라서 일정을 통제하고 있다고 느낄수록 부정적인 스트레스를 경험할 가능성은 작고, 반대로 자신의 활동에 대한 통제력이 떨어질수록 긴장을 경험할 가능성이 크다. 그러면 최악의 일정 짜기를 계속 반복하게 된다. 일정을 통제하지 못해서 생기는 부정적인 스트레스는 애초에 정상적으로 하루를 보내게 해주는 도구인 집행 기능을 방해한다.

해결책은 매우 쉽지만 정말 중요하니 반복하겠다.

일정을 짜라. 그리고 그 일정을 지키라.

미루기

이것이 회의에 관한 논의와 어떻게 관련되는지는 명백하다. 일정을 지키면 화상 회의를 특정 시간에 집어넣고 시작 및 종료 시각을 정해둘 수 있다. 절제력을 발휘하며 일정을 지키려는 노력을 계속한다면 생산성이 향상되고 장시간 일하지 않아도 될 것이다.

이런 절제력을 발휘하려는 노력을 방해하는 적들도 있다. 가장 큰 적은 회의와도, 타인과도 상관없는 바로 나 자신에게 있다. 미루는 습관 때문에 고민하고 있다면 더욱 그렇다. 미루기는 생산성이라는 전쟁터에서 벌어지는 전쟁, 해야 할 일과 하고 싶은 일 사이의 다툼인데, 특이하게도 거의 항상 패전으로 끝난다.

연구자들이 미루기를 조사한 결과 미루는 사람들 대부분의 생각과 달리 미루기는 절제력 부족 때문이 아닌 것으로 밝혀졌다. 미루기를 부추기는 것은 부정적인 감정을 피하려는 시도다. 자신을 괴롭히는 것들을 피하는 습관이 있는 사람에게 미루기는 인생의 동반자일 것이다. 그것은 집행 기능을 떠받치는 두 개의 큰 기둥 중 하나인 충동 조절의 부족이다.

미루기가 집행 기능의 범위 안에 있음을 고려하면, 부정적 감정을 다루는 방법을 바꿔야만 이 습관을 극복할 수 있다. 뇌가 부정적인 감정을 다루려면 과도한 에너지가 필요하다. 그런데 연구에 따르면 미루기는 하루 중 에너지가 가장 떨어진 시간에 발생하며, 대부분 오후 중반이다. 그렇다면 어려운 과업을 에너지가 최저로 떨어지는 때까지 미루지 말라. 주어진 업무가 어려운지 판단한 다음 에너지가 최고 수준일 때 처리하도록 계획을 짜라. 대부분 오전이거나 커피를 여덟 잔 마신 후일 것이다.

또한 당신의 하루에 더 많은 에너지를 집어넣어야 한다. 집행 기능의 충동 조절 요소를 증가시키는 활동을 하라. 쉽지는 않겠지만 방법은 많다. 생산적인 시간을 늘리려면 일하는 시간을 줄여야 한다.

유산소 운동과 낮잠

이 연구는 순서에 별로 신경 쓰지 않으며, 단순히 일상 업무에 두 가지 활동을 모두 집어넣을 필요가 있음을 입증한다. 둘 다 뇌 기능, 특히 집행 기능을 향상시켜 원격 회의의 위험을 더 잘 헤쳐나가도록 돕는다.

운동은 24시간마다 약 30분 동안 유산소로, 가급적 집 밖으로 나와 30분 동안 자연 속에서 달리면 좋다. 규칙적인 유산소 운동은 지금껏 연구된 거의 모든 연령집단에서 측정 가능한 집행 기능의 거의 모든 측면을 향상시키기 때문이다. 조사하기 힘든 집단인 경증의 인지 장애가 있는 사람들을 조사한 연구에서는 1년간 운동한 결과 집행 기능의 핵심 요소인 단기기억이 무려 47퍼센트 향상되었다고 발표했다. 이처럼 집행 기능을 강화하는 활동은 오후 3시 이전에 잡아야 숙면을 보장한다.

재택근무할 때 집어넣어야 할 또 다른 좋은 습관은 낮잠이다. 연구는 졸릴 가능성이 가장 큰 오후 중반에 점심 식사처럼 규칙적으로 낮잠을 자도록 특별히 제안한다. 이전에 NASA에서 일했던 마크 로즈킨드(Mark Rosekind)는 정기적으로 낮잠을 자는 사람들의 전반적인 인지능력이 34퍼센트 향상된다는 것을 보여주었다. 심혈관계 개선부터 집행 기능, 특히 유연성과 집중 요소의 변화에 이르기까지 낮잠의 효능은 다양하다.

평균 30분을 넘지 않아야 하며, 대다수에게 이상적인 시간인 오후

2시에서 3시 사이가 좋다. '대다수'라는 단어에 주목하라. 과학이 제시한 낮잠 시간에는 상당한 차이가 있어서 수면 연구자인 사라 메드닉(Sara Mednick)은 이를 위한 계산식을 개발했다. 그녀의 저서《Take a Nap, Change Your Life》(낮잠을 자라, 인생을 바꾸라)에서 볼 수 있다.

이러한 데이터를 종합하면 집행 기능을 강화해야 원격 회의 본연의 결점을 극복할 수 있다. 그리고 집행 기능을 강화할 방법은 짧은 달리기, 짧은 낮잠, 짧은 과제를 포함한 확고한 목표 설정 구조를 만드는 것이다.

이러한 제안들은 이상하게 직관에 반하는 것 같지만, 직장은 결코 인간 뇌의 전기적 필요를 고려하여 설계되지 않았다. 집행 기능을 향상하도록 설계된 것도 아니다. 하지만 데이터는 놀랍도록 명확하다. 성공적인 재택근무는 진부한 표현이지만, 더 열심히 일하기보다 더 똑똑하게 일하기를 의미한다. 이상한 말이지만 직장에서도 더 생산적이려면 덜 일해야 한다.

브레인 룰스 2

환경이 변화해도 원칙이 있다면 극복할 수 있다

- 코로나19는 우리의 회의 진행 방식을 바꿔놓았다. 아마도 영원히. 화상 회의는 당신이 직장 동료들과 소통하는 방식에 중요한 역할을 할 것이다.
- 화상 회의는 대면 회의보다 뇌의 에너지를 더 많이 앗아가고 고갈시킨다. 에너지 고갈을 제한하려면 때때로 카메라를 끄고, 자주 전화로 대화하고, 제대로 이해했는지 정식으로 확인한다.
- 모든 회의를 최대한 활용하려면 회의 주관자는 안건을 미리 작성하고, 참석자들에게 보내 미리 읽고 안건을 논의할 준비를 하고 오라고 요청하며, 설교가 아닌 토론을 한다.
- 재택근무를 한다면 (아무리 작더라도) 업무 공간으로만 사용할 공간을 정해 둔다.
- 근무 시간을 최적화하려면 일정을 짠다. 그리고 일정을 고수한다.
- 미루기는 부정적인 감정의 회피다. 회의가 감정적으로 지치게 한다면 에너지가 더 있을 때(아마도 오전) 회의 일정을 잡는다.

직장으로 간 뇌과학자

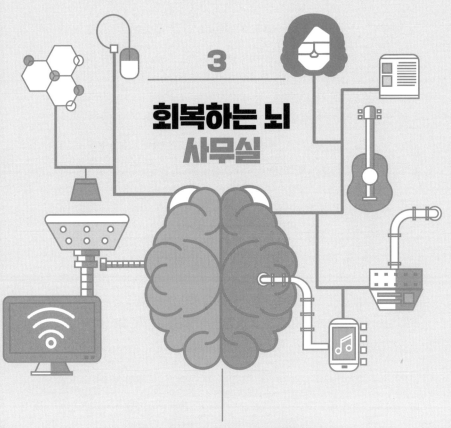

3

회복하는 뇌
사무실

뇌는 자연 속에서 발달했고,
여전히 그곳에 살고 있다고 생각한다

나는 하버드대학교 생물학자 에드워드 윌슨(Edward Osborne Wilson)의 연구에 크게 경도되어 있다. 자연계가 인간 행동에 미치는 영향이라는 이 장의 주제에는 그러한 숭배가 어느 정도 스며 있음을 먼저 고백하겠다.

윌슨은 과학 영웅처럼 보이지 않는다. 말이 느리고 온화한 앨라배마 억양을 갖고 있으며, 과학자치고는 로저스 아저씨에 아주 가까운 태도를 지니고 있다. 그의 연구는 대부분 관찰 연구인데 9세부터 한쪽 눈이 실명되었음을 생각하면 대단한 일이다. 시력 저하로 인해 그는 작은 생물을 가까이서 관찰할 수밖에 없었는데, 그렇게 수행한 연구로 격찬을 받았다. 많은 사람들이 그를 개미 연구의 세계적 권위자로 여긴다.

그러나 내가 그를 영웅으로 숭배하는 이유는 그가 곤충 생물학 분야에 논란의 여지가 없을 만큼 대단한 공헌을 했기 때문이 아니다. 나의 전문 분야 때문도 아니다. 그것은 보스턴과 시애틀의 거리만큼 윌슨과는 거리가 멀다. 나의 숭배는 곤충 생물학에 대한 공헌만큼 영향력 있고, 과거에는 매우 논란거리였던 인간 행동에 대한 그의 견해 때문이다.

윌슨은 일상생활에서 자연이 인간의 행동에 미치는 영향을 궁금해한다. 그는 원래 철학자 에리히 프롬(Erich Fromm)이 만든 생명에 대한 사랑이란 뜻의 '바이오필리아(biophilia, 녹색 갈증으로 번역되어 쓰이기도 함-옮긴이)'라는 용어를 대중화했다. 프롬은 현재 인간의 행동을 설명하기 위해 심리학적인 의미로 썼지만, 윌슨은 인간 진화 과정을 이야기하면서 이 용어를 사용했다. 바이오필리아를 강화하는 엔진을 설명하며 윌슨은 이렇게 말한다.

> 인간은 생물학적으로 자연 형태와의 접촉을 요구하는 성향이 있다. 사람들은 자연과 동떨어져서는 완전하고 건강한 삶을 살 수 없다.

이 장은 직장을 다루고 있으므로 사무실 건물과 회의실의 세계 그리고 팬데믹의 결과로 이루어지는 이것들에 대한 상당한 재검토에 초점을 맞출 것이다. 전형적인 사무실로 돌아가야 하는가? 재택근무를 허용해야만 하는가? 두 방식이 혼합되어야 하는가? 예전에는 강철 대들보처럼 무너지지 않는 비즈니스의 중추였던 사무실 근무에 대한 관념이 2020년과 2021년에 상당히 완화되었다.

팬데믹 이전의 데이터는 여전히 의의가 있지만, 이러한 관념의 완화를 고려하면 지금은 사무실에 대한 아이디어 전체를 재고할 좋은 시기다. 다음 절의 전반부에서는 인간이 물리적 일터에 반응할 때 어떤 성향이 있는지 다루고, 후반부에서는 '건강한 삶'에 대한 윌슨의 생각을 알아볼 것이다. 사무실 공간을 설계할 때 우리의 진화 역사를 무시한다면 어떻게 되는지 그리고 사바나 일부를 실내로 가져오려 하면 어떻게 되는지 논의할 것이다. 곧 살펴볼 것처럼 인류가 동아프리카에서 가게를 차리고 거의 600만 년 동안 거기서 일했다면 삶이 어땠을지 사무실 디자이너가 되돌아본다면 미래의 사무실에 도움이 될 것이다.

민감한 인간의 뇌

위의 마지막 문장은 설명이 필요하다. 진화생물학자들은 인류의 여정은 600만~900만 년 전에 시작되었다고 설명한다. 그때 인간은 침팬지에서 갈라져 나와 번쩍이는 도시와 소득세로 이어지는 길을 따라왔다. 현대 문명은 최근의 발명품이며, 인간이라는 특정 종이 지구에서 보낸 시간의 99.987퍼센트 동안 인간은 자연 요소로 구성된 환경에서 살아왔다. 인간은 교통체증이 아니라 초원을 선호하는 조건에서 크고, 무겁고, 재능 있는 뇌를 발달시켰다. 바이오필리아 개념은 인류가 진화의 영향을 벗어날 만큼 오랫동안 문명화되지 않았으며, 여전히 자연적 사물을 선호한다고 주장한다.

　이러한 아이디어 일부는 검증할 수 있고 나중에 데이터를 살펴볼 것이다. 하지만 내가 이 아이디어들을 기술할 때 명심해야 할 주요 요소는, 특정 유형의 신경학적 민감성이다. 600만 년에 걸친 인류의 여정에서 기후가 매우 불안정해진 때가 있었다. 인간은 뱀을 두려워하도록 학습해야 하는 만큼이나 확실하게 불안정한 기후에 적응해야만 했다. 변화에 매우 민감해져야 했다.

놀랍게도 뇌의 미세한 신경회로에서 시작되는 그 민감성은 측정이 가능하다. 서문에서 언급했듯이 무언가를 배울 때마다 신경회로들이 새로 연결된다. 말 그대로 새롭게 연결되고, 전기적 관계가 변화하고, 신경회로들이 강화되거나 약화된다. 당신이 이 문장을 읽는 동안에도 일어나고 있다.

그 감수성은 생래적이다. 사실 그것은 우리의 적응 능력을 강화해주고 때로는 무시라는 기이한 행동 결과도 제공하는 엔진실이다. 우리는 거의 아무것도 모르는 상태로 태어나므로 거의 모든 것을 배워야만 한다. 그런 배움에 민감하지 않았다면 우리는 아무것도 배우지 못해서 죽었을 것이다.

모든 생명체가 그런 가파른 학습 곡선의 부담을 안고 태어나지는 않는다. 누 새끼는 태어난 지 몇 시간 안에 세렝게티를 가로질러 달릴 준비를 끝낸다. 인간은 평탄한 길도 거의 1년이 지나야 뒤뚱거리며 걸을 수 있지만, 초원과 드높은 동아프리카 지구대에 적응하고 관련 문제들을 해결하며 살아남았다. 탄자니아의 안전한 공간에 적응할 만큼 민감하지 않았던 사람들은 금방 죽었다.

영겁의 시간이 걸리지 않는 실험을 통해 미세하게 조정된 인간의 민감성을 관찰할 수 있다. 행동주의자들이 이야기하는 '점화'(priming)를 생각해보라. 한 고전적인 실험에서는 피험자들에게 공격의 동의어들을 읽게 한다. 그런 다음 중립적이거나 모호한 행동을 보이는 인물에 관해 읽게 하거나 영상을 보게 한다. 이런 중립적 행동들을 평가하도록 요청받았을 때 피험자들은 중립 같은 단어를 선택하지 않는다. 그들은 예외 없이 공격과 관련된 단어를 선택했다. 그들의 뇌는 외부 환경이 미래의 반응을 점화하게 할 만큼 민감했다. 공격 대신 친절의 동의어를 사용하면 이번에는 반대 방향으로 비슷한 변화를 볼 수 있을 것이다. 이제 모두가 좋은 사람으로 여겨진다.

우리는 외부 환경에 말도 안 되게 잘 동조하고 그 틀에 맞추기 쉬운 뇌를 가지고 있어서 연구자들은 단기간에 그러한 적응을 관찰할 수 있다. 만약 우리가 주위 환경에 너무 민감해서 단지 말만으로 관점을 바꿀 거라면 600만 년은 우리에게 무슨 영향을 미쳤을까? 당신이 윌슨이라면 그 세월이 많은 영향을 끼쳤다고 의심할 것이다. 정확히 얼마나 '많은' 영향인지 알아보자.

변화와 스트레스

윌슨은 우리가 자연 형태를 선호하는 뇌를 가지고 있다고 믿지만, 우리 뇌는 모든 면에서 부자연스러운 도시를 만들 수도 있다. 변화에 적응하는 우리의 능력은 세렝게티에서 굳어진 기호보다 강할까? '어느 정도는' 그렇다. 우리는 정말 변화에 잘 적응할 수 있지만, 남아 있는 세렝게티의 영향이 우리를 간섭하는 것을 느끼며, 때로 그 느낌은 매우 강렬하다.

스트레스는 그 완벽한 사례다. 적절한 상황에서 스트레스 반응은 우리 내면의 수렵채집인의 진정한 친구다. 사자 같은 커다란 위협이 나타나면 심장이 두근거리고, 호흡이 빨라지며, 감각이 예리해진다. 허벅지까지 혈액을 보내는 데 많은 노력을 기울여서 전속력으로 달아날 수 있게 한다. 바로 '투쟁-도피 반응'(fight-or-flight response)이다.

스트레스를 경험하는 사람의 뇌를 들여다본다면 현저성 네트워크(SN: salience network)라고 불리는 뉴런 네트워크가 과도하게 활성화하는 것을 알 수 있다. 그것은 악당이 등장하면 트럭에서 탈출할 수 있는 능력을 감독하는 신경망 연합체다. 활성화된 현저성 네트워크는 번쩍거리는 빨강 신호등과 같다. 이 네트워크는 스트레스 요인에 대한 신체적 반응을 작동시키라는 신호를 보내 심장이 두근거리고, 호흡이 빨라지고, 감각이 날카로워지게 한다. 예리한 관찰자는 이 활성화의 강도가 개인마다 크게 다르다는 것도 알아차린다.

흥미롭게도 우리에게는 스트레스 반응을 감독하는 선천적 기제가 있어서 "이제 반응을 그쳐도 될까?"라고 질문한다. 이 질문은 위협에 대한 대응이 시작되기 무섭게 제기된다. 가장 큰 제동 장치는 무엇일까? 원래 스트레스 반응의 집결을 감독하기 위해 소집된 스트레스 호르몬이다! 그런 호르몬 중 하나인 코르티솔(cortisol)은 이른바 부정적 피드백 루프(negative feedback loop)의 일부다. 적색경보가 울리자마자 코르티솔은 자체 제조 현장부터 시작하여 언제 작동을 중단시킬 수 있는지 뇌에 묻는다.

이유는 간단하다. 그 반응은 에너지를 너무 많이 소모하므로 너무 과하게 반응하면 시스템이 붕괴할 위험이 크기 때문이다. 그래서 연구자들은 대부분의 위협 대응이 단기적인 문제 해결을 목표로 한다고 믿는다. 사자가 당신을 잡아먹든 당신이 사자에게서 달아나든 위협은 몇 년이 아닌 몇 분간 이어진다.

그리고 여기서 우리는 엄청난 문제에 부딪힌다. 현대 사회에서는 위협이 수년간 지속될 수 있다. 21세기에는 자신이 싫어하는 일에 수십 년 동안 묶여 있을 수 있다. 수십 년간 몹시 싫어하는 관계에 매일 수도 있다.

자신의 일을 사랑한다고 해도 어떤 직업은 스트레스가 너무 많아서 심혈관계가 손상된다. 면역력도 떨어져 수시로 아플 수 있다. 한 번이 아니라 몇 번이고 시스템을 너무 밀어붙이기 쉽다. 빨간 불은 비상시에만 켜져야 한다. 몇 시간, 며칠, 또는 몇 년간 계속 깜박여서는 안 된다.

뇌의 적신호와 청신호

현대에는 이런 반복적인 스트레스 패턴이 너무 일반적이어서 이름까지 있다. 연구자들은 가까스로 완수할 수 있는 과업들로 하루가 채워지는 게 일상일 때, 즉 할 일이 너무 많을 때를 역할 과부하(role overload)라고 일컫는다. 역시나 공식적인 용어인 번아웃(burnout)은 지속적인 역할 과부하의 결과다. 뇌가 백기를 흔들고 실컷 울 수 있는 구석 자리를 찾는 것이다. 진정한 번아웃일 때는 가슴 아프게도 그런 울음이 수년간 지속된다.

역할 과부하와 번아웃 둘 다 정신 피로(mental fatigue) 또는 인지 피로(cognitive fatigue)라고 불리는 포괄적인 경험의 일부다. 지속적인 스트레스로 기진맥진하면 업무 처리능력은 심각한 위험에 처한다. 오류가 늘어나고 결근이 잦아진다. 기분 변화가 심해지고, 자주 투덜거리고, 당신의 성격이 만나는 모든 사람에게 둔중한 트라우마를 안긴다. 우울과 불안에 시달릴 위험이 급증한다.

정신 피로는 비침습 영상 기술로 인간의 뇌에서 영상화될 수 있을 만큼 매우 강력하다. 그런 영상으로 붕괴가 일어나기 직전 뇌에 어떤 일이 일어나는지 관찰할 수 있다. 뇌가 정지하기 직전에 갑자기 이마 뒤(전전두피질)에 과활성화를 보여주는 크고 흉한 붉은 점이 나타난다. 마치 캔자스 일기예보에 나온 최악의 토네이도 레이더 영상 같다. 그 상태가 너무 오래 유지되면 지속적인 스트레스로 실질적 뇌 손상이 초래될 수 있다. 뇌세포를 죽이는 범인은 당신을 안전하게 지키도록 고안된 바로 그 스트레스 호르몬이다. 과도하게 분비되게 내몰린 탓이다.

이것은 분명 매우 나쁜 소식이다. 좋은 소식이 있기는 할까? 역할 과부하, 번아웃의 해독제가 과연 있을까? 만약 과학자들이 정신적 피로의 잔인한 지배하에서 뇌가 어떤 모습인지 상상할 수 있다면 그 지배에서 해방될 때 뇌가 어떤 모습일지도 상상 가능할까?

이 세 가지 질문에 대한 대답은 '그렇다', '그렇다' 그리고 정말로 '그렇다!'다. 평온한 상태여서 뇌가 이완되면 스트레스를 중재하는 많은 영역이 비활성화된다. 이건 새로운 소식은 아니다. 하지만 뇌가 휴식에 들어가면 놀랍게도 상호 연결된 특정 영역이 갑자기 매우 활성화된다. 이 영역들은 디폴트 모드 네트워크(default mode network)라고 불리는 신경 연합을 구성하는데, 이마 바로 뒤의 내측 전두엽 피질(medial frontal cortex)과 뇌 중앙을 면한 후방 대상피질(posterior cingulate cortex)이 대부분이다.

역설적이게도 우리가 침착하고, 편안하고, 완전히 수동적이고, 아무것도 할 일이 없을 때 디폴트 모드 네트워크는 모든 실린더를 점화하기 시작한다(극도로 집중해야 할 때는 이를 적극 억제해야 한다). 이런 점화 행위는 간접적 주의(indirect attention) 또는 가벼운 황홀감(soft fascination)이라고도 불리는 낮은 각성 상태를 일으킨다. 하늘에 천천히 흐르는 구름을 바라보거나 수족관의 물고기를 응시할 때의 나른한 감정으로, 더 친숙한 용어인 멍때리기(mind wandering)를 떠올리면 이해가 쉽다.

이름이 무엇이든 간에 이는 뇌가 일정 시간 동안 특정 단일 주제에 머물지 않는 상태다. 대신 디폴트 모드 네트워크의 초점 이탈, 최면, 전기적 리듬의 지배를 받는다.

디폴트 모드 네트워크의 특성이 더 완전하게 밝혀짐에 따라 연구자들은 과업 부정적 반응(task-negative response)이 과업 긍정적(task-positive) 행동으로 현재 지칭되는 특정 유형의 창의성과 아이디어 생성의 활성화로 이어진다는 것을 발견했다. 다음 장에서 보겠지만 창의력을 장려하는 가장 좋은 방법은 금붕어를 응시하는 것이다.

직장으로 간 뇌과학자

특히 창의적 산출물에 의존하는 기업에게 이는 매우 중요한 사실이다. 정신적 피로의 치료법은 단순히 스트레스, 역할 과부하 그리고 최종적인 번아웃에 대한 반응인 현저성 네트워크의 깜박이는 적신호를 끄는 게 아니다. 시원하고 상쾌한 청신호, 디폴트 모드 네트워크를 켜고 인생이 흘러가는 광경을 바라보는 것이다.

인간은 초록 속에서 진화해왔다

디폴트 모드 네트워크와 현저성 네트워크는 동등한 맞수가 아니다. 싸움 또는 도주가 있을 때마다 항상 현저성 네트워크가 이긴다. 디폴트 모드 네트워크가 상쾌한 청신호라면 현저성 네트워크는 강력한 신경 손가락으로 디폴트 모드 네트워크를 끄면서 활동을 개시한다.

그럼 어떻게 해야 과도한 일정에 스트레스가 쌓인 뇌가 디폴트 모드 네트워크를 다시 켜게 할 수 있을까? 어떤 과정이 사람들을 직장, 생활, 세상에 복귀하게 돕는가?

대답은 가장 가까이 있는 개미 생물학자의 답과 비슷하다. 실험심리학자 스티븐 캐플런(Stephen Kaplan)은 윌슨의 조언을 받아들여 바이오필리아를 검증할 수 있는 아이디어들로 바꿨으며, 주의 회복 이론(attention restoration theory)을 만들었다. 주의 회복 이론은 고층빌딩보다 사바나와 더 유사한 환경에서 시간을 보내기만 해도 뇌의 균형이 회복된다고 가정한다. 한 연구원은 이 이론의 핵심 원칙을 이렇게 설명한다.

> …직접적 주의의 고갈과 관련된 정신적 피로는
> 자연 자극이 풍부한 환경에서 시간을 보내면서 극복될 수 있다.

하버드의 수많은 바이오필리아 지지자들이 응원하는 이 아이디어는 많은 경험적 증거에 기초하고 있다. 윌슨 목사가 '아멘!'을 외치는 소리를 들리는 듯하다.

병원에서 얻은 힌트

주의 회복 이론을 체계적으로 검증한 최초의 연구 중 하나는 병실 창문 연구였다. 농담이 아니다. 연구자들은 수술 후 회복 중인 환자들이 병실 창문으로 나무가 내다보일 때 더 빨리 낫고, 회복기에 짜증도 덜 낸다는 사실을 알아차렸고 공식적 수치가 개인적 진술을 뒷받침했다. 수술 환자들은 벽돌 벽이 아닌 자연환경을 바라볼 때 진통제를 덜 사용했고, 간호사의 정서적 지원도 덜 요구했다. 그리고 모든 병원 관리자들이 기쁘게도 퇴원 날짜도 하루 앞당겨졌다. 이러한 결과는 나이, 성별, 특정 의사와 간호사와의 접촉을 통제했을 때도 유지되었다.

처음 이 연구의 책임자였던 로저 울리히(Roger Ulrich)는 결국 〈애틀랜틱〉에 실렸다. 다음은 그 기사 내용이다.

…자연 풍경을 바라본 환자들은 벽을 마주한 환자들보다 4배나 더 상태가 좋았다.

4배!

나는 이런 결과를 내놓는 연구를 '방향타 연구'(rudder research)라고 부른다. 연구 주제는 대단하지 않지만(창밖의 나무라니?), 거대한 연구선을 미지의 바다로 돌릴 수 있는 함축성을 지닌 연구들이다.

그 연구가 그랬다. 연구자들은 자연광 같은 다른 자연 현상들도 관찰하기 시작했고, 역시 나무와 비슷한 결과를 가져온다는 사실을 발견했다. 자연광으로 채워진 병실은 허리 수술 환자들의 회복을 촉진했다(진통제 사용은 22퍼센트, 의료비는 21퍼센트 줄었다). 심근증 수술 후 햇빛이 들어오지 않는 집중치료실에 머문 환자들은 햇빛이 비치는 집중치료실에 머문 환자들보다 입원 기간이 평균 43퍼센트 더 길었다. 자연광은 집중치료실의 사망률에도 영향을 미쳤다. 햇빛이 비치는 집중치료실에 머물렀던 남성 환자들의 사망률은 햇빛이 들지 않는 집중치료실의 남성 환자의 사망률의 절반이었다(4.7퍼센트 대 10.3퍼센트).

자연의 나무와 빛은 가장 힘들고 불편한 상황에서도 사람들의 스트레스 대응 수준을 변화시켰다. 이는 수술 센터에 국한되지 않았다.

정신과 의사들은 빛이 기분에 영향을 미친다는 사실을 오랫동안 알고 있지만, 자연계의 영향은 중증 정신장애에도 깊이 침투한다. 〈햇빛이 잘 드는 병실은 중증 및 난치성 우울증으로부터의 회복을 촉진한다〉 같은 제목의 논문이 있으며, 심지어 빛의 종류도 회복에 영향을 미친다. 일출의 직사광이 들어오는 동쪽 병실에 배정된 조울증 환자들은 일몰이 보이는 서쪽 병실 환자들보다 입원 기간이 평균 3.7일 짧았다.

뇌는 야외에 있기를 참으로 간절히 원한다. 이것은 병원을 어떻게 설계해야 하는가에 정말로 아주 큰 함의를 갖는다. 자연계에는 강력한 스트레스 해소 기능이 있어서 사람들의 진통제 복용과 죽음에 대한 자세까지도 바꾸어놓는다.

자연계에서 얻은 더 많은 힌트

이러한 의학 데이터들이 명백해 보이지만 비의료 분야에도 통용될까? 어쨌든 우리 대다수는 다행히도 주로 병원에서 시간을 보내지 않으니 말이다. 자연의 스트레스 해소 효과가 실내에 머무는 데 익숙한 우리에게도 적용될까? '그렇다.' 세렝게티의 중력은 한 실내 환경에서 다른 실내 환경으로 옮겨 다니는 우리에게도 강력하게 작용하여 밖으로 나오라고 손짓한다.

근무 시간이 시작되기 전 우리의 생활 공간부터 이야기해보자. 네덜란드 연구자들은 자연환경 가까이 사는 사람들은 그렇지 않은 사람들보다 정신적 스트레스를 덜 받는다는 사실을 발견했다. 우울증, 편두통, 심장병을 덜 앓았고 희한하게 알레르기 증상마저 적었다. 연구자들이 말하는 자연 '가까이'는 녹지에서 3킬로미터 이내를 의미했다. 1만 명의 거주지를 18년 동안 모니터했던 영국 연구자들은 고용 안정성, 연봉, 교육 정도를 통제한 후에도 정신 건강에 비슷한 이점이 있음을 발견했다. 그리고 〈내셔널지오그래픽〉은 경제적 질문까지 추가된 더 큰 규모의 국제 연구를 게재했다. 이 연구는 녹지 근처에 사는 사람들이 얻는 건강 혜택은 2만 달러의 봉급 인상과 맞먹는다는 사실을 보여주었다.

녹지 공간의 어떤 요소들이 우리의 신체 및 정신에 그처럼 이로운 걸까? 나는 녹색에 관해 이야기함으로써 녹색의 세계에 관한 논의를 확장하고 싶다. 눈부신 한 장면을 제외하고는 녹색이 거의 없었던 한 영화로 시작해보자.

녹색 처방전의 효과

"내가 요리를 할 수 있을까요, 없을까요?"

영화 〈스타 트렉 2: 칸의 분노〉의 실제 대사인 이것은 배우 비비 베쉬(Bibi Besch)가 제임스 커크 선장에게 했던 유명한 성차별적 발언이다. 그녀의 편견 없는 캐릭터 캐롤 마커스 박사는 생명체가 살지 않는 메마른 바위에서 에덴동산을 불러내는 기계 제네시스의 발명가다. 그녀는 진초록 정글, 레이스 같은 폭포, 절벽, 작은 개울, 반짝이는 호수, 광원 등 제네시스로 만든 작품을 자랑하기 직전에 이 말을 던졌다. 1982년의 특수효과치고는 여전히 주목할 만한 장면이다.

커크 선장은 매료되었고 나도 그랬다. 몇 년 뒤 나는 그 장면을 대학원 세미나 강의에서 사용했고 이제 이 책에도 소개하고 있다.

많은 훌륭한 공상과학 영화처럼 그 장면은 예언적이었다. 마커스 박사의 정원은 23세기의 옷을 입은 21세기의 바이오필리아다. 거기에는 인간의 건강을 증진한다고 알려진 녹색 요소가 모두 담겨 있다. 10년 이상 전 세계 연구자들이 바이오필리아의 여러 측면을 검증해왔기 때문에 우리는 이러한 녹색 요소들이 인간의 건강을 증진한다는 사실을 알고 있다.

첫 번째 바이오필리아 실험은 숲이 우거진 지역을 걸을 때의 행동을 측정한 다음 도시 환경에서 걸을 때와 비교했다. 영국 연구자들은 짧은 시간이라도(얼마 동안인지는 장 후반에 논의할 것이다) 숲속을 산책하면 행동이 바뀌기 시작한다는 사실을 발견했고, 기분 변화 지수(Moodiness Index)라는 심리 검사로 숲의 효과와 도시의 효과를 측정했다. 이 지수를 사용해 긴장, 분노, 혼란, 우울, 피로를 측정한 과학자들은 숲에서 산책한 피험자들에게서는 이 모든 부정적 감정이 감소했음을 발견했다. 산책 중에 개울이나 폭포 같은 물을 보면 그 효과는 배가되었다. 연구자들은 이에 녹색 운동(green exercise)이라는 이름까지 붙였다. 아스피린처럼 녹색 운동의 적정량을 처방해달라고 국민보건서비스(National Health Service)에 압력을 가하는 의료 전문가도 있다.

일본 치바대학의 연구자들도 같은 사실을 밝혀냈다. 도시 산책과 비교할 때 숲 산책은 스트레스 호르몬(코르티솔) 수준을 12퍼센트, 신경계 활동은 7퍼센트, 심박수는 6퍼센트 감소시켰다. 영국의 연구자들과 마찬가지로 그들은 우울증도 감소한다는 것을 입증했고, 숲속 산책에 '삼림욕'(forest bathing)이라는 훨씬 더 좋은 이름도 붙였다.

미국 연구자들도 확증적 결과를 얻었다. 심지어 한 연구팀은 산책하는 숲의 나뭇잎 색깔(주황색, 노란색, 녹색)에 초점을 맞추었다. 모든 색소가 진정 효과를 보였지만 나뭇잎이 녹색일 때 가장 효과가 컸다. 피부 전도 반응(스트레스를 실시간으로 정량화하는 한 방법)으로 측정해도 스트레스 해소 효과는 작지 않았다. 녹색 숲은 노란색 숲보다 거의 270퍼센트 더 스트레스를 감소시켰다.

마커스 박사도 승인했을 것 같다. 결국 그녀의 지적 영향력은 단순한 식사 준비를 훨씬 넘어섰다.

녹색의 생리학

자연계, 특히 녹색은 훌륭한 심리치료사처럼 우리를 진정시키는 효과가 있다. 하지만 신체 어느 부분이 상담을 받는 걸까? 녹색의 진정 효과를 가장 많이 보는 곳은 부교감신경계다. 이것이 어떻게 작용하는지 이해하려면 부교감신경계(parasympathetic nervous system)에 대해 알아야 한다.

몸속 구석구석 전기 신호를 내보내는 신경 조직들은 특정 신경계로 나눌 수 있으며 마트료시카처럼 조직되어 있다. 가장 큰 두 조직은 척수와 뇌로 구성된 중추신경계(central nervous system)와 그 외의 모든 신경으로 구성된 말초신경계(peripheral nervous system)다. 말초신경계는 다시 체성신경계(somatic system)와 자율신경계(autonomic system)로 나뉘고, 자율신경계는 교감신경계(sympathetic nervous system)와 부교감신경계로 나뉜다.(정말 마트료시카 같지 않은가!)

전부 이해했는가?

앞에서 언급했던 투쟁-도피 반응은 교감신경계의 자극에 대한 설명이었다. 그러나 그에 대응되는 부교감신경계는 말하지 않았다. 부교감신경계는 자극 후의 진정이라는 훨씬 유쾌한 경험을 관장한다. 부교감신경의 작용은 '휴식-재생'(rest-and-renew) 작용이라고도 한다. 두 신경계를 모두 감독하는 것은 앞서 언급했던 위협 대응 신경망인 현저성 네트워크다.

과학자들은 삼림욕이 교감신경계와 부교감신경계 둘 다의 반응을 유발한다고 생각한다. 일본의 연구에서 처음 언급되었듯이 자연 요소에 노출되면 스트레스 호르몬 수치가 감소한다. 이런 반응은 나무들이 교감신경계에 "입 다물어"라고 말한다는 의미다. 동시에 자연은 부교감신경계에 "할 일을 하렴"이라며 친절하고 부드럽게 요청한다. 삼림욕은 에너지를 쓰는 대신 저장하도록 우리 몸을 구슬린다. 혈관은 이완(확장)되기 시작하고, 심박수는 느려지며, 소화도 촉진된다(그래서 에너지 공급량이 보충된다). 삼림욕을 하는 사람들은 삼림욕이 다른 부교감신경 자극과 마찬가지로 휴식하고 회복된 느낌을 준다고 말한다.

이런 긍정적 효과는 회복 속도, 즉 몸이 스트레스를 경험한 후 평온한 평형 상태로 되돌아오는 속도를 측정함으로써 직접 관찰할 수 있다. 자연계는 피부의 땀부터 가슴의 심박수까지 무엇으로 측정하든 이 회복 시간을 기분 좋게 단축해준다. 이런 진정 효과는 뇌와 척수로 구성된 중추신경계에까지 슬그머니 확장된다. 숲에 대한 반응으로 혈액은 감정이입 행동, 자기 인식, 선의와 관련된 뇌 영역(쐐기앞소엽, 뇌섬엽, 전측대상회)으로 몰린다. 또한 혈액은 강한 열정, 감정 반응, 그런 감정 반응에 대한 기억을 통제하는 뇌 영역(편도체와 해마)에서 빠져나온다.

녹색의 중요성

거품 목욕과 비슷한 이런 진정 효과는 분명 일터의 설계에 시사하는 바가 있다. 스트레스가 심한 직업에서는 특히 그렇다. 차분한 녹색 환경의 조성은 인지 신경과학이 직장의 설계를 위해 당장 해줄 수 있는 가장 명확한 제안이다. 흥미로운 점은 이것이다. 내가 말하는 녹색 환경은 정말 녹색(약 556나노미터의 파장)을 의미한다. 나뭇잎 색깔을 달리한 실험 데이터에서 녹색이 다른 색상과 비교했을 때 사람들의 스트레스 감소에 얼마나 효과적이라고 나왔는지 기억하는가?

그 데이터는 최근 더욱 세분되었고, 그중 가장 흥미로운 사실은 스트레스를 풀기 위해 반드시 야외에서 산책할 필요는 없다는 것이다. 실내 녹색 공간에 머무를 수 있다면 실내를 산책해도 좋다. 사무실의 식물들 말이다.

그렇다. 사랑스러운 556나노미터 파장과의 접촉은 사무실 식물로도 가능하다. 정말 실용적인 방법이다. 식물로 가득한 사무실에 있는 사람들은 통제 집단보다 생산성이 15퍼센트 향상되고 그 과정에서 피로도 덜 느끼며 아픈 빈도까지 줄어든다. 우리는 그 이유까지 알고 있다. 식물이 가스를 배출하기 때문이다.

식물은 휘발성 오일과 가스를 내뿜는데 그중 일부는 향도 난다 (숲의 향기가 바로 식물이 내뿜는 휘발성 가스다). 과학자들은 이 가스들에서 피톤치드(phytoncide)를 분리해냈고 수십 년 동안 그것의 실용적 용도를 조사했다. 유익한 사업이었다. 피톤치드 향은 자연살해세포 (natural killer cell) 또는 NK세포라는 불길한 이름을 가진 면역체계의 세포 집단을 활성화하는 것으로 나타났다. 이름은 무섭지만 누구나 이 세포 수의 증가를 바랄 것이다. NK세포의 표적은 바이러스와 종양이기 때문이다.

녹색의 증진 효과는 결코 작지 않다. 사무실 식물에 노출되면 NK세포 수가 20퍼센트 증가하고 야외에서 식물의 향을 맡으면 무려 40퍼센트나 증가한다. 그리고 7일간 그 수준을 유지한다. 심지어 30일 후에도 통제 집단에 비해 여전히 15퍼센트가 많다. 검증 대상은 사이프러스 나무와 거기서 배출된 오일이었지만, 다른 녹색 식물 대부분이 이 면역 증강 산물을 만들어낸다. 대부분의 사무실에 실내 수목원처럼 보일 정도로 녹색 식물을 많이 두어야 한다는 뜻이다.

직장으로 간 뇌과학자

녹색광, 청색광, 자연광도 유익하다

녹색은 면역체계를 무장시키고 마음을 진정시킬 뿐 아니라, 돋보기처럼 마음을 집중시키는 효과까지 있다. 집중도는 단위 시간당 눈에 닿는 녹색 파장이 많을수록 올라간다. 어떤 것에도 집중할 수 없는 집단, 즉 주의력 결핍 장애가 있는 젊은이들의 행동까지 변화시킬 만큼 강력한 효과다.

다윈의 진화론이 색상에 대해 뭐라고 언급했는지 고려하면 놀랄 일이 아니다. 아프리카 사바나는 무성한 식물로 유명한 녹색 지역이 아니었음을 상기하라. 특정 계절 외에는 열대우림처럼 물이 넘쳐나지도 않았다. 그 결과 갑자기 나타나는 무성한 녹색은 드문 광경일 뿐 아니라 생명을 주는 물이 가까이 있다고 암시하는 행복한 신호였을 것이다. 우리 조상들이 이런 광합성 사실에 집중할 수 있었다면 하루를 더 살거나 물이라도 한 번 더 마실 가능성이 컸을 것이다. 인간이 녹색에 집중하도록 배운 이유는 단순히 갈증에 집중할 일이 매우 잦았기 때문일지도 모른다.

녹색의 효과는 이처럼 강력하지만, 측정 가능한 행동 변화를 유도하는 유일한 색상은 아니다. 파장이 470나노미터 이상인 파란색을 떠올려보라. 파란색은 뇌를 각성시키고 흥분시킨다. 청색광은 수면 유도 호르몬인 멜라토닌(melatonin)의 생성을 억제하기 때문이다. 그래서 파란색을 많이 볼수록 흥분하고 더 많은 에너지를 얻는다. 효과가 너무 강해서 자칫 수면을 방해할 수 있으니 잠자리에 들기 한 두 시간 전부터는 청색광을 방출하는 모든 전자 장치를 끄는 것이 좋다.

사람을 각성시키는 파란색의 특성도 진화에 뿌리를 두고 있을 수 있다. 사바나의 황갈색 초원에서 흔히 볼 수 있는 색은 아니지만, 우리의 진화사에서 파란색이 없던 적은 거의 없었다. 첫 파란색 광선을 흡수하려면 위를 올려다보기만 하면 되었다. 인간은 본래 야행성이 아니므로 파란색이 우리를 각성시키는 것이 이치에 맞다. 고대 아프리카에서 파란색은 아침에 알람 시계 기능을 한 다음 온종일 에너지 음료 기능을 했을 것이다. 밤이 되고 파란색이 사라지면 빛 파장의 에너지 요소도 사라졌을 것이다.

녹색, 파란색 그리고 나머지 스펙트럼(380나노미터에서 740나노미터에 이르는 무지개 색깔을 생각하라)을 감싸는 빛도 유익하다. 밖으로 나서거나 창밖을 내다볼 때 발견되는 백색광 또는 자연광을 말한다. 자연광을 쬐는 사람들은 침침함과 두통을 비롯한 눈의 피로가 84퍼센트 감소한다. 자연광이 잘 드는 사무실에서 일하는 운 좋은 사람들은 병가도 자주 내지 않는다. 자연광 노출은 평균 수면 시간의 증가와 휴식의 질의 향상 등 수면 패턴에도 긍정적인 영향을 미친다. 매장 공간에도 영향을 주는데, 천창이 있는 월마트는 주로 형광등을 밝혀 두는 매장보다 매출이 평균 40퍼센트 더 많다.

자연광과 녹색광, 청색광이 행동에 미치는 효과는 진화에 기원하니 인테리어 디자이너들은 이를 무시하지 않는 것이 좋다.

야외에서의 휴식

자연과 건강의 이런 밀접한 연관성을 비즈니스계에 어떻게 적용할 수 있을까? 규칙적인 휴식, 특히 정원에서의 휴식이 근로자의 일상 생활이 되어야 할까? 그럼 건강한 근로자는 더 근면해지고, 건강하고 행복한 근로자는 생산성이 더욱 높아질 것이다.

　단순한 진실은 규칙적으로 휴식을 취하는 사람들은 그렇지 않은 사람들보다 더 나은 성과를 내고, 자연을 만끽하며 휴식을 취하는 사람들은 누구보다 나은 성과를 낸다는 것이다. 이 사실은 작업 오류율을 조사한 연구에서 처음 발견되었다. 규칙적으로 휴식을 취하는 사람들은 그렇지 않은 사람들보다 단위 시간당 실수가 적었다. 직원들의 집중도가 올라가고, 업무 참여도 향상되었는데, 이는 집행 기능(앞 장에서 논의했던, 일을 해내게 만드는 중요한 인지 장치)의 향상을 시사한다. 모순처럼 느껴질 수 있지만, 통계상 일에 시간을 덜 쓰는 사람들이 일에 시간을 더 많이 쓰는 사람들보다 더 효과적으로 업무를 수행한다.

　그렇다면 하루 동안 일시 정지 버튼을 얼마나 자주 눌러야만 할까? 인지 신경과학이 진정한 통찰을 제공하는 지점이 여기다. 연구에 따르면 90분 정도마다 휴식을 취할 필요가 있다. 일의 강도가 대단히 높으면 빈도를 늘려야 할 것이다. 이 수치는 너새니얼 클라이트먼(Nathaniel Kleitman)의 연구에서 제시되었고 이후 심리학자 안데르스 에릭슨(K. Anders Ericsson)과 기업가 토니 슈워츠(Tony Schwartz)가

옹호하고 나섰다. 클라이트먼은 기본 휴식 활동 주기(basic rest-activity cycle)가 반복된다는 사실을 발견했다. 뇌는 정말로 1시간 30분마다 자기만의 시간을 잠시 원하는 것 같다. 그 일정에 따라 휴식하는 근로자는 생산성이 가장 많이 증가한다. 이것은 재계뿐만 아니라 과학계, 심지어 공연예술계에서도 입증된 사실이다.

그러면 90분마다 무엇을 해야 할까? 여기서 에드워드 윌슨을 등장시킬 수 있다. 휴식을 취할 때는 나가서 밖을 산책하거나 식물과 폭포들로 채워진 실내 공간을 방문한다. 이전 절에서 숲에서의 짧은 산책 시간이 얼마나 되어야 건강에 유익할지 질문했던 것을 기억하는가? 연구에 따르면 그러한 환경에 노출된 지 0.2초 이내에 진정 효과가 빠르게 시작된다고 한다. 10분에서 1시간 정도까지 그런 장소에 오래 머물수록 효과는 커진다.

휴식과 관련된 회사 정책, 심지어 주 법률이 다양하다는 사실을 알고 있다. 당신의 회사에 휴식 정책이 있다면 휴식이 비생산적으로 느껴지더라도 최대한 활용하라. 쉴 때는 야외에서 산책하거나 최소한 회사 내에 식물이 있는 공간에라도 들어가 자연에서 위안을 찾으라. 당신이 회사의 정책 입안자이고 회사에 휴식 정책이 없다면 만들라. 그리고 할 수 있는 선에서 최대한 직원들이 휴식을 취하는 데 신경 쓰도록 노력하라. 대부분의 회사는 직원들의 신경세포의 건강을 기반으로 운영된다. 내가 이 책을 쓴 이유 중 하나는 그 인적자본을 건강하게 유지하는 것이 얼마나 중요한지 강조하기 위해서이다.

세상에서 가장 창의적인 장소의 비밀

사무실 건물을 설계하는 사람들은 반드시 정원을 바라보며 시간을 보내야만 한다. SAS(스칸디나비아 항공) 본사를 설계한 가엾은 사람들이 그랬으면 좋았을 텐데. 1987년 그들이 지은 건물은 디즈니랜드를 연상시키는 넓은 중심가 구조로 되어 있다. 다양한 사무실과 회의실은 카페, 운동 공간, 수많은 개방형 비공식 모임 장소로 연결되어 있다. 직원들이 답답한 사무실을 떠나 비공식적으로 모일 이유를 제공한다는 취지에서였다. 이런 만남이 자발적이고 우연한 상호작용을 위한 정신적 여유를 허용할 거라는 바람도 곁들여졌다. 주된 바람은 그런 만남이 생산성 향상으로 이어졌으면 하는 것이었다.

그러나 모두 시간 낭비로 밝혀졌다. 직원들이 실제로 교류한 장소를 분석하니 9퍼센트만 중심 통로와 카페를 이용했다. 다른 '개방 공간'의 이용은 27퍼센트에 불과했다. 직원의 3분의 2 이상은 여전히 답답한 사무실에서 서로 만났다. 생산성 증진은 실패였다.

설계자들의 초점이 틀렸다.

하지만 어디서 올바른 초점을 찾을 수 있을까? 내가 표를 던진 두 곳은 자연 그대로인 탄자니아 응고롱고로 분화구(Ngorongoro Crater)의 험한 비탈과 그보다는 덜 떠들썩한 영국 북동부 헐대학교(University of Hull)의 강당이다. 세계에서 가장 창의적이고 생산적인 활동의 비밀을 간직한 장소들이라고 생각한다.

탄자니아와 영국이 항공사 본사의 설계 문제를 해결해줄지 모른다는 주장은 분명히 논의가 필요할 것이다. 조망-은신처 이론(prospect-refuge theory)으로 논의를 시작하자. 이 용어는 헐대학교 지리학과 명예교수인 제이 애플턴(Jay Appleton)이 처음 사용했다. 애플턴의 아이디어를 이해하기 위해 그가 어디서 영감을 받았을지 설명하자면, 바로 동아프리카의 응고롱고로 분화구다.

응고롱고로는 사실 세계에서 가장 큰 사화산의 칼데라(화산 폭발 후 분화구 주변이 붕괴, 함몰되면서 우묵하게 파인 곳 - 옮긴이)다. 수백만 년 전 화산 폭발로 산 정상은 날아가고 거의 260제곱킬로미터 넓이의 대접 모양의 계곡이 생겼다. 세렝게티에 인접한 이 분화구는 응고롱고로 자연 보호 구역의 일부다. 사발 모양의 칼데라 측면을 따라 불편하고 험준한 능선과 가파른 언덕이 이어지다 팬케이크처럼 평평한 평원이 나온다. 이 능선, 특히 엥가루카(Engaruka) 지역 곳곳에는 동굴들이 있어 원시 인류에게 쉬거나 재빨리 숨을 수 있는 장소를 제공했다. 동시에 포식 동물과 먹이를 감시할 수 있는 조망을 거의 무한히 제공했다. 즉, 전망과 은신처를 동시에 제공하는 공간이었던 것이다.

독특한 지형과 선사 시대 인류의 조상에게 미친 영향으로 인해 응고롱고로는 호모 사피엔스의 동아프리카 실험실이라고도 할 수 있다. 원시 인류의 뇌는 응고롱고로(그리고 그 너머 지역) 같은 지역에서 재창조되고 현대화되어 오늘날 우리가 예술을 창조하고, 건물을 짓고, 관찰력 있고, 세금을 내는 생물로 발달할 수 있게 했다.

소통과 프라이버시의 균형

애플턴의 아이디어에서 분명한 것은 우리가 전망과 은신처 둘 다 있는 환경을 선호한다는 사실이다. 인간은 지구에서 살아온 시간의 99.987퍼센트를 그런 환경에서 보냈기 때문에 에드워드 윌슨의 영향이 아니어도 애플턴이 중요한 무언가를 발견했을지 모른다는 생각이 든다. 그가 찾으려는 건 전망과 은신처 두 가지 선호도의 균형이다.

선호하는 한 가지는 전망이다. 인간이라는 종은 가능한 한 넓은 시야로 주변 환경을 조사할 수 있어야 한다. 넓은 시야는 물이 고여 있을 수 있는 곳, 포식 동물이 숨어 있을 수 있는 곳, 먹잇감이 머물고 있을지도 모를 곳을 즉시 알려준다. 그런 지식을 선호하는 수렵 채집 집단은 그렇지 않은 집단보다 분명 더 잘 살아남을 것이다. 우리는 여전히 그런 선호도를 보이고 있다. 인근 부동산 중개인과 함께 관찰해보라. 전망 좋은 집들이 잘 팔리고, 사람들은 그런 집에 더 많은 돈을 기꺼이 지불한다.

또 하나는 은신처다. 애플턴은 인간이 적과 악천후를 피할 수 있고, 인구가 증가하면서부터는 서로에게서 숨을 수 있는 환경 역시 선호한다고 말한다. 접근 지점을 통제할 수 있는 동굴 같은 곳에선 위협에 직접 대응할 가능성이 커진다. 머리 위에 지붕을 가질 수 있다면 세렝게티의 변덕스러운 기상에서 살아남을 가능성이 커진다. 오래된 칼데라 측면의 동굴들이 매우 매력적인 이유 중 하나는 그 둘을 다 제공했기 때문이다.

애플턴은 세계에서 가장 생산적인 공간은 전망과 은신처 사이에 균형을 이룬 곳이라고 예측한다. 경험 연구들은 그 주장을 뒷받침하는 듯하다. 〈하버드비즈니스리뷰〉에 기고한 두 연구자도 이에 동의한다.

> 가장 효과적인 공간은 사람들을 모으고 장벽을 제거하는 동시에 사람들이 엿듣거나 방해하는 것을 두려워하지 않을 만큼의 프라이버시를 제공한다.

믿거나 말거나 탁 트인 환경에 대한 이런 민감성은 천장 높이에 관한 연구에서 관찰될 수 있다. 천장 높이가 문제를 해결하려는 전문가들의 집중도에 영향을 미친다는 사실을 발견한 연구자들은 이를 대성당 효과(cathedral effect)라고 부른다. 천장이 높을수록 피험자들은 문제의 요지에 더 집중한다(세부 사항에는 최소한으로 주목한다). 천장이 낮을수록 피험자들은 세부 사항에 더 집중한다(요지에는 최소한으로 주목한다). 그러니 큰 문제를 해결할 때는 세인트 패트릭 성당만큼 넓은 공간에 있어야 하고, 세부적 문제를 해결할 때는 동굴 안에 있어야 한다. 안전할 때도 우리는 여전히 전망과 은신처에 반응하는 듯하다.

개방형 사무실 속 서류 바리케이트의 의미

열린 공간과 닫힌 은신처, 두 공간의 지렛목에서 작업해야 하는 진화적 필요성은 사무실 계획에 대한 통찰을 제공한다. 두 공간의 균형이 깨진 설계는 우리가 필요로 하는 전망과 은신처 중 절반을 무시한 것이므로, 한 측면에만 집중한 전부 개방 공간이거나 전부 토끼장 같은 작업 공간은 실패할 것으로 예상할 수 있다.

그 증거물 1호는 개방형 사무실이다. 넓은 공간에 저렴하게 벽 없이 칸막이만 설치하고, 노출된 협업 공간을 두는 아이디어는 오랫동안 사람들의 마음을 끌었다. 자발적 개입은 장려되고 우연한 상호작용은 보장된다고 여겨졌기 때문이다. 하지만 정말 그럴까?

불행히도 그런 확신이 정당한지 확인하기 위해 이 아이디어를 시험한 사람은 극소수였다. 시험해보면 그 열광은 전혀 정당하지 않은 것으로 밝혀진다. 연구자들은 행복하고 북적이는 생산성의 공간 대신 침울하고 스트레스가 심하며 수익이 주 희생자인 전장을 발견한다. 개방형 사무실과 함께 생산성과 창의적 사고는 급감한다. 업무 집중력은 떨어지고 스트레스 수준은 치솟는다. 당연히 너무 탁 트인 공간에서는 직업 만족도가 떨어진다.

여기서 가장 큰 스트레스 요인 중 하나는 불시에 들려오는 다른 사람들의 통화 소리 같은 방해 요인을 피할 수 없다는 것이다. 연구자들은 이 짜증스러운 일에 '반쪽 대화'(half-a-logue)라는 이름을 붙였다. 대화의 절반만 들리기 때문인데, 이는 우리 뇌를 극도로 산만하게 만든다. 영향력도 적지 않아서, 통제 조건과 비교했을 때 반쪽 대화가 들려오는 경우 집중력 오류(시각 추적 분석으로 측정)가 무려 800 퍼센트나 올라간다.

응고롱고로 분화구의 동굴을 간절히 원하는 욕구는 전망이 너무 트여 있을 때 동굴 같은 은신처를 만들려는 근로자들에게서 볼 수 있다. 〈뉴욕타임스〉는 이를 전쟁에 비유한다.

> 모든 사무실 벽이 뜯겼지만, 칸막이 책상에서 일하는 사람들은 계속 새로운 벽을 세운다. 그들은 서류 캐비닛으로 바리케이드를 친다. 책과 서류의 탑으로 칸막이를 강화한다….

헤드폰은 이상적인 해결책은 아니어도 도움이 될 수 있다. 하지만 소음 제거기로 귀를 단단히 덮어도 우리는 여전히 주의를 산만하게 하는 시각적 신호에 반응한다.

여기서 주장하고 싶은 것은 개방형 사무실의 제거가 아니다. 균형을 맞추자는 것이다. 적절한 수준의 우연한 상호작용은 생산성을 25퍼센트까지 높일 수 있다. 어쨌거나 우리는 선천적으로 협동하는 종이니까. 그렇지만 우리가 사회적인 이유는 담소가 아니라 생존에 관심이 있어서다. 이 우선순위는 모든 사교 활동으로부터 자신만의 시간을 지키도록 요구한다. 좋은 것도 한두 번이지 항상 열린 공간뿐이라면 너무 과하지 않은가.

다음 월요일에 할 일

이 장은 실용적인 아이디어들로 가득하므로 그 일부로 사고 실험을 해보면 좋을 것이다. 만약 예산이 무제한이고, 관료적 제약이 거의 없으며, 이 장의 주제들에 기초해 업무 환경을 설계할 수 있다면 어떤 모습이 될까? 팬데믹에서 벗어나고 있는 지금은 특히 그런 실험을 하기에 아주 좋은 시기다. 재택근무 시 소통에서부터 사무실 건물의 필요성에 이르기까지 사무실 개념 자체가 많은 성찰과 논의의 대상이 되었다. 사무실 건물의 개념은 이대로 유지될 가능성이 크다. 하지만 아이디어가 아직 유연한 이 시기에 과감하게 모든 것을 재구상하면 어떨까?

사무실 건물, 더 중요하게는 제이 애플턴에서부터 이야기해보자. 장담하건대 그의 전망-은신처 아이디어를 중심 디자인 요소로 하여 건물이 계획될 것이다. 거기에는 아이디어가 떠오르게 해주는 넓은 전망을 경험할 공간이 있을 것이다. 이 열린 공간들은 아이디어를 낸 직원들이 그것을 발전시킬 조용한 공간을 가질 수 있는 개인 사무실들과 물리적으로 연결되어 있을 것이다. 너무 억지스럽게 들리는가? 우리는 이미 전망-은신처 아이디어를 충족시키는 공식적인 설계안을 가지고 있다. 바로 발코니다.

발코니 아래에는 무엇을 둘까? 수목원이다. 이상적인 건물에는 녹색 공간이 곳곳에 있을 것이다. 중정 정원이 내려다보이는 실내 공간이 될 수도 있고, 더 실용적으로 삼림욕에 적합한 외부 야외 공간이 될 수도 있다. 직원들은 산책로, 개울, 폭포를 정기적으로 이용하고, 사무실에서도 그것들을 볼 수 있을 것이다.

우리의 환상에는 평면 설계도 포함되어 있다. 사무실은 채광이 잘 되고, 모든 공간은 면역력을 증진하는 식물들로 가득할 것이다(특히 독감이 유행하는 겨울철에 비용을 절감해주는 아이디어다). 소중한 인적 자본을 지키기 위해 직원들은 식물이 있는 공간에서 90분마다 정기적으로 휴식을 취할 것이다.

심지어 회의실도 '문제해결실'로 이름을 바꾼 독특한 공간이 될 것이다. 이 공간들의 조명은 근로자들이 집중해야 할 때는 녹색광으로, 에너지가 필요할 때는 청색광으로 조정될 것이다. 천장 높이도 변경할 수 있도록 만들어 광범위한 해결책을 요구하는 문제일 때는 높이고, 세부 정보가 필요한 문제일 때는 낮출 것이다.

이러한 아이디어들은 수익 면에서 이익을 가져온다. 그리고 과거의 더 불행하고 비생산적인 사무실 설계와 달리 과학적 연구로 뒷받침되고 있다.

나는 아이디어의 현실화가 세상에서 가장 쉬운 (또는 가장 저렴한) 일이 아니라는 사실을 잘 안다. 그렇지만 뇌과학자로서 지구상의 거의 모든 사업체가 흑자를 내기 위해 뇌에 의존하고 있으면서도 뇌를 염두에 두고 사무실을 설계하지 않았다는 사실도 알고 있다. 우리는 시간이 아주 많은데도 회사들 대부분은 인지 뇌과학의 자문을 받으려는 시도조차 하지 않았다(이 장에 제시된 데이터 중 일부는 수십 년 전의 것이다). 이러한 견해들 가운데는 크리스마스만큼 돈이 많이 드는 방법도 있지만 자주달개비 한 포기처럼 저렴하게 해결되는 것들도 있다. 그 모두는 전문가의 상호 검토를 거친 논문들로 뒷받침된다. 논문 더미 위에서 신나게 춤추고 있는 에드워드 윌슨이 상상된다.

직장인 수천 명, 어쩌면 수백만 명이 그와 함께 춤추고 싶을 것이다.

브레인 룰스 3
뇌는 자연 속에서 발달했고,
여전히 그곳에 살고 있다고 생각한다

- 인류는 인류사의 99.987퍼센트를 자연환경에서 살아왔다. 현대 생활은 우리를 역할 과부하로 불리는 장기간의 스트레스 상태로 밀어 넣을 수 있고, 이는 번아웃, 정신적 피로는 물론이고 방치하면 뇌 손상까지 초래할 수 있다.

- 스트레스를 유발하는 과정을 뒤집으려면 자신이 (그리고 부하 직원이) 자연 요소에 접할 수 있게 할 방법을 찾으라.

- 당신이 있는 곳이 대자연에 쉽게 접할 수 없는 환경이라면 자연 채광, 많은 식물, 초록색과 파란색 같은 요소들을 사무실 디자인에 통합하도록 하라.

- 가능하면 90분마다 쉬라. 실외에서 휴식을 취할 수 있다면 더욱 좋다.

- 직원들의 창의력을 키우려면 전망(열린 공유 영역)과 은신처(닫힌 개인 영역)를 둘 다 확보할 수 있는 업무 공간을 설계하라.

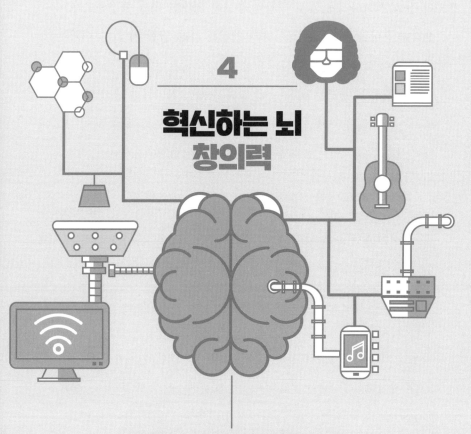

4

혁신하는 뇌
창의력

실패라는 선택지가 생기는 순간,
새로운 길이 열린다

이 장을 시작하기에 앞서 벽돌의 용도를 최대한 많이 생각해보라. 생각난 용도를 목록으로 작성하라. 천천히 하라. 급할 거 없다. 어차피 이 절이 끝날 때까지 자신의 답을 안 보면 좋으니까.

이 목록을 요청하는 이유는 이 장의 주제인 창의력과 관련 있다. 우리는 창의력을 어떻게 정의할지(어렵다), 무엇이 창의력을 해치는지(더 어렵다), 마지막으로 어떻게 창의력을 증진할지(가장 어렵다) 이야기할 것이다.

뇌과학자들은 오랜 세월 창의력을 연구하는 데 어려움을 겪어왔다. 창의력이 정말로 실재한다고 믿지 않기 때문이 아니라 적어도 현재 기술로는 충분히 수량화하거나 규정지을 수 있다고 믿지 않기 때문이다. 우리가 무엇을 보고 있는지 또는 무엇을 찾고 있는지 확실하지 않아서이다.

우리 대부분은 레오나르도 다 빈치가 창의적이었다는 말에 동의할 것이다. 대다수는 아인슈타인, 베토벤, 조지 발란신(George Balanchine), 루이 암스트롱도 창의적인 인물이라고 할 것이다. 걸작을 만드는 동안 그들의 뇌는 모두 똑같은 창조의 샘에서 물을 마시고 있었을까? 동일한 뇌 영역을 사용하여 그들의 유명한 산출물을 만들어냈을까? 우리는 알 수 없다. 우리에게 남은 방법은 목록을 만드는 것이다.

말이 나온 김에 당신이 작성한 목록은 어떻게 됐는가? 거기에 '문진'이나 '문 버팀쇠' 같은 용도가 포함되어 있는가? 물이 끓고 있는 냄비 뚜껑에 벽돌을 올려 물이 넘치지 않게 할 생각을 했는가? 이것들은 그 질문에 대한 상당히 표준적인 답변이다. 무게와 관련된 '벽돌의 특성'에서 크게 벗어나지 않는다는 점에서 같이 묶을 수 있다.

연구자들은 벽돌의 원래 용도에서 크게 벗어나지 않는다는 점에서 이 대답들에 낮은 점수를 줄 것이다. 그렇지만 벽돌을 가루로 빻은 다음 그 가루로 색칠을 한다는 대답은 높은 점수를 받을 것이다. 이 새로운 용도는 벽돌의 원래 기능에서 크게 벗어난다. 연구자들은 이런 차이점에 큰 의미를 두었다. 사실 특정 유형의 창의력을 정량화할 때 이런 사고의 확장이 측정된다. 그런 검사를 확산적 사고(divergent thinking) 검사라고 한다.

여러분은 어떤 대답이 다른 대답보다 창의적이라고 하겠는가? 사람들 대부분은 안료를 더 혁신적인 대답으로 지목할 테고(물론 나도 그럴 것이다) 많은 과학자도 이에 동의할 것이다.

확산적 사고는 연구자들이 규정하려는 몇 가지 유형의 창의력 중 하나일 뿐이다. 다른 유형의 창의력도 살펴보자. 그 과정에서 누군가의 문 버팀쇠를 한 통의 안료로 바꿔주는 방법이 있는지 알게 될 것이다.

참신함 또는 허튼소리

여러분은 아래 쓰인 문장이 창의적이라고 생각하는가, 아니면 말이 안 된다고 생각하는가?

> I am here from a foreign university … and you have to have a plausity of all acts of amendment to go through for the children's code … and it is no mental disturbance or putenance … it is an amorition law.
>
> (나는 외국 대학에서 왔고…아동 법규를 지키기 위해서는 모든 개정 행위를 그럴듯하게 해야 한다…그리고 그것은 정신적 장애나 억압이 아니다…그것은 법이다.)

지난 세기 중반에 발표된 연구 논문에서 발췌한, 실제 인물이 했던 실제 발언이다. 어떤 관점에서 보면 창의력은 정상 범위를 벗어나는 것인데 화자는 자신의 단어를 만들어내기 시작한다. 벽돌의 새로운 용도의 어휘 버전이다. 말을 하는 동안은 괜찮은 문장 같겠지만, 위의 문장이 의미가 통하는가? 획기적일 만큼 자유롭게 말을 구사하고 있지만 무슨 유용성이 있는가? 이 문장들은 사실 이해하기 어렵다. 아마 불가능할 것이다.

다시 질문하겠다. 이 문장은 창의적인가 아니면 말도 안 되는 소리인가?

이것은 연구자들이 창의력을 정의하려고 할 때 직면하는 수많은 딜레마 중 하나일 뿐이다. 참신함과 허튼소리의 차이점은 무엇인가? 탁월함에서 어리석음을 가려내기 위해 연구자들이 쓸 수 있는 행동 메스는 무엇인가?

슬프게도 그런 메스는 존재하지 않는다. 수년 동안 용기 있는 사람들이 이 주제에 관한 아이디어들을 내놓았지만 대부분 변변치 않은 것으로 판명되었다. 연구자들 대부분이 사용하는 창의력의 정의는 그런 용감한 시도에서 나온 것이다.

> …참신하면서도 유용한 아이디어나 결과물의 산출은 일반적으로 창의력의 가장 중요한 특성으로 받아들여진다.

'일반적으로 받아들여진다'는 말은 '보류하겠다'는 의미의 과학 용어다. 과학에서는 항복이다.

이 정의가 완전하지는 않지만 약간 유용하기는 하다. 창의력을 참신성과 유용성이라는 두 개념적 닻으로 정제해줌으로써 검증할 수 있는 몇 가지 아이디어와 혁신적 사고의 본질에 대한 흥미로운 통찰이 생겼다.

그중에서 가장 가치 있는 통찰의 하나는 진화생물학자들이 다윈의 진화론으로 창의력의 유용성을 이해하기 위해 노력한 결과였다. 진화생물학자들은 창의력이 필시 그 옛날 기후 변화를 헤쳐나가야 했던 데서 비롯되었을 가능성이 크다고 동의한다. 인류가 세렝게티에 머문 지난 수십만 년 동안 아프리카의 기후는 매우 불안정하여 덥고 습한 기후에서 건조한 기후로 바뀌었던 것으로 밝혀졌다. 때로는 몇 세대 만에 이런 변화가 있었다. 이렇게 불안정한 기후는 연약한 수렵채집인들의 생존에 온갖 새로운 난관을 가져왔다. 새로운 문제에 새로운 해결책을 적용할 수 있었던 이들은 그런 변화에 가장 잘 적응했다. 충분히 혁신적이지 못했던 이들은 죽음을 맞이했다. 창의력은 인간이라는 종이 기상 변화의 타격에 적응할 수 있게 해주었으므로 생존에 이점에 되었다.

창의력이 진화에 기원을 두었다는 이 실용적 관점을 고려하면 우리가 정의한 창의력의 두 번째 닻은 자명하다. 혁신적 해결책이 진화의 이점이 되려면 기능성(functionality)을 갖춰야 한다. 그래서 닻이 하나가 아니라 둘이 있는 것이다. 'plausity of all acts of amendment'는 창의적으로 들릴지 몰라도 인류를 불안정한 환경에서 구하기에는 부족하다.

예상했겠지만, 시작 부분의 인용문은 조현병 환자가 했던 말이다. 연구자들은 이렇게 뒤죽박죽 뒤섞인 말에 단어 샐러드(word salad)라는 이름을 붙였다. 특정 형태의 조현병에 흔히 나타나는 증상이다. 우리가 사용하는 창의력의 정의에 따르면 이 환자의 말은 분명히 독특했지만 그다지 창의적이지 않았다.

수렴적 사고 vs. 확산적 사고

창의력에는 참신성 그리고 유용성이 둘 다 필요하다고 정의하는 것과 이 두 가지 특성을 뒷받침하는 별개의 신경 기질이 있는지, 있다면 무엇인지 알아내는 것은 별개의 문제다. 과학자들은 이런 광범위한 문제를 다룰 때 모델을 상정하고 검증한 다음 그 모델의 작동 방식을 설명할 수 있는 관련 뇌 영역을 찾아낸다.

이 장에서는 확산적/수렴적 사고, 인지 탈억제, 간단히 몰입(flow)이라고 불리는 현상, 이렇게 세 가지 모델을 살펴볼 것이다. 세 모델 전부 검증 가능한 아이디어들로 가득하다. 모두 외적 행동 기능을 물컹한 뇌의 내부 세계로 연결 짓기를 직업으로 하는 전문가들에 의해 검토된 것들이다.

벽돌의 새로운 용도를 생각해보라고 했던 것은 확산적 사고 연습이었다. 주어진 특정 조건에서 부담 없이 아주 개방적으로 가능한 한 많은 혁신적인 아이디어를 생각해내도록 요구하는 인지 장치다.

수렴적 사고(convergent thinking)는 사실상 확산적 사고의 거울상처럼 반대다. 이 인지 장치는 하나의 문제를 해결해줄 독특하고 창의적인 방안을 많이 생각해내도록 요구한다. 해결책들은 모두 문제로 수렴되어야 한다.

수렴적 사고의 마스터클래스 사례는 그 유명한 아폴로 13호의 고장을 NASA가 어떻게 해결했는지 실화를 바탕으로 한 영화 〈아폴로 13〉에서 볼 수 있다. 온갖 혁신적 해결책이 영화에서 그려진다(비행

매뉴얼 표지, 고무 밧줄, 양말이 동원되는 예도 있었다!) 목표는 단 하나, 우주왕복선을 회항시켜 우주비행사들을 무사 귀환시키는 것이었다.

이 두 유형의 창의성의 차이점이 혼란스러울 수 있으므로 둘을 구분하는 간단한 방법을 알려주겠다. 확산적 사고는 중심점에서 여러 가지 색깔이 터져 나오는 폭죽으로, 수렴적 사고는 무수한 빛을 하나로 모으는 돋보기로 생각하면 된다.

연구자들은 언제나 실용적 함의를 염두에 두기 때문에 자연히 어떤 종류의 현상이 수렴적/확산적 사고 과정에 도움이 되거나 방해가 되는지 질문한다. 스트레스는 두 가지 모두에 중요한 역할을 하는 것으로 밝혀졌지만 매우 다른 방식으로 두 가지 창의성에 영향을 미친다. 스트레스는 한편으론 창의성, 특히 다양한 수렴적 사고에 동기를 부여하는 강한 친구가 될 수 있다. 아폴로 13호 캡슐에 타고 있는 3명의 목숨이 위태로운 상황은 NASA 엔지니어들이 틀을 깨는 사고를 하게 만드는 강한 자극제였다.

그러나 확산적 사고와 같은 특정 유형의 창의성은 스트레스가 많은 상황에 직면할 때 시든 꽃처럼 꺾인다. 사람들은 조급하거나 압박감을 느낄 때 확산적 사고를 측정하는 검사에서 그다지 좋은 점수를 얻지 못한다(이 장의 서두에서 서두르지 말라고 한 이유다).

우리는 창의력이 스트레스에 종속 관계가 있다는 통계 증거를 볼 수 있다. 사람들의 장기적인 창의적 산출물을 가장 잘 예측해주는 변수 중 하나는 그들이 실패를 처리하는 방식이다. 어떤 사람들에게는 실패가 극도로 스트레스가 많은 경험이다. 이런 사람들에게는 실패 가능성은 평소에 있었을지 모를 혁신적 본능을 억누른다. 어떤 사람들에게 실패는 전혀 실패가 아니다. 실패는 용감한 혁신가들이 올바른 해결책을 찾도록 도와주는 또 다른 도우미일 뿐이다.

실패는 실패가 아니다

다양한 분야의 연구자들이 창의적 산출물과 실패에 대한 두려움 간의 불편한 연관성을 연구해왔다. 발표되는 논문 제목들만 봐도 알 수 있다. 경영 분야에서는 〈창의성의 제1의 적: 실패에 대한 두려움〉, 뇌과학 분야에서는 〈두려움은 뇌를 위축시키고 창의력을 저하시킨다〉 같은 제목을 볼 수 있다. 그런 위축은 여러 뇌 영역, 특히 해마에서 일어난다. 그건 심각한 일이다. 해마는 단기기억 흔적의 장기기억으로의 전환을 포함하여 혁신적 산출물에 중요한 많은 과정에 관여하기 때문이다. 해마가 상당히 위축된다면 이런 처리 기능을 크게 방해한다.

실패에 대한 두려움이 왜 그런 부정적인 영향을 미칠까? 그리고 왜 우리의 혁신적 본능이 특별히 표적이 되는가? 이 질문들에 대답하기 위해 모든 아기, 과학자, 기업가의 공통점에 대해 논의해야 한다. 바로 그들의 학습 방식이다.

아기들은 태어날 때 미리 탑재된 가설 검증 소프트웨어를 사용하여 자체 수정되는 일련의 아이디어들을 통해 학습한다. 그들은 (a)

세계가 어떻게 작동되는 것 같은지 끊임없이 관찰하고, (b) 시행착오의 방식으로 그 아이디어들을 검증하고, (c) 입수한 데이터를 기반으로 그들의 이해를 수정한다. 과학자들이 하는 일, 전형적인 과학적 방법론 같다는 생각이 든다면 그 생각이 옳다.

《요람 속의 과학자》라는 책은 아기와 과학자가 얼마나 놀랍도록 유사한지 보여주었다(그리고 내 개인적인 경험으로 장담컨대 교점은 한두 개가 아니다). 그런 가설 검증 방식은 강력하다. 부단한 반복 과정은 먼 소행성으로 우주 항공기를 날려 보낼 만큼 강력하면서 원자의 비밀을 캐낼 수 있을 만큼 조심스럽다.

이 과정들은 실패로 점철되어 있기도 하다. 사실 실패 개념은 시행착오 방정식의 착오 측면으로 메커니즘에 포함되어 있다.

실패와 창의성 간의 이런 연관성은 어디에서나 예를 찾아볼 수 있다. 첫 번째, 두 번째, 심지어 스무 번째 시도에서 성공한 사업 프로젝트는 거의 없다. 과학자들이 제시한 수많은 이론이 엄격한 검증 하에서 실패하며, 심지어 검증을 통과한 과학 이론도 수정되지 않는 경우는 드물다. 몇 주, 때로는 몇 개월 동안 흔들거리고, 비틀거리고, 일어서고, 넘어지는 과정을 겪지 않고 일어서서 걷는 아기는 단 한 명도 없다.

실패로 인해 마비되면 그 마비 상태는 프로젝트로, 결국에는 생산성 저하로 이어질 것이다. 그러므로 실패에 대한 올바른 자세 갖기는 정말 중요하다. 창의력의 한 부분은 새로운 아이디어를 생각해내는 것이고, 다른 한 부분은 그 아이디어를 유용하게 만드는 것임을 기억하라. 실패는 환상적인 아이디어를 실용적인 무언가로 바꾸는 원동력임이 드러났다.

실패가 지닌 가능성을 극대화하라

이러한 아이디어는 기업에도 의미가 있다. 구글과 그들의 아리스토텔레스 프로젝트(앞에서 논의된, 특정 팀은 왜 그렇게 일을 잘하는지 조사한 프로젝트)를 다시 살펴보자. 연구자들은 심리적 안전감이 성공의 열쇠이며, 그것이 대인관계에서 위험을 감수하게 해주며, 당연히 실패도 받아들이게 해준다고 결론 지었다.

아리스토텔레스 프로젝트 이후로 위험 감수 수준의 정량화를 비롯하여 심리적 안전감과 혁신 사이의 관계 규명에 상당한 진전이 있었다. 한 실험에서는 (a) 여러 아이디어(3~5가지 안)를 동시에 테스트한 다음 (b) 추가 실험을 위해 상위 두세 가지 결과를 선택했던 집단이 테스트를 전혀 또는 충분히 반복하지 않은 집단보다 50퍼센트 더 높은 성공률을 보였음을 발견했다. 한 번에 여러 개씩 구워내는 쿠키처럼 실패도 일괄 처리될 수 있다.

이러한 노력에 영감을 받았는지 실패의 시험 주방에서 요리하기 시작한 연구자들이 늘어났다. 곧 실패의 허용 자체가 승리를 예측하진 않는다는 것이 밝혀졌다. 큰 성공을 거둔 사람들과 엄청난 실패를 겪은 사람들은 시도하고 실패한 횟수는 거의 같았다. 차이점은? 성공한 사람들은 그들의 실수로부터 무언가를 배우려고 노력했다.

그들은 자신들의 잘못을 정면으로 마주하고 행주를 짜듯 노력을 쥐어짰다. 자기 일에서 그런 용기와 끈기가 없었던 사람들은 계속 실패할 가능성이 컸다.

또 다른 연구 결과는 연속되는 실패 사이에 허용하는 시간을 지적했다. 그 시간이 짧을수록 미래의 성공 가능성은 더 커졌다. 실패 후 오래 머뭇거릴수록 계속 실패할 가능성이 컸다. 실패로부터 배우는 것이 좋을 뿐만 아니라 가능한 한 빨리 다시 말에 올라타고 다시 시도하는 것도 중요했다. 이러한 신속함은 실패에 대한 부담이 없을 때만 가능했다.

직원들의 실패를 허용한다고 알려진 회사의 하나는 전설적인 최고경영자 토머스 왓슨 2세(Thomas Watson, Jr.)가 확고한 리더십으로 이끌었던 시절의 IBM이었다. 그가 수장이었던 몇 년 동안 IBM은 가장 성공적이고 혁신적이었다. IBM의 부사장 한 명이 실험을 시도했다 실패하는 바람에 회사에 거의 천만 달러의 손실을 입혔을 때의 이야기는 유명하다. 손실에 책임을 지고 사직서를 써서 왓슨에게 직접 들고 간 부사장은 상사의 반응에 깜짝 놀랐다. 사직서를 읽고 난 왓슨은 웃으며 말했다. "왜 회사가 당신을 잃고 싶겠어요? 당신에게 1,000만 달러 값어치의 교육을 제공한 직후인데."

기업이 자선 단체가 아닌 것은 사실이다. 왓슨이 IBM을 재정적으로 무너뜨리려고 했던 것은 분명 아니다. 하지만 오늘날 실증적으로 보여줄 수 있는 사실, 즉 패배의 허용 한계를 늘리면 승리할 가능성이 커진다는 사실을 아마 그는 직관적으로 알고 있었던 듯하다.

직장으로 간 뇌과학자

과학기술 칼럼니스트인 마이클 말론(Michael S. Malone)은 이렇게 말한다.

> 외부인들은 실리콘밸리라고 하면 성공을 떠올리지만 사실 그곳은 폐기장이다. 실패는 실리콘밸리의 최대 장기다.

두려움의 족쇄를 풀라

실패에 대한 두려움이 혁신에 실패하도록 족쇄를 채우고 있다면 무엇을 해야 할까? 이 유독한 사슬을 풀기 위해 기를 수 있는 실용적인 태도가 있을까? '그렇다.' 먼저 실패를 두려워하는 이유를 이해하는 데서 시작한다.

연구에 따르면 실수를 자신의 성격 결함으로 보는 직원이 많다. 이런 식으로 생각하는 사람들에게 실패는 그저 자신이 잘못한 일이 아니다. 자신이 한 인간으로서 어떤가에 대한 총체적 난국이다. 만약 그런 식으로 생각한다면 무조건 자기 실수를 숨기려고 애쓸 것이다. 실수에 대해 거짓말을 할 것이다. 실수를 다른 사람의 탓으로 돌릴 것이다.

자신의 실수를 결점, 즉 부끄러워하거나 거짓말을 하거나 다른 사람에게 떠넘길 일로 생각하지 않는 사람들은 적극적으로 자신의 실망감을 향해 달려간다. 그리고 그들의 용기에 대한 보상을 받고 차선책을 만들어내는 어려운 시행착오의 세계에서 결국 성공한다. 실제로 대부분의 사람에게 실패는 흥미로운 아이디어를 촉진하는 역할을 한다는 증거가 있다. 심리학자 로버트 엡스타인(Robert Epstein)은 이렇게 말했다. "…실패는 실제로 창의성을 직접적으로 자극한다. 실패는 참으로 가치 있다."

간단한 3단계 프로토콜을 따르면 실패에 대한 건강한 태도를 기를 수 있다. 특이하게도 이 프로토콜을 가장 잘 보여주는 사례는 플로리다의 한 소방관, 민머리에 건장한 근육질 몸이 전형적인 긴급구조대원처럼 보이는 맷 홀리데이다.

그는 화창한 어느 날, 신입 소방관들을 훈련하던 중 비상 소집됐다. 주택에 화재가 발생하여 대부분이 불길에 휩싸인 것이다. 동료들을 이끌고 달려간 그는 잠시 상황을 판단했다. 침실 하나를 제외한 주택 전체에서 연기가 뿜어져 나왔다. 누군가 집 안에 있을 가능성이 있었다. 그는 즉시 창문이 있던 자리로 뛰어들어갔고 착지 지점 바로 옆에서 노쇠한 여성을 발견했다. 그녀는 살아 있었다! 그는 여성을 안아 들고 창문 앞에서 대기 중이던 동료들에게 넘긴 다음 재빨리 빠져나왔다.

홀리데이의 활약상은 세 단계로 나뉜다. 먼저 그는 불길로부터 달아나지 않고 불길을 향해 달려갔다. 그런 다음 피해 정도를 가늠하고 생존자의 흔적을 찾았다. 구조 방법을 찾은 그는 행동에 돌입했다. 그는 침실로 뛰어들었고, 자신이 옳았음을 깨달았으며, 누군가의 할머니를 구했다.

연구 결과들은 실패에 대응할 때 그와 유사한 3단계 프로토콜을 따르라고 말한다.

3단계는 다음과 같다.

1. 불길을 향해 달려가는 홀리데이처럼 실패를 향해 달려가라. 논리적으로나 연구 결과로나 위협을 무력화하는 데 가장 중요한 단일 요소는 위협에 대처하려는 의지다.
2. 상황 판단을 시작하라. 할머니가 방에 있는지 확인한 다음 설령 주변이 전부 불타고 있더라도 할머니를 구출할 방법을 생각해 내라.
3. 자신의 판단에서 최대한 많이 배우라. 애초에 집에 왜 불이 났는지 알아낸 다음 문제가 되었던 부분을 해결해줄 조치를 취하라.

최대의 실패작을 최고의 성공작으로 바꾼 포드의 비결

어떻게 이 세 단계가 생산적인 결과로 이어지는지 보여주는 기업의 사례는 많다. 저명한 경영 구루 피터 드러커(Peter Drucker)는 포드 자동차의 최대 실패 중 하나인 1958년 에드셀에 관한 유명한 이야기를 들려준다. 과도한 계획과 연구를 거친 에드셀은 과대 선전에 들어갔지만, 정작 대중에게 공개되자 판매량은 극도로 저조했다. 〈비즈니스 인사이더〉에서는 에드셀이 포드에 3억 5,000만 달러의 손실을 입혔다고 추정한다.

드러커는 담당 임원들은 손해가 막심한 이 재앙으로부터 뒷걸음질 치지 않고 그쪽으로 돌진했다고 말한다. 의도적이고 체계적인 방식으로 그들은 무엇이 실패했는지 조사했고, 무엇이 성공했는지 찾아냈으며, 실패를 성공으로 바꿀 방법들을 확인했다. 그들의 노력은 곧바로 에드셀의 수정으로 이어졌고, 이는 포드 역사상 가장 성공적인 모델 중 하나인 썬더버드와 머스탱을 탄생시켰다.

그렇다면 기업이 에드셀을 머스탱으로 바꿀 수 있는 조건은 무엇일까? 수십 년에 걸친 연구에서 도출된 답은 일관성과 투지 그리고 경영진이라면 약간의 긴장감으로 밝혀졌다. 실패에 대한 경영진의 반응은 모든 사람의 반응에 직접적인 영향을 미친다. 생산성으로 직결되는 것은 행동이 아닌 태도다.

내가 말했듯이 긴박감이다.

당신이 경영자나 관리자라면 실패에 대해 어떤 태도를 길러야만 할까? 실망을 수익으로 바꾸려면 실패를 받아들일 뿐만 아니라 기대하는 분위기를 만들어야 한다. 이는 행동주의자들이 수동적 전이(passive transfer)라고 부르는 모범을 경영진이 보이는 것에서 시작된다. 실패가 있을 때마다 한결같이 긴급 구조대의 옷을 입는 관리자는 세계에서 가장 생산적인 회사를 만든다.

에드윈 캣멀(Edwin Catmull)이라는 경영자는 이렇게 말했다. "실수는 필요악이 아니다. 실수는 결코 악이 아니다. 실수는 새로운 일을 하다 보면 필연적으로 생기는 결과다." 캣멀은 잘 알 것이다. 픽사의 공동 설립자였으니 말이다.

혁신적 분위기를 조성하는 방법

실패해도 괜찮다는 분위기를 어떻게 조성할까? 단기적 해결책과 장기적 해결책이 있다.

단기적인 해결책은 실패에 대한 반응, 특히 두려움에 대처하는 방법의 관리 등, 자신의 심리 내면의 문제 해결하기다. 경영진이 실패를 두려워한다면 그 두려움이 다른 사람들에게 스며들 것이다. 경험 많은 긴급 구조대원이라면 누구나 알고 있듯이 공포는 전염성이 크다.

흔히 두려움에 대한 반응의 관리는 충동 조절의 문제다. 불타고 있는 집에 들어가기를 꺼리는 것은 본능적으로 당연한 일이다. 하지만 희망은 있다. 충동 조절을 다루는 법을 보여주는 연구가 있기 때문이다. 충동 조절은 앞서 '일을 완료하는 능력'으로 묘사된 인지 도구인 팀 집행 기능(Team Executive Function)의 요소 중 하나다. 집행 기능을 향상시키는 것은 무엇이든 충동 조절을 향상시킬 것이다.

마음챙김(mindfulness) 명상은 충동 조절을 향상시킨다. 신체 운동도 마찬가지다. 1년도 안되는 짧은 기간 내에 효과를 발휘하기 시작한다. 그래서 나는 그것들을 단기적 해결책이라고 부른다. 마음챙김과 운동 둘 다 창의력을 특정 방식으로 향상시킨다. 마음에 집중하면 확산적 사고 점수가 올라간다. 운동도 마찬가지이며 야외에서 운동할 수 있다면 더더욱 그렇다. 삼림욕의 원조인 헨리 데이비드 소로(Henry David Thoreau)의 말은 옳다. "다리가 움직이기 시작하는 순간 생각이 흐르기 시작한다…"

장기적인 해결책은 그보다 절차 위주다. 기업은 네트워크 내의 혁신을 창출하고 개발하기 위한 계획적인 행정 기구를 만들어야 한다. 이런 메커니즘들은 문서로 작성되어 좋은 아이디어가 있는 모든 사람에게 제공되어야 한다. 이 문서에서 가장 중요한 것은 실패에 대처하는 방법에 대한 명시적 설명이다. 다음은 연구자 케빈 데수자 (Kevin Desouza) 등이 했던 말이다.

> 최적의 상황은 경영진이 실패를 비즈니스에서 허용되는 일부로 포함하는 잘 정의된 혁신안 개발 프로세스를 갖추는 것이다.

데수자 등은 실패 친화적인 프로세스가 어떠해야 하는지 알았고, 순환하는 단계로 생각할 수 있는 총 5가지 특징을 설명한다. 처음 3단계가 우리의 목적에 특히 중요하다.

첫째, '아이디어의 생성과 동원'이다. 이 단계에서는 아이디어 배양에 우호적인 개방적인 환경과 사람들이 그런 노력을 알 수 있도록 즉시 볼 수 있는 기록을 만든다.

둘째, 모든 아이디어의 장단점을 평가할 수 있는 신중한 심사 절차를 마련해야 한다. (그들은 이를 '심사와 옹호' 단계라고 부른다.)

셋째, 사람들이 자신의 아이디어를 테스트하고, 적절한 경우 시제품의 제작에 들어갈 수 있는 프로세스/메커니즘을 구축해야 한다. 실험실 또는 아이디어를 수정해나갈 장소의 마련이 여기에 포함된다.

마지막 두 단계는 상용화와 잠재적 소비자의 승인 받기다. 이 모든 단계에서 실망스러워도 괜찮다고 명시적으로 알려야 한다. 이 프로세스가 진행되는 모든 사무실에 게시해야 할 표지판이 있다. 픽사의 캣멀이 했던 또 다른 발언이다.

> 실패를 경험하고 있지 않다면 훨씬 더 나쁜 실수를 저지르는 중이다. 즉, 실패를 피하려는 욕망에 따라 움직이는 중이다.

캣멀이 실제로 해냈듯이 수십억 달러를 벌고 싶다면 신조로 삼아야 할 말이다.

인지 탈억제

하지만 슬프게도 대부분의 회사에는 이런 5단계 주기 같은 공식적인 프로세스가 없다. 그들은 단순히 무작위적 우연성과 자신의 본능에 의존한다. 두려움에 근거한 본능이라면 대체로 쓸모없고 위험하다.

연구 결과들은 논리가 암시하는 다음 사실들을 보여준다. 가장 혁신적인 회사가 선도할 가능성이 가장 크다. 실패 친화적인 환경에서 혁신을 시도하는 공식적인 메커니즘을 갖출 필요가 있지만, 그것만으로는 충분하지 않을 수 있다.

확산적/수렴적 사고 모델은 유일한 창의성 모델이 아니며 기업의 성공을 위해 필요한 유일한 모델이 아닐 수도 있다. 우리의 다음 창의성 모델은 그 공백을 메우는 데 도움이 될 수 있다. 그것은 인지 탈억제(cognitive disinhibition)라는 불명료한 개념으로 구성되며, 창의성에 대한 이 개념의 복합적 기여는 두 부분으로 구성되어 있다. 다행히 둘 다 브로드웨이 뮤지컬 〈웨스트사이드 스토리〉의 특정 장면에 비유해 간단히 설명할 수 있다.

정말이다.

이 장면의 영화 버전은 1950년대 서로 경쟁하던 갱단과 연관된 불행한 두 연인이 만나 사랑에 빠지는 운명적 순간을 담고 있다. 그 운명적 만남이 이뤄진 곳은 갱단의 화해 행사로 댄스파티가 열린 학교 체육관이었다. 함께 파티한 후에 갈등을 해소할 수도 있는 공간이었다.

슬프게도 화해는 그들의 운명이 아니었다. 시끄럽게 울려대는 음악에 수십 명의 몸이 부딪치는 안무로 행사장이 혼잡해지며 거의 폭동으로 바뀐다. 점점 무질서해지는 불협화음은 갑자기 두 연인 토니와 마리아가 무도장 반대편에서 서로를 염탐할 때 절정에 이른다. 두 사람의 눈이 마주치는 순간 음악은 조용해지고 카메라의 초점에서 다른 모든 사람은 사라진다. 그들은 정중하게 춤을 춘다. 체육관에는 다른 누구도, 다른 무엇도 없다는 듯이.

이 장면은 항상 인지 탈억제가 창의성에 기여하는 두 가지를 내게 상기시킨다. 우리가 정의를 내릴 때까지는 이해가 되지 않을 것이다. 연구자 셸리 카슨(Shelley Carson)의 말을 인용해보자.

> [인지 탈억제는] 현재 목표와 무관한 정보를 무시하지 못하는 것이다. … 정신적 필터가 의식적 인식으로 들어오는 정보를 차단하지 않기로 자의로 선택하는 것이다.

카슨이 정의한 인지 탈억제는 뇌에서 시끄러운 댄서들이 마구 뛰어다니게 허용하는 것과 같다. 문제를 해결하는 동안 수많은 정보가 멋대로 유입되게 하는 것이다. 그중 어느 것도 의미 있진 않지만 인지 댄스 플로어에서 자유롭게 돌아다니도록 허용된다. 의식적 인식을 억제하지 않아서 탈억제라는 이름이 붙었다.

이런 억제되지 않은 춤이 뇌에서 일어나는 유일한 일이라면 우리가 내린 창의성의 정의를 충족하지 못할 것이다. 'plausity of all acts of amendmen'를 주장했던 조현병 환자는 매우 탈억제 상태라고 확실히 말할 수 있겠지만 그의 탈억제는 더는 진전되지 않는다. 그의 발언에서 의미 있거나 실용적인 어떤 것도 나오지 않았다. 다행히 토니와 마리아가 빠진 요소를 시적으로 보여준다.

산만한 정보의 제거

〈웨스트사이드 스토리〉의 체육관 장면은 산만한 정보(제멋대로인 춤)를 제거함으로써 입력 정보의 일부(싹트는 로맨스)를 강조한다.

창의적인 사람은 의식적 인식 안에서 선회하는 다수의 정보를 바라보는 동안 그 정보 중 일부가 서로 응시하기 시작한다는 점을 눈치챌 수 있다. 어쩌면 공통점을 기초로 관계가 형성될 수 있다. 아니면 공통점이 없을 수도 있다. 이 정보들에는 특정 조합으로 묶었을 때 유용한 무언가가 생성되는 속성이 있을 수 있다. 이유가 무엇이든 그들은 다른 댄서들과 다르다.

정말 창의적인 사람들은 그것을 인식하자마자 의도적으로 방해되는 다른 모든 정보를 점차 희미해지게 만들 수 있다. 그런 다음 오직 흥미로운 정보에만 집중할 수 있다. 연구자들은 이 행동을 주의 집중/주의 확산 능력이라고 부른다. 이러한 주의 집중/주의 확산에서 창의적 통찰이 샘솟는다. 대개 유용성도 뒤따른다.

인지 탈억제의 중심에는 이 두 가지 능력, 즉 인지 파티를 허용하는 관대함과 그 대부분을 무시하는 무자비함이 있다. 말도 안 되는 생각과 창의적인 생각의 차이는 아마 댄스 플로어 건너편에서 서로를 응시하는 운명적 아이디어들을 발견하고 그것들이 춤을 추게 하는 능력에서 생길 것이다.

모든 것의 배후에 있는 뇌

인지 탈억제의 실재를 지지하는 행동 증거는 강력하다. 확산적/수렴적 사고에 대한 증거도 마찬가지다. 증거가 덜 명확한 것은 이러한 행동의 근저에 있는 신경 기질이다. 연구자들은 혁신을 담당하는 뇌 영역을 찾기 위해 대단히 노력하고 있다. 안타깝게도 여전히 찾는 중이다.

우리는 외적으로 관찰된 행동이 내적으로 관찰되려면 활성화되어야 하는 신경 요소 중 일부를 알고 있다. 인지 탈억제의 경우 작업

기억의 관여가 매우 중요하다. 작업기억(working memory)은 상당수의 입력 정보를 일시적으로 저장할 수 있는 인지 공간으로 예전에는 단기기억으로 불렸다. 이 일시적 버퍼(완충기억장치)는 주로 이마 바로 뒤에 존재하는 뇌 영역(전전두피질)에 의해 신경학적으로 뒷받침된다.

작업기억은 인지 탈억제와 어떤 관계가 있는가? 한 번에 많은 입력 정보를 수용할 수 있는 인지 공간, 이질적인 입력 정보들이 실시간으로 상호작용할 수 있는 모종의 버퍼가 필요한데, 그 버퍼를 제공하는 것이 작업기억이다. 작업기억은 〈웨스트사이드 스토리〉에 나오는 체육관이다. 그것 없이는 춤을 제대로 출 수 없다.

호통은 쓸모가 없다

짐작할 수 있듯이 작업기억 체육관의 크기는 창의성에 직접적으로 영향을 미친다. 이유는 간단하다. 작업기억 용량에 영향을 미치는 어떤 것이든 그것이 가질 수 있는 변수의 수에도 영향을 미치기 때문이다.

그렇다면 어떤 종류의 경험들이 이 체육관의 크기에 영향을 미칠까? 이 개념을 오랫동안 살펴왔음을 고려하면 답이 나온다. 통제력의 상실(부정적인 스트레스)은 시시각각 작업기억의 용량에 영향을 미친다.

이것을 보여줄 방법은 많다. 실제로 이루어진 일련의 실험에서는 언어적 공격성을 보일 때 작업기억에 어떤 일이 일어나는지 조사했다. 언어적 공격성(verbal aggression)은 호통을 완곡히 표현한 과학 용어로 많은 부하 직원들이 짜증 난 상사들로부터 경험하는 것이다.

논쟁을 위해서 당신이 짜증이 많은 상사라고 가정해보자. 당신은 실수를 보고 감정을 제어하지 않고 담당 직원에게 소리를 질러댄다. 직원에게는 무슨 일이 일어날까? 당신의 행동은 즉시 그들의 작업 기억을 무려 52퍼센트나 축소하여 이 버퍼 메모리의 용량을 크게 떨어뜨린다. 이러한 축소는 우리가 측정할 수 있는 거의 모든 방식의 창의적 산출물에 영향을 미칠 수 있다.

추후 연구들은 왜 그러한 메모리 축소가 발생하는지에 대한 힌트를 제공한다. 그 힌트는 법 집행과 목격자 증언이라는 예상치 못한 곳에서 나온다.

정신 건강 전문가들은 트라우마와 기억 손실이 서로 영향을 미친다는 것을 알고 있다. 폭행 같은 나쁜 일이 개인에게 발생할 때 대개 어느 정도의 기억상실증을 경험하는데, 특히 폭행 순간 전후의 일들을 기억하지 못한다. 이것은 목격자 증언에 직접적인 영향을 미칠 수 있다.

그러나 대개 모든 기억을 잃지는 않는다. 만약 트라우마가 총격처럼 모종의 무기와 관련이 있다면 상황은 현저히 달라진다. 뇌의 기억 시스템은 총기에 대한 모든 세부 사항을 기억하기 위해 녹화 버튼을 누를 것이다. 심각한 기억 축소가 여전히 발생하지만, 그것은 자원의 과잉 재할당(hyper-reallocation of resources), 일종의 전환에 가깝다. 다른 모든 것을 희생해가며 그렇게 비정상적으로 집중하는 것을 무기 집중(weapon focus) 효과라고 한다.

이 현상은 소리 지르는 상사 이야기와 바로 연결이 된다. 누군가를 말로 공격하는 상사는 본질적으로 입을 무기로 바꾼 것이다. 부하 직원의 추적 레이더는 자동으로 위협의 근원인 상사를 목표로 삼을 것이고 다른 기억 시스템은 사라질 것이다. 부하 직원은 타당한 관심사인 자신의 실수보다 상사의 화난 입에 집중한다.

일부 관리자들은 언어적 공격이 혁신적 생산성을 높인다고 생각하며 이런 경고를 무시하지만 그렇지 않다. 총을 휘두른다고 사람들이 진정되지 않듯이 호통을 친다고 창의력을 높일 수는 없다.

몰입의 중요성

헝가리 태생의 유명한 과학자 Mihaly Csikszentmihalyi 박사의 성을 어떻게 발음하는지 안다면 창의적 문제해결력에서 10점을 받을 수 있다. 그는 우리의 세 번째이자 마지막 창의성 모델, 그가 몰입(flow)으로 이름 붙인 모델의 저자다. Csikszentmihalyi는 칙센트미하이로 발음된다. 생산적 창의성에 관한 그의 아이디어는 그의 성만큼이나 특이하다.

몰입 모델의 중심 아이디어는 산출물이 아니라 창조 행위 중인 사람의 내적 상태에 초점을 맞춘다. 몰입 상태의 사람들은 심리 내부를 변화시키는 강도로 초집중하여 노력한다. 그들은 시간을 자각하지 못한다. 주의를 분산시키는 마음속 생각들에 귀를 기울이지 않는다. 점차 그 과정에 도취된다. 다른 것들은 중요하지 않아 보인다. 창조의 기쁨에 사실상 마음을 빼앗겨 희생을 치르더라도 계속 몰입하려고 노력할 것이다. 그 결과는 행복감이다. 순수한 호기심의 궁극적 승리 속에서 그 활동 자체가 목적이 될 것이다.

칙센트미하이는 몰입 상태가 인간이 경험할 수 있는 가장 즐거운 감정 중 하나라고 믿는다. 또한 사람들이 창의적으로 되고자 할 때 몰입이 그냥 일어나는 게 아니라고 믿는다. 몰입은 자동으로 되지 않는다. 특정 양분이 있는 토양을 요구하는 까다로운 식물처럼, 특정 조건이 충족되어야만 몰입이 가능해진다.

이 '토양'의 가장 큰 구성 요소 중 하나는 흥미를 유지할 만큼 도전적이지만 달성할 수 없을 만큼 압도적이지는 않은, 딱 좋은 정도의 과제를 선택하는 것이다. 당연히 자기 능력 범위에 적합한 작업을 선택해야 한다. 그 적합도가 처음에는 불편하더라도.

그러나 딱 좋은 능력 범위로는 충분하지 않다. '토양'은 선택한 과업 내에 명확히 정의된 목표도 포함하고 있어야 한다. 이와 함께 목표 달성 여부와 달성 시기를 알려주는 즉각적인 내부 피드백 메커니즘도 만들어야 한다.

마지막 구성요소는 '언제 이렇게 시간이 흘렀지?'라는 느낌에 초점을 맞춘다. 그 순간에 일어나는 일에 집중하고 판단하지 않고 그것을 즐기기까지 하는 능력은 핵심 토양 성분이다. 마음챙김 훈련처럼 들리는 것 같다면 맞다. '나중에 거기'가 아니라 '지금 여기'에 초점을 맞추면 행동과 인식이 융합될 수 있다. 무엇을 하고 있던 거기에 몰두하게 되고, 몇 시간이 몇 초처럼 느껴지게 할 수 있는 시간

직장으로 간 뇌과학자

압축의 꽃을 피우는 몰입 상태가 된다.

창의력에 관여하는 신경망

혁신에 대해 우리가 알고 있는 전부를 설명해주는 모델은 없다. 방금 설명한 세 모델도 마찬가지다. 그리고 이 모델들이 측정하는 행동들 뒤에 있는 뇌 영역을 찾으려고 하면 상황은 더욱 혼란스러워진다.

벽돌의 새로운 용도 생각하기 같은 확산적 사고의 이면에 있는 신경을 탐구하는 데 많은 연구비가 사용되었다. 연구의 진척은 아주 느리다. 한 가지 어려움은 다른 변수들로 오염되지 않고 확산적 사고만 측정할 수 있는 행동 과제를 설계하는 것이었다.

다행히 진척이 전혀 없는 것은 아니다. 신경망 세 개가 한 팀이 되어 벽돌의 용도를 문 버팀쇠나 새로운 형태의 안료로 바꾸도록 돕는다는 증거가 있다. 이 신경망들은 매우 친숙하게 들릴 것이다.

첫 번째는 공상에 관여하는 디폴트 모드 네트워크다. 당연히 디폴트 모드 네트워크는 창의적인 아이디어의 주요 생성자로 가정된다.

두 번째는 일의 완수를 주로 담당하는 집행 기능 네트워크다. 우리가 정의한 창의성의 두 기둥, 즉 참신하면서도 유용한 개념이 뇌에서 작용하는 것을 여기서 볼 수 있다. 디폴트 모드 네트워크는 아이디어들을 제공하고 집행 기능 네트워크는 그것들을 실행에 옮긴다.

세 번째는 일반적으로 위협의 감지와 대응에 관여하는 시스템인 현저성 네트워크다. 이 신경들은 공상을 검토한 다음 어떤 정보가 집행 기능 네트워크로 전달할 가치가 있는지 가치 판단을 내리는 업무를 부수적으로 할 수 있다.

이 세 가지 신경망 간의 상호작용은 확산적 사고 또는 다른 유형의 창의성을 일률적으로 설명해준다고 하기는 어렵지만, 이 가설의 가장 큰 유용성은 검증할 수 있는 아이디어들을 제공한다는 점이다.

또한 연구자들은 창의성의 배후에 있는 생화학 물질들을 규명하고자 했다. 일례로 과학자들은 창의성에서 "아하!" 하는 순간, 즉 사물들이 합쳐지면서 새로운 통찰이 떠오르는 경험을 연구해왔다. 이때 원격 연상 단어 검사(remote associates test)라는 심리 검사가 사용된다. 이 검사에서는 세 개의 단어를 주고 그것들과 합성어를 형성할 수 있는 네 번째 단어를 제시하라고 요구한다. 예를 들어 aid(도움) rubber(고무), wagon(기차)을 제시하면 band(봉사 단체, 고무 밴드, 밴드 순회공연)라는 단어로 답할 수 있다.

이 검사를 하는 동안 뇌 영상도 찍는다. 연구자들은 band라는 단어를 떠올리는 순간 뇌가 토치처럼 빛나고 매우 특정한 패턴을 보인다는 것을 발견했다. 한 가지 패턴은 보상과 즐거움을 담당하는 화학물질인 도파민을 생산하는 뇌 영역을 포함한다. 무언가를 생각해낼 때마다 뇌가 도파민 막대사탕을 준다고 생각하면 정말 즐겁다. 우리가 1학년 때부터 이런 일이 일어나고 있다.

직장으로 간 뇌과학자

얼그레이 한 잔의 효과

불행히도 우리는 1학년이 아니다. 성인의 몸은 나이에 상관없이 휴식이 필요하고, 그럴 수 없을 때는 기운을 차리게 해주어야 한다. 우리는 하품하고 싶은 욕구와 톨 사이즈 아메리카노를 들이붓고 싶은 욕구를 번갈아 느끼며 근무 시간의 대부분을 보낸다.

휴식에 관한 가장 놀라운 연구 결과 중 하나는 휴식이 창의적인 산출물, 특히 문제 해결 능력에 참으로 깊은 영향을 미친다는 것이다. 문헌에는 〈비디오 게임 문제에서 어려움을 겪은 후 수면은 그것을 해결할 가능성을 높인다〉 같은 제목의 논문들이 널렸다.

이런 종류의 유쾌한 연구 논문 중 하나에서는 피험자들에게 퍼즐을 주고 그걸 풀려고 노력하는 동안 수면 시간을 달리했다. 전반적으로 퍼즐을 푸는 동안 8시간의 수면이 허용되었던 피험자들은 통제 집단보다 3배의 성공률을 보였다. 연구자들은 언제 의도적으로 문제를 풀어야만 하는지도 알아냈다. 잠자리에 들기 직전에 해결하지 못한 문제를 다시 보면 가장 좋다.

왜 그럴까? 당신이 잠자고 있다고 뇌도 잠을 자는 건 아니라는 사실이 몇 년 전 밝혀졌다. 뇌는 기능을 바꿀 뿐이다. 뇌는 '오프라인 처리' 시스템을 작동시켜 낮 동안 배운 것들을 반복하고, 앞서 접했던 문제들을 해결할 창의적 방법들을 연구한다. 안구가 움직이는 렘(REM: Rapid Eye Movement)수면 단계는 창의력을 위해 사용된다. 안구가 움직이지 않는 비(非)렘수면 단계에서는 기억의 통합이 이루어진다.

물론 스트레스로 가득한 직장을 다니면서 숙면이 항상 가능하지는 않다. 하지만 지구상에서 가장 남용되는 향정신성 물질 중 하나인 카페인에 대해 알려주는 뇌과학이 여기서 유용할 수 있다.

카페인 섭취는 놀랍도록 많은 방식으로 창의성을 높여준다. 인지 탈억제의 특징적 행동인 작업기억과 집중 능력을 강화하고 둘 다에 쓸 수 있는 에너지를 증가시킨다. 카페인은 수렴적 사고와 확산적 사고 점수도 높인다. 어떤 카페인을 섭취하는지는 중요하지 않지만, 그것이 창의성 유형에 미치는 영향은 중요하다. 예를 들어 특정 종류의 차는 확산적 사고 능력을 향상시킨다. 거의 모든 종류의 커피는 수렴적 사고 점수를 올려준다.

흥미롭게도 카페인은 신경계를 직접 자극함으로써 효과를 발휘하지 않는다. 카페인은 피로를 느낄 수 없게 함으로써 효과를 발휘한다(카페인은 아데노신과 뇌의 A1 수용체와의 결합력을 방해한다). 그러므로 카페인의 지시에 따라 에너지를 계속 소비하게 된다. 사실 과도하게 에너지를 소비한다. 카페인의 효과가 떨어지면 두 배로 피곤해진다. 그러니 피로는 잠으로 풀어야 하며, 이는 창의성을 향상시키는 또 다른 방법이다.

나이와 창의력의 변화

나는 주로 대학원생과 박사 과정 연구원들에게 강의한다. 세대의 관점에서 20대 '아이들'부터 30대와 40대 '아이들'에 이르는 이 학생들은 가르치기에 정말 재미있는 집단이다. 창의성에 대해 강의할 때 "우리는 몇 살 때 가장 창의적인가요?"라는 나이 관련 질문을 받아도 나는 놀라지 않고 그 답을 알고 있다고 말해준다.

사람들 대부분의 전성기인 40세에 기대되는 창의성은 80세에 기대되는 창의성의 약 두 배다. 그러나 나는 이렇게 답하면서 정말 중요한 경고를 덧붙인다. 어떤 사람들은 일생에 한 번 위대한 창조적 공헌을 한 다음 그것으로 끝이지만, 어떤 사람들은 평생 대단히 창의적이다.(프랭크 로이드 라이트는 그를 상징하는 작품 중 하나인 구겐하임 미술관을 90대에 설계했다!) 나이 든 사람들은 지식과 경험이 더 풍부하므로 더 현명하다는 증거도 있다. 20세, 30세, 40세에게는 없는 이러한 지식은 젊은이들이 전성기로 달려갈 때 창의력을 발휘하게 도움을 줄 수 있다. 하지만 세대 간 상호작용이 허용되는 경우에만 가능하다.

여기까지 설명한 다음 나는 앞서 언급했던 심리학자 로버트 엡스타인의 연구에 대한 논의를 시작한다.

내 연배인 엡스타인은 '전환 게임'(shift game)이라는 것을 개발했다. 그는 이 게임으로 팀 기반 창의성을 가르치고, 흥미롭게도 혼자만의 사색의 힘도 가르친다. 그는 게임 참가자들을 두 집단으로 나눈 다음 확산적 사고 문제를 풀라고 요구한다.

첫 번째 집단인 통제 집단은 가능한 한 많은 용도를 열거하며 15분 동안 숙고하게 한다. 두 번째 집단인 전환 집단은 단 5분간 숙고하게 한다. 그런 다음 실험실을 나가 혼자 생각할 곳을 찾아서 그 문제를 계속 생각하라고 이야기한다. 5분 후 이들에게 다시 모여서 유력한 해결책 목록을 작성하라고 요청한다. 엡스타인은 대체로 전환 집단이 통제 집단보다 두 배 더 많은 답을 만들어낸다는 것을 발견했다.

나는 학생들에게 묻는다. "그리고 나이와 창의성의 관계에 대해 방금 내가 한 말을 고려하면, 엡스타인의 실험집단을 누구로 채워야 할까요?"

엡스타인은 이런 교란 변수를 고려할 때 전환 집단을 가능한 한 창의적으로 만들기 위해서는 최대한 많은 세대가 섞인 집단으로 만들어야 한다는 것을 발견했다.

나는 보통 이쯤에서 "이 강의실을 둘러보세요. 여러분은 지금 지구상에서 가장 창의적인 집단 중 하나에 속해 있습니다"라는 내용으로 강의를 마무리한다.

그러고는 벽돌의 새로운 용도를 찾아보라고 부탁한다.

다음 월요일에 할 일

1970년대에 시애틀의 10대 2명이 도로의 통행량 계산 방식을 개선할 아이디어를 떠올렸다. 그들은 원시적인 컴퓨터 기반 기술을 사용하여 솔루션을 만든 다음 그것을 주력으로 하는 회사를 설립했다. 그들의 솔루션을 처음 관계자들에게 시연했을 때 기계가 작동하지도 않아서 노력은 대실패로 끝났다. 이에 굴하지 않고 두 10대는 다시 시도했고 약간의 성공을 거두었지만 내세울 만한 정도는 아니었다. 결국 그들은 프로젝트를 접고 대학으로 떠났지만 계속 서로 만났다. 진정한 가치는 회사가 아니라 실패에 대한 건강한 반응에 힘입은 지속적 연락에 있었던 것으로 드러났다. 잠시 후 알게 되겠지만 이런 태도와 그에 따른 상호작용은 세상을 변화시켰다.

그러한 반응은 이제 실천적 측면을 살펴보려는 창의력 논의의 중심에 있다. 우리는 광범위한 주제를 다루었지만, 다음 월요일부터 적용할 방안은 7가지로 정리될 수 있다.

1. 어떤 유형의 창의성이 업무에 필요한지 결정한다

확산적 사고가 요구되는 프로젝트는 수렴적 사고가 요구되는 프로젝트와 다른 접근법이 필요할 것이다. 효과적으로 확산적 사고가 되려면 시간의 제약, 스트레스가 심한 분위기, 실패에 대한 두려움 등으로부터 자유로워야만 한다. 수렴적 사고는 실제로 스트레스가 많은 환경에서 잘될 수 있다.

2. 실패로부터 달아나지 않고 실패를 향해 달려가는 법을 배운다

자신의 실패를 조사한 다음 그것으로부터 배울 수 있도록 개인적으로 용기를 내야 한다. 당신이 실패를 학습 활동으로 보는 모습을 관찰할 때 사람들도 따라 할 것이다. 다음 장에서 볼 것처럼 리더십 행동은 전염성이 매우 강하다.

3. 반복이 표준이 되게 한다

주어진 문제에 대한 해결책을 3~5개 만든 다음 시험해볼 준비를 한다. 실패와 실패 사이에 간격을 많이 두지 말라. 실리콘밸리에서 방문자가 가장 많은 기념물은 폐기된 사업을 기리는 묘지임을 모두에게 보여주라(실리콘밸리는 매년 창업자들이 실패담을 공유하는 콘퍼런스를 개최하며, 구글은 단종된 서비스의 비석을 전시하는 구글 공동묘지를 조성하는 등 실패를 자산으로 보려 한다 – 옮긴이). 두 번째 제안을 따랐다면 훨씬 더 쉬울 것이다.

4. 안전한 분위기를 조성한다

동료들에게 심리적 안전감을 보장하여 그들의 작업기억이 손상되지 않고 창의력이 보존되도록 하라. 이러한 노력은 입에서 시작된다. 말을 무기로 삼지 말라. 경영을 처음 하는 사람이라면 동료들에게 호통치기를 시작하지 말라. 노련한 베테랑이라면 호통을 멈추라.

5. 수면에 세심한 주의를 기울인다

잠자리에 들기 직전에 자신이 해결하려고 노력 중인 문제를 다시 살펴보라. 수면에 문제가 있다면 근무 시간 동안 차와 커피를 마실 때 신중해야 한다. 잠이 중요하다. 카페인은 일시적인 해결책일 뿐이다.

6. 전환 게임을 실천한다

문제 해결을 위한 회의에 참석한다면 전체 토의로 시작한 뒤 몇 분 동안 해산했다 다시 모이게 한다. 그리고 다양한 연령대의 사람들을 참가시킨다.

7. 몰입할 수 있는 조건을 조성한다

몰입을 촉발할 가능성이 가장 큰 조건에는 지금 여기에 집중하는 것이 포함되며, 이는 마음챙김에 대해 배우는 것을 의미한다. 전 직원이 마음챙김 훈련을 받을 수 있도록 하라. 이에 관해서는 9장에서 더 자세히 논의할 것이다.

증거에 기반한 출처에서 가져온 이 제안들은 세상을 바꿀 수 있다. 그 증거로 시애틀의 10대들을 다시 생각해보자. 트래프 오 데이터(Traf-O-Data)라는 재미있는 이름의 교통량 측정 회사는 대성공을 거두지 못했지만 두 청년은 계속 노력했다. 결국 그들은 회사의 초점을 소프트웨어 엔지니어링으로 바꾸고 회사명도 마이크로소프트로 바꿨다. 두 10대는 물론 폴 앨런과 빌 게이츠였다.

그리고 그들의 말처럼 나머지 이야기는 모두 다 아는 역사다.

실패라는 선택지가 생기는 순간, 새로운 길이 열린다

- 아이디어가 '창의적'이라고 여겨지려면 참신하고 유용해야 한다.
- 확산적 사고(제약 없이 많은 혁신적 아이디어들 생각해내기)는 장기적으로 스트레스가 없는 환경을 요구한다. 수렴적 사고(한 문제를 해결해줄 다수의 방안 생각해내기)는 사실 스트레스가 많은 환경과 짧은 시간이 주어질 때 잘된다.
- 실패를 수용하라. 참신한 아이디어를 유용한 아이디어로 바꾸는 메커니즘이다.
- 실패를 창의력에 가장 유용하게 만들려면 실패한 후 가능한 한 빨리 실패를 직시하고, 실패를 검토하고, 실패로부터 배우게 하라.
- 창조의 실패는 한 인간으로서의 당신에 대한 총선거가 아니라는 사실을 기억하라.
- 직원들에게 호통치기를 멈추라. 아예 시작하지도 말아야 한다. 직원들의 창의적 산출물을 제한하기 때문이다.
- 회사의 리더라면 직원들에게 실패를 허락하는 구조를 만들라. 실패 우호적인 환경을 조성하고 직원들이 자신의 실패를 검토하도록 장려하는 공식적인 프로세스를 갖춘 기업은 특히 창의성 면에서 생산적이다.

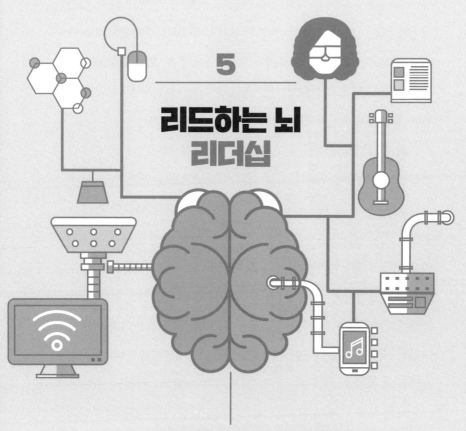

5

리드하는 뇌
리더십

높은 공감력과 약간의 강경함이
존경을 만든다

나는 리더십에 관해 쓰기가 망설여진다. 가장 큰 이유는 내가 겁쟁이이기 때문이다. 통제되지 않은 변수가 너무 많은 주제를 다루려면 대담해야 하는데, 나와 내 분야가 그럴 수 있을지 모르겠다. 경영학의 대가인 피터 드러커도 백기를 흔들 준비가 된 듯하다. '리더의 유일한 정의는 추종자가 있는 사람'이라고 했으니 말이다.

그의 정의는 단순해서 좋긴 하지만 설명력은 떨어진다. 분명히 리더십은 신봉자들을 끌어모으는 능력 이상의 것으로 구성되어 있다. 사람들은 나쁜 상사와 좋은 멘토, 고약한 지휘관과 다정한 관리자, 잔인한 왕과 겸손한 서번트 리더를 똑같이 따른다. 그렇다고 해서 이 리더들의 행동이 알맹이까지 같지는 않다.

이렇듯 명확하지 않은 리더십의 정의는 혼란과 좌절을 같이 준다. 경영대학원에서 모든 사람이 배우는 첫 번째 교훈을 반복하자면 리더십은 비즈니스의 성공에 대단히 중요하기 때문이다. 나쁜 상사는 사람들이 직장을 그만두는 가장 큰 이유다. 팬데믹 이전인 2018년 근로자의 거의 3분의 1이 이직 계획을 세웠다. 직원 이직률은 수익에 직접적인 영향을 미친다. 평균적으로 직원 한 명을 교체하는 데 4만 달러가 들기 때문이다.

그렇다면 어떻게 해야 할까? 한 건당 4만 달러가 드는 직원 이직을 막을 방법을 상사들에게 가르쳐주는 리더십의 비법을 찾아내려는 진지한 시도들은 있는가? 만약 그 주제를 다룬 책의 수가 척도라면 대답은 '그렇다.' 2015년까지 아마존에서 리더십이란 단어가 들어간 책을 5만 7,000권 이상 찾을 수 있었으며, 놀랍게도 리더십을 주제로 한 책이 하루에 4권이 출판되었다. 2020년 후반까지 아마존에서 검색되는 리더십 관련 책은 10만 권을 넘어섰다.

리더십을 다룬 책이 왜 이렇게 많을까? 이 책들 가운데 일부는 리더십이 과학이 아니라 예술이라고 선언한다. 그러니 의견이 분분할 수밖에 없다. 어떤 책들은 리더는 타고나는 것이 아니라 경험을 통해 그 역할을 하도록 진화한다고 말한다. 그렇게 말하는 저자들은 대담함에서 공감까지, 배타성에서 포괄성까지, 남들의 생각은 신경 쓰지 않기에서 남들의 생각만 신경 쓰기까지 다양한 특성들의 균형을 맞추는 법을 알아가는 것이 리더십의 학습에 포함된다고 말한다. 행동과학은 이 수많은 아이디어의 향연에 어떤 새로운 것을 가져올 수 있을까?

완전히 새로운 것은 제공할 수 없다. 하지만 우리는 진화론적 통찰과 검증 가능한 아이디어가 들어간 새로운 요리를 식탁에 올릴 수 있다. '이원론'이라고도 종종 불리는 명망-지배 리더십 이론(prestige-dominance theory of leadership)이다. 이 이론이 다음 절의 주제이기는 하지만 고작 몇 페이지로 이 이론을 포괄적으로 다루었다고 여겨서는 결코 안 된다. 어떻게 한 장으로 10만 권의 책과 경쟁할 수 있겠는가.

말했다시피 나는 겁쟁이다.

졸병들의 장군과 지독한 노인네

이원론의 논의를 위해 2차 세계대전, 특히 연합군 최고의 장군 두 명의 지휘에 관한 평판을 살펴보자. 그들의 리더십 스타일은 물과 불처럼 하나에서 열까지 다르다.

첫 번째는 전설적인 조지 패튼(George Patton) 장군이다. 공격적이고, 지적이고, 지나칠 만큼 대담했던 패튼은 오른쪽에는 상아 손잡이의 콜트 45 권총을, 왼쪽에는 상아 손잡이의 스미스 앤드 웨슨 권총을 차고 웨스트포인트에서 훈련받은 철갑 같은 좌우뇌로 그 둘을 간신히 통제하며 육군 제3군단을 지휘했다. 그는 '지독한 노인네'라는 별명에 걸맞게 부하 장병들을 비판하기를 주저하지 않았다. 다음은 패튼이 부대원들에게 했던 유명한 연설이다.

> 우리가 장병들을 너무 몰아붙인다는 불평도 있을 것이다.
> 그런 불평 따위는 신경 쓰지 않는다.
> 나는 1온스의 땀이 1갤런의 피를 구해줄 거라고 믿는다.

사실 우리에게는 행운이었다. 1940년대 나치가 점령한 세계는 균형을 잡아줄 프로가 필요했다. 패튼을 링에 내보내는 것이 나치를 녹아웃 시킬 가장 확실한 방법처럼 보였다. 패튼의 공격적인 전술 덕분에 2차 세계대전이 더 길어지지 않고 끝났다고 믿는 사람들도 많다.

직장으로 간 뇌과학자

하지만 입이 거친 성격으로 인해 곤경에 빠지기도 했다. 폭격에 놀란 병사를 나약하다며 구타해 전투에서 배제된 적도 있다. 그 보병은 현재 우리가 PTSD(외상 후 스트레스 장애)라고 부르는 상태였는데 말이다.

리더십으로 명성을 떨친 사령관이 패튼만은 아니었다. 아프리카와 유럽 전선에서 패튼의 동료였던 오마 브래들리(Omar Bradley) 장군도 뛰어난 지휘관으로 간주되었지만, 그 이유는 전혀 달랐다. 브래들리의 태도는 성난 권투선수와 전혀 비슷하지 않았다. 그는 잘난 체하지 않고 겸손했으며, 전술적으로 뛰어났고, 부대원들에게 대단히 헌신적이었다. 그에게도 별명이 있는데 바로 '졸병들의 장군'이다. 리더십에 관한 브래들리의 글에서 단편적으로나마 그의 인간성을 볼 수 있다.

[어떤] 사령관도 우선 장병들을 알기 전에는 전략가가 될 수 없다. 연민은 지휘에 장애가 되기는커녕 지휘력의 척도다. 장병들의 목숨을 소중히 여기지 않고 그들의 시련에 괴로워하지 않는 한 부대를 지휘할 자격이 없다.

다년간 쌓인 지식으로 두 장군에 대한 더 미묘한 견해가 생겨났다. 그들이 항상 명성에 부응하진 않았지만, 리더십 스타일은 실제로 극명하게 차이가 났다. 불같은 성미만 통제할 수 있다면 두 가지 리더십 기술을 보유한 부대는 어떤 전쟁에서든 대단할 것이다. 두 장군의 성격은 명망-지배 리더십 이론을 상징한다.

리더십의 정의

이 리더십 이론을 이해하고 싶다면 리더십이라는 단어를 정의해야 만 한다. 완전히 다른 20세기 두 장군의 행동을 보더라도 리더십의 구조에 대한 연구자들의 관점은 매우 단순하다.

사회학자들은 사람들이 모이면 자체적으로 매우 특별하고, 눈에 띄는 방식으로 조직화하는 경향이 있음을 알게 되었다. 조직화는 '리더'와 '리더를 따르는 사람들'이라는 익숙한 이분법으로 표현되는 비대칭적 권력 집중을 포함한다. 조직화 성향은 매우 안정적이어서 석기 시대까지 거슬러 올라갈 수 있다. 리더십에 관한 드러커의 단순한 정의를 연상시킨다.

다른 리더십 모델들도 존재한다. 우두머리와 추종자 간의 경계가 모호한 덜 위계적인 형태도 있지만 그건 역사적 통칙이기보다는 예외였다. 고대 파라오에서부터 유럽 왕족에 이르기까지 주로 남성을 지도자로 하는 이원 구조가 거의 항상 우세했다. 이 모델은 리더십의 정의뿐만 아니라 리더십의 연구 방식을 탐구하는 데 편리하고 때로는 우울한 틀을 제공한다(리더십을 매우 특정한 방식으로 정의할 경우 더욱 그렇다).

일반적 정의에 따르면 리더십은 다른 사람들을 설득하여 자신이 원하는 것을 달성하게 하는 능력이다. 과학적 정의도 조금 장황하지만 같은 결론에 도달한다.

> …집단행동과 집단 결정에 불균형적인 영향을 미치는 것 …
> 한 개인(리더)이 행동을 개시하고 한 명 이상의 개인(추종자)이 리
> 더가 시작한 행동과 일치하거나 그에 부합하는 행동에 참여하는
> 현상.

두 정의를 하나로 묶는 공통점은 사회적 상호작용이다. 우리가 지적
했듯이 뇌과학자들은 항상 사회적 상호작용을 측정한다. 적어도 이
론적으로는 뇌과학이 리더의 행동이 어떠해야 하는가에 대해 해줄
말이 있다는 뜻이다. 정말 그럴까? 명망-지배 이론의 지지자들은 확
실히 그렇게 생각한다.

명망-지배 이론

명망-지배 이론은 리더십을 행동의 연속체로 특징 짓는다. 지배적
스타일은 난폭한 힘을 통해 권위를 행사하는 리더의 특징이다. 그들
은 지배와 의지력으로 사람들을 이끌고, 자신의 의견을 추종자들에
게 밀어붙인다. 추종자들이 그것을 어떻게 생각할지는 신경 쓰지 않
는다. 정반대인 명망 스타일은 덜 강경한 형태로 권위를 행사하는
리더다. 그들은 지혜, 현명한 의사소통, 추종자들에 대한 분명한 배
려로 이끈다. 그 차이는 힘으로 다스리기와 머리로 다스리기로 요약

된다. 이 아이디어는 〈리더십과 위계의 이원론: 진화론적 종합〉이라는 논문에 발표되었기에 흔히 이원론으로 불린다.

명망-지배 이론이 비즈니스 환경에서 효과가 있으리라고 예측하는 힘과 머리의 마법 조합이 있는가? 아마 있을 것이다. 실증적으로 명확하게 이해하려면 연속체의 양극단을 더 깊이 파고들어야 한다. 두 스타일 모두를 잘 보여주는 크리스마스 영화가 한 편 있다.

〈크리스마스 스토리〉는 우리 집에서 연말이면 쿠키 굽기와 함께 빠뜨리지 않고 보는 영화였고, 쿠키만큼 달콤한 영화였다. 이 영화, 특히 두 장면은 명망-지배 이론에 대해 많은 것을 알려준다.

하나는 스캇 파커스라는 짓궂은 이름의 불량 학생과 관련된 장면이다. 스캇은 다른 아이들보다 키가 크고 힘도 셌다. 너구리 털가죽 모자를 쓰고 누런 이를 드러내며 기관총 소리 같은 섬뜩한 웃음소리를 내는 그는 자주 매복 전술로 아이들을 괴롭혔다. 하교 후 골목에 숨어서 유순한 아이들이 걸려들기를 기다리다가 아첨꾼들과 함께 아무 이유 없이 목표물을 괴롭혔다. 그는 대개 피해 학생의 팔을 뒤로 꺾고는 항복을 외칠 때까지 끌어올리며 괴롭혔다. 파커스의 리더십은 신체적 힘을 기반으로 했고, 물리적 위협에서 파생된 보상과 처벌은 지지자와 적 모두에게 배분되었다.

짐작했겠지만, 파커스는 리더십 풀의 지배적 스타일 쪽에서 헤엄치기를 좋아했다.

지배적 리더십 스타일

리더십 풀에서 지배적 스타일에 속한 사람은 비대칭적 힘의 분포에서 권력을 얻는다. 그 힘은 약한 소년들을 제압하는 파커스처럼 신체적 힘일 수 있다. 비대칭적 힘은 연합을 형성하여 아첨꾼들이 리더의 명령에 복종하게 만들어 얻기도 한다. 이 스타일의 대부분은 불타오르기 쉬운 분노, 두려움, 괴로움의 혼합을 이용해 지배력을 유지하는 강압적 리더십이다. 흔히 지배적 리더십 스타일은 리더에게 가장 충성심 강한 부하에게 주어지는 보상을 통해 통제력을 보장하는 충성도 프로그램을 가동하기도 한다. 인정과 존중의 공개적 표현에서부터 더 높은 급여와 승진 같은 더 물리적인 표시에 이르는 보상은 강력할 수 있다.

그러나 지배적 리더가 낳은 세상은 냉정하고 이분법적이다. 지배적 리더십이 행사되는 집단에서는 리더의 재량에 따라 가진 자와 못 가진 자 사이에 뚜렷한 선이 그어진다. 지배적 리더십으로 운영되는 집단에서 대부분의 사람들은 친구가 아닌 동맹이며, 또한 대부분의 사람들은 반대자가 아니라 적이다.

지배적인 리더는 아랫사람들의 삶을 비참하게 만들 수 있으며, 흔히들 자신을 조절하지 않고 그렇게 한다. 하지만 지배적 리더십 스타일이 존재하는 이유가 있다. 이런 리더들은 신속히 자원을 결집시킬 수 있는데, 이는 반사적이고 단호한 대응이 필요한 의사결정에서 특히 가치 있는 장점이다. 또한 적을 물리치거나, 무임승차자를 처리하거나, 중앙 권력을 직접적으로 위협하는 집단 내 갈등을 처리하는 등의 비상 상황에서 유용하다.

이오시프 스탈린(Joseph Stalin)은 극단적인 지배적 리더십 스타일의 지배 전술을 사용한 리더였다. 권력을 지키려는 그의 욕구는 소비에트 연방의 산업력을 동원하여 나치 독일군의 약탈을 저지했지만, 전쟁 전후 수백만 명의 무고한 사람들의 죽음도 초래했다.

지배적 리더십 스타일의 가혹한 행동은 장기적으로 생산성을 유지하는 데 좋지 않다. 지배적 스타일의 리더가 혁신적 리더십을 유지할 과업을 맡는다면 더욱 그렇다(창의성에 관한 장 전체를 여기에 넣을 수 있다). 대안을 찾으려면 이원론 풀의 반대편에 있는 '명망'(prestige) 쪽으로 헤엄쳐가야 한다. 명망 리더십 스타일을 보여주는 〈크리스마스 스토리〉의 두 번째 장면으로 넘어가자.

명망 리더십 스타일

저녁 식사 시간, 영화에는 고작 대여섯 살인 주인공의 동생, 랜디가 나온다. 그는 제 접시에 놓인 미트로프와 으깬 감자, 그레이비를 먹지 않겠다고 고집 부린다.

"그래?" 아버지는 내면의 지배성을 내보이며 호통친다. "내가 먹게 해주지! 드라이버와 뚫어뻥 어디 있어? 입을 벌리고 쑤셔 넣어줄 테다!"

그때 재빨리 끼어든 엄마가 랜디에게 부드럽게 묻는다. "아기 돼지는 어떻게 하지?" 돌연 표정이 밝아진 랜디는 코를 쿵쿵거리더니 웃는다. "그렇지!" 엄마는 타개책을 감지하며 제안한다. "꿀꿀! 이제 아기 돼지는 어떻게 먹는지 보여주자." 엄마는 랜디의 접시에 남은 음식을 가리킨다. "이게 여물통이네. 착하게 돼지가 먹는 모습을 엄마에게 보여주렴!"

랜디는 즉시 돼지처럼 꿀꿀거리며 손이 아니라 얼굴을 처박고 음식에 달려든다. 랜디의 얼굴이 감자와 그레이비 범벅이 되는 동안 엄마는 폭소를 터뜨린다. "우리 아기 돼지!" 랜디가 저녁 식사를 마치자 엄마가 웃는다. 임무 완수다.

이 유쾌한 장면은 지배적 리더십과 명망 리더십이 직접 대비되는 매우 좋은 사례다. 지배적 리더십을 사용하는 사람들은 목표 달성을 위해 비대칭적 힘의 분배에 의존하는 반면, 명망 리더십을 쓰는 사람들은 비대칭적 통찰의 분배에 의존한다. 엄마는 어린 아들이 음식을 먹게 하려면 어떻게 해야 하는지 지식이 있었고 이를 실행에 옮겼다. 어떤 사람들은 이를 지혜라고 부른다.

명망 스타일 리더는 자신이 이끄는 사람들의 관계 생태를 이해하는 데 필요한 기능과 지식을 보유하고 있다. 추종자들의 동기부여를 위해 명망 스타일 리더는 무엇이 그들이 움직이게 하는지 밝혀낸 후에 이 통찰을 이용해 목표를 달성한다. 이런 세심함은 지배적이기만 한 리더에게는 찾아보기 어렵다. 명망 스타일 리더는 두려움, 분노, 폭력은 최후의 수단으로 쓰는 게 최선임을 직감적으로 아는 듯하다. 친사회적 마음 이론을 갖고 있다고 생각한다면 옳은 추측이다.

명망 리더십 유형은 높은 RME(눈만 보고 마음 읽기 검사) 점수 외에 다른 행동 특성들도 지니고 있다. 그들은 자신이 돌보는 추종자들과 기꺼이 자원을 공유한다. 자신뿐만 아니라 추종자들의 성취에도 관심을 보인다. 주로 부정적인 지배적 리더십 유형의 인센티브와는 반대로 명망 리더십 유형의 인센티브는 긍정적이다. 지배적인 리더는 명령하지만 명망 있는 리더는 영향력을 선호한다.

지혜로운 리더의 전략

지혜와 관용의 안정적 결합을 실천하는 리더들은 매우 긍정적 평판을 얻는다. 그들의 명망이 쌓이면서 나방이 빛을 보고 모여들듯 사람들이 모인다. 명망 리더십을 실천하는 사람은 추종자를 따로 모을 필요가 없다. 사람들이 알아서 자발적으로 따르기 때문이다.

아랫사람들이 가장 끌리는 점은 관계의 안전에 대한 약속이다. 자신이 이해받고 자신의 노력이 보상받으리란 것을 아는 건 강력한 힘을 발휘한다. 명망 있는 리더들은 대인관계에서 강력한 끌림을 생성하여 추종자와의 관계가 자주 개인적 관계가 된다. 사람들은 명망 있는 리더를 좋아하고, 그 주위를 맴돌기를 원하며, 그를 모방하고 싶어 할 것이다. 많은 경우 이런 리더들은 카리스마 있다는 평을 받는다.

때로 사람들은 지배적 스타일의 리더에게도 끌린다. 삶이 복잡하거나, 모호하거나, 위협적일 때 분명하고 단호한 결정을 내리는 리더의 능력은 추종자들에게 신선하게 다가온다. 리더의 개인적 힘이 실질적 결과를 거두어들이면 아랫사람들은 그 힘에 감사를 느낀다. 통찰력과 공감력 있는 사람들 주위에 있으면 기분은 좋지만, 전투가 한창일 때는 가장 필요 없는 특성이다.

리더십에는 주먹에 의지하는 리더십과 명성에 의지하는 리더십, 두 가지가 있다. 과학은 무엇이 최고의 리더십이라고 말할까?

과학은 질문이 잘못되었다고 말한다. 가장 훌륭한 리더는 두 가지 다 실행 도구로 가지고 있다. 그들은 언제 하나를 꺼내고 언제 하나를 집어넣어야 하는지 안다.

그러나 연구는 한 스타일이 다른 스타일보다 훨씬 더 필요하다고도 말한다. 리더의 내면에 있는 패튼을 요구하는 비즈니스 관련 갈등은 그리 자주 일어나지 않는다. 지배적 스타일의 필요성이 상대적으로 드물다는 뜻이다. 더 일반적이고 더 중요한 것은 경영진과 관리자가 직면하는 일상적이고 평범한 결정들이다. 이러한 결정에는 매일 수십 가지의 점증적 지혜가 필요하며 그 누적 효과가 기업을 발전시킨다. 그런 명망을 갖춘 지혜는 엄격한 처리가 아닌 능숙한 처리를 요구한다. "아기 돼지는 어떻게 먹는지 엄마에게 보여주렴" 이라는 말은 "항복!"이라고 외치게 하는 것보다 훨씬 좋은 첫 번째 전략이다.

무엇이 상사를 위대한 리더로 만드는가

물론 이원론이 유일한 경영 아이디어는 아니다. 어떤 연구자들은 개인의 능력에서 나오는 권위인 '개인에 의한 권력'(personalized power)이라는 아이디어로 리더십을 정리한다. 이는 단순히 권위 있는 위치에 있음으로써 나오는 영향력인 '직위에 의한 권력'(positional power)과 대비된다. 그러나 대부분의 다른 모델들은 통상적으로 리더십 이원론의 명망-지배 행동 요소를 참조하고 통합하며 비교, 평가한다. 과학자로서 나의 직감은 그런 일관성에 자극을 받는다.

직원 6만 명에게 "무엇이 상사를 위대한 리더로 만드는가?"라고 질문했던 제임스 진저(James Zenger)는 특히 성과 중시와 사회적 기술이라는 두 가지 특성을 면밀하게 조사했다. 성과에 집중하는 상사들은 목표를 달성하고, 납품기일에 맞춰 약속했던 품질의 상품과 서비스를 만들어냈다. 훌륭한 사회적 기술을 행사하는 상사들은 명확성과 공감력을 보이며 직원들과 소통할 수 있었다.

상사가 성공하려면 이러한 특성들이 함께 작용해야 했다. 만약 경영진이나 관리자가 사회적 기술 없이 성과 중심의 성향을 갖고 있다면 설문 응답자의 14퍼센트만 그 성향이 그를 영웅으로 만들었다고 생각했다. 만약 상사가 친절한 성자 같은 사회적 기술을 갖고 있어도 팀의 집중도와 생산성을 유지할 수 없다면 응답자의 12퍼센트만 그것으로 성자의 반열에 오르기에 충분하다고 느꼈다. 하지만 한 사람이 두 가지 특성을 모두 갖추고 있으면 상황은 완전히 바뀌었다.

관리자가 성과 지향적인 동시에 테레사 수녀의 성향을 지녔다면 응답자의 무려 72퍼센트가 자신이 위대한 지도자의 수중에 있다고 느꼈다.

(1) 목표를 달성하고자 하는 추진력과 (2) 직원들이 그 목표를 믿게 하는 마음의 조합은 명망-지배 리더십 이론 틀과 의심스러울 만큼 유사하다.

경영서 저자인 그렉 맥커운(Greg McKeown)은 정반대 방향을 살펴보던 중 똑같은 생각을 하게 되었다. 그는 직원들이 어떤 행동을 나쁜 관리자와 연관 짓는지 알고 싶었다.

맥커운은 미국 일류 기업의 직원 1,000명과 인터뷰한 후 두 가지 사실을 발견했다. 절반가량의 사람들은 너무 통제하려 들고, 너무 독재적이며, 직원들의 일상 업무까지 세세히 관리하려는 상사가 최악이라고 말했다. 이들에게는 '과다 관리자'(over-manager)라는 이름이 붙었다.

나머지 절반의 사람들은 반대로 충분히 관여하지 않고, 책임감이 떨어지고, 사실상 아무런 피드백도 주지 않는 상사가 최악이라고 이야기했다. 대부분은 '호인'이지만 그들의 상냥함은 효과적으로 관리하려는 욕구보다 갈등을 피하려는 욕구를 더 드러냈다. 이들은 '과소 관리자'(under-manager)로 이름 붙여졌다.

가장 훌륭한 상사는 중도를 택한 사람, 즉 두 종류의 행동을 모두 수단으로 갖고 있고 언제 그것들을 사용해야 하는지 아는 사람이다. 어디를 가든 이 두 가지 아이디어를 쉽게 접할 수 있다.

아기들도 리더십 유형을 구분한다

다른 사람들의 경영 이론에 꾸준히 등장한다는 사실을 보면, 리더십 이원론은 인간이 타고난 무언가를 가리키는 걸까? 자체적으로 명망-지배의 연속체로 조직화하는 습관은 우리의 생리에 각인되어 있는 걸까?

확실한 정답은 아무도 모르지만, 특정 사회적 경향은 전적으로 특정한 사회적 영향력 때문만은 아니라는 흥미로운 단서들은 있다. 일례로 인생 초기, 즉 아기 때부터 사회적 권력에 대한 일관된 반응을 발견할 수 있다. 유아는 인간의 상호작용 방법에 관한 행동 양식을 지니고 태어난 듯하다. 21개월 정도 된 아이에게서도 그걸 감지할 수 있다. 이 행동 양식은 명망과 지배에 대한 기대로 이루어진 것 같다. 한 연구자는 이렇게 말한다.

> …어린아이들은 이미 각 리더 유형에 대한 인지 모형을 가지고 있다 … (유아일 때도) 추종자들과 외부 관찰자들은 명망 리더십 유형 대 지배 리더십 유형을 쉽게 구분하고 상황에 맞춰 각 유형에 대한 선호도를 적용한다.

그걸 어떻게 알 수 있을까? 연구자들이 유아의 인지를 측정하는 기법을 알아두면 유용할 것이다. 성인처럼 유아도 입력 정보에서 어떤 차이를 감지하면 더 오래 응시한다는 사실은 오래전부터 입증되었다. 아기 방에 창문이 두 개 있고 각 창문 너머에 나무가 있다고 가정하자. 한 창문 뒤의 나무만 치운다면 아기는 나무가 없어진 창문만 더 오래, 더 빤히 응시할 것이다. 응시는 아기가 무엇에 주의를 기울이고 있는지 시험하는 믿을 만한 방법이다.

한 유명한 사회 권력 실험에서 21개월 된 유아들은 성인 리더들이 특정 방식으로 추종자들과 상호작용하는 연극을 보았다. 한 리더는 〈크리스마스 스토리〉의 엄마처럼 아랫사람들과 일하는 동안 명망 리더십 유형의 행동을 보였다. 다른 리더는 스캇 파커스처럼 지배적이고 독재적인 행동을 보였다. 놀랍게도 아기들은 그 차이를 구별할 수 있었다. 그들은 아랫사람들이 인지된 리더십 스타일에 따라 특정 방식으로 반응하리라 기대했다.

다음으로 연구자들은 아기들에게 특정 상호작용, 즉 리더가 아랫사람에게 명령을 내리고는 방에서 나가는 장면을 보여주었다. 연구자들은 정교한 응시 분석을 통해 아기들이 아랫사람들의 어떤 행동을 기대하는지 확인했다. 아기들은 리더가 명망 행동을 보였다면 리더가 없어도 아랫사람들이 명령을 이행하리라 기대했다. 그러나 리더가 지배 행동을 보였다면 리더가 그 자리에 있을 때만 아랫사람들이 명령을 이행할 것이라 예상했다. 리더가 없으면 명령 불복종을 실제로 기대했다. 아기들의 뇌에는 '호랑이 없는 골에 토끼가 왕 노릇한다'는 인식이 있는 듯했다.

연구자들은 아기들이 내장된 사회적 모형을 참조하고 있고, 거기에는 특정 유형의 리더십 행동에 사람들이 어떤 반응을 보일 가능성이 큰지에 대한 예측이 포함되어 있다고 결론 지었다.

이것은 아기들이 사람들의 상호작용 방식에 관한 인지 모델을 가지고 있음을 보여주는 수많은 데이터 중 하나일 뿐이다. 아기들은 리더십 이원론의 규칙을 따르는 경향이 있다. 그렇다, 경영 이론의 유아편이다.

성인의 경우

그러한 상호작용 모형들은 정확히 어떻게 나타나는 걸까? 앞서 언급했듯이 정확히 아는 사람은 없다(이 책의 서론에서 논의했던 천성 대 양육 논쟁을 집어넣어도 괜찮다). 우리는 그것들을 지니고 태어났을 수도, 지니지 않고 태어났을 수도 있다. 아기에게 어금니가 날 때쯤부터 그 모형이 감지된다는 사실을 알 뿐이다.

연구자들은 유아기를 벗어나 학령기에 접어든 아동을 대상으로도 이 모형을 연구했으며, 역시 이원론과 그 사회적 영향에 대한 증거를 발견했다. 반에서 가장 유명한 학생은 대부분 리더였다. 하지만 반에서 가장 인기 있는 학생은 두 가지 리더십 스타일을 다 보여주고 둘의 완전한 전환이 가능한 아이들이었다.

슬프게도 이 연구는 가혹한 권위주의적 환경에서 자란 아이들은 두 스타일 사이를 자유로이 오가지 못한다는 사실도 보여준다. 그들은 사회적 공격성을 띠며 이른바 '외현적 문제행동'(왕따시키기의 완곡한 표현)을 보인다. 그들은 권위주의적 리더를 선호하는 어른으로 자라며, 리더가 된다면 지배적 리더십 스타일을 선호한다.

경영진이 궁극적으로 선택하는 리더십 스타일은 주변 관계에 명백한 영향을 미친다. 그들의 행동은 가정과 직장 둘 다에 영향을 미치지만, 그 결과는 무엇일까? 리더십 스타일은 비즈니스 환경에 정확히 어떻게 영향을 미칠까? 괴롭힘에서 멀어지고 생산성에 가까워지도록 균형 잡힌 행동을 유지하기 위해 우리는 다음 월요일부터 무엇을 할 수 있을까?

우리는 의과대학과 경영대학 두 곳 모두에서 사용되는 교수법인 사례사를 이용해 이 질문들에 답할 것이다. 우리의 사례는 텍사스주 휴스턴의 엔론(Enron Corporation) 사의 짧고도 유명한 역사다. 엔론의 놀라운 상승세와 참담한 몰락은 최고경영자였던 두 사람, 리처드 킨더(Richard Kinder)와 제프리 스킬링(Jeffrey Skilling)의 대조적인 리더십 스타일에 기인한다. 추한 이야기지만 무척 교훈적이다. 명망과 지배 스타일의 강점과 약점뿐만 아니라 그로 인한 결과까지 분명하게 보여주니 말이다.

엔론은 1985년 인터노스(InterNorth)와 휴스턴천연가스(Houston Natural Gas Corporation)의 합병으로 탄생한 에너지 회사였다. 신생 회사의 보모 노릇을 해줄 사장 겸 최고운영책임자로 리처드 킨더를 데려다 놓고 합병의 아버지인 켄 레이(Ken Lay)는 워싱턴 D.C.에 한담을 나누러 갔다.

엔론의 성장

킨더는 이름에 걸맞게 직원 복지를 우선시하고 세세한 개인 사정까지 자기 일로 여기는 놀라운 재능을 보였다. 모든 보고에 따르면 그는 사람들과의 관계를 통제하지 않고 배려했고 '가족 같은 분위기'를 장려했다. 그의 행동은 명망 리더십 스타일의 중요한 요소를 반영했다.

하지만 킨더의 관리 도구들에는 그것만 있는 게 아니었다. 직장 동료와 가족 구성원은 다르다는 사실을 아는(동료를 해고할 수는 있지만 동생을 해고할 수는 없으니) 그의 경영 스타일에는 엄격한 면도 있었다. 그는 전 직원에게 목표 달성, 기한 준수, 양질의 서비스 제공을 목표로 하는 근로 윤리를 강조했다. 비상한 기억력을 활용하여 성장 중인 회사의 부서별 실적을 지속적으로 감시했다. 투명성을 강조하며 잘못이나 오류를 발견하면 임원들에게 이의를 제기했고 관리직원들도 부하 직원들에게 그렇게 하도록 요청했다. 이런 습관으로 인해 '훈육 박사'라는 별명도 얻었다.

그러나 이런 성과 중심의 행동 속에서도 그의 관계 기술은 빛났고, 명망 리더십의 전형적 결과들이 꽃을 피웠다. 비밀주의에 관용을 보이지 않는 킨더의 태도는 미덕이 되었고, 자발적 신뢰와 정직한 책임감이라는 아주 희귀한 특성 조합을 회사에 불어넣었다.

엔론의 수익도 킨더의 리더십 스타일이 효과적임을 증명했다. 그의 재임 기간은 엔론이 가장 수익성 좋았던 시절로, 53억에서 134억으로 급증한 매출에 힘입어 수익이 2억 달러에서 5억 8,400만 달러로 급증했다.

그래서 킨더가 교체되었을 때 더욱 당혹스러웠다. 1996년 이사회는 킨더에게 사임을 강요했다. 많은 기사와 책, 다큐멘터리가 갑작스러움 때문이 아니라 비극적 결과 때문에 이때의 교체 과정을 기록했다. 엔론이 대신 고용한 후임자는 번창하던 거대 기업을 빙산을 향해 몰고 갔다. 배는 2001년 침몰했다.

그 형편없는 선장은 전형적인 지배적 리더십 유형인 제프리 스킬링이었다. 한 소식통에 의하면 그가 실질적인 영향을 받은 것은 다윈의 진화론이었다. 그는 기업이 적자생존 방식으로 치열한 경쟁 속에서 운영되어야 한다고 믿었다.

이런 관점에 따라 스킬링은 동료심사기구(peer review committee)라는 직원 심사 시스템을 즉시 도입했다. 모든 직원을 최고 1부터 최저 5까지 등급을 매기고 역량과 상관없이. 평가 결과라는 주요리와 함께 공개 망신이라는 반찬도 곁들였다. 모든 업적 고과가 해당 직원의 사진과 함께 회사 웹사이트에 게재되었다. 직업상 사형 선고까지 따라왔다. 5점을 받은 직원은 곧바로 해고될 수도 있고 2주 안에 회사 내의 다른 직책을 찾으라고 통보받기도 했다. 자기 업무에 정말 뛰어나더라도 2주 동안 옮겨갈 자리를 찾지 못하면 짐을 싸야 했다. 스킬링의 지휘하에서 능력주의는 유약한 자들이나 하는 소리였다.

엔론의 몰락

고용 안정에 대한 직원들의 불안으로 엔론에 구멍이 뚫리기 시작했다. 직원들은 함께 일하는 사람들을 동료가 아닌 경쟁자로 바라보았고 중상모략은 일상이 되었다. 관리자들은 평가 시스템을 무기로 삼아 정직한 생산성 평가가 아니라 개인적 충성에 대한 보상으로 긍정적 업적 평가를 내걸었다.

공격성은 고객에 대한 엔론의 태도까지 오염시켰다. 캘리포니아 산불로 지역 전력망이 차단되었을 때 에너지 가격을 인상할 기회가 생겼다며 한 임원이 자축하는 모습이 비밀리에 녹화되기도 했다. 그는 "타라, 훨훨 타. 좋구나!" 하며 떠들었다.

고위험을 선호하는 스킬링의 성향과 더불어 주로 부채의 형태로 엔론 사의 선체에 물이 차기 시작했다. 경영진은 처음에는 침수를 감추고 감독관들을 속이려 했지만 결국 부정행위가 발각되었다. 2001년 엔론은 파산을 선언했고 스킬링을 포함한 여러 임원은 징역형을 받았다. 완전한 몰락이었다. 최고가일 때 90.75달러를 유지했던 엔론의 주식은 파산 당시에는 26센트였다.

리더십 스타일에는 결과가 따른다. 엔론은 전 직원을 해고하지 않았다. 단지 수장만 교체했을 뿐인데 세상에 엄청난 파장을 미쳤다.

다음 월요일에 할 일

당신의 엔론처럼 극단적인 리더십 문제로 어려움을 겪지는 않더라도 현재 당신과 관련 있는 리더가 불편할 정도로 유사한 소모적 경향을 보일지도 모른다. 또는 자신이 인정하고 싶은 것보다 더 지배적인 스타일의 리더십 행동들을 수용하는 임원이거나 관리자가 당신일 수도 있다. 이 장의 마지막 몇 절에서 스킬링 같은 리더들이 흔히 저지르는 실수들을 피할 방법을 살펴보자. 그래서 다음 월요일에 할 일 계획하기를 조금 일찍 이야기하려 한다. 여기에는 상당량의 글쓰기가 포함될 것이다.

스킬링과 엔론의 이사회, 임원들이 다윈주의에 따른 행동에서 저지른 기본 실수부터 알아보자. 스킬링은 다윈 이론의 일부, 즉 사회적으로 이기적인 행동만 받아들였다. 타인의 성공을 기뻐하는 사회적으로 이타적인 행동은 완전히 배제하고 말이다. 과학자들은 진화의 주요 동인이 경쟁인지 협력인지 아니면 이 둘의 불안정한 혼합인지 여전히 논쟁 중이다. 캘리포니아 주민들이 증언할 수 있듯이, 다윈주의라는 뿌리에서 이기적 부분만 수용한 경영진은 다른 사람들에게 심한 손상을 입힐 수 있다.

자기중심성에 기반한 엔론의 처참한 가치 체계는 기이하게도 다음 월요일에 할 일을 알려준다. 지속적으로 자기중심성을 줄일 방법을 찾아내라. 뇌과학은 그 방법에 대해 많은 것을 알려준다. 두 가지 연구를 살펴볼 것이다. 첫 번째 연구는 사람들이 임상적 우울증에 빠지지 않게 하는 요인이 무엇인지, 두 번째 연구는 무엇이 사람들을 진정으로 행복하게 만드는지에 관한 것이다. 두 연구 모두 전혀 예상치 못했던 방향으로 이어진다. 바로 인간의 감사에 관한 공식적인 연구다.

감사하는 태도

연구자들은 감사를 두 가지 깨달음(하나는 쉽고 하나는 어려운)의 결합이 낳은 긍정적인 감정으로 규정한다. 쉬운 깨달음은 좋은 일이 일어났다는 인식이다. 어려운 깨달음은 그 좋은 일이 자신이 아닌 외부에서 왔음을 아는 것이다. 두 번째 깨달음을 얻을 수 있다면 만족으로 구성된 감정이 쏟아지는데, 과학자들은 종종 이를 따뜻한 감정으로 묘사한다. 당신의 축구팀이 방금 경기에서 이겼지만, 승리 골을 넣은 사람은 당신이 아닌 동료였음을 깨닫는다. 그런데도 결과에 만족하고 동료의 노력에 감사한다면 따뜻한 감정이 뒤따라온다.

내가 아닌 남 덕분에 좋은 일이 생겼다는 두 번째 깨달음에 동그라미를 치라. 자기중심성을 줄이는 법을 배우는 힘찬 시작이다. 그에 따른 긍정적 감정에 또 동그라미 치라. 그것은 당신이 세상의 중심이 아님을 확신시키기 위해 뇌가 주는 보상이다. 자기 기준에서 생각하기를 멈추고 감사한 마음을 갖도록 누군가를 설득할 수 있다면 관계 측면에서 긍정적인 보상이 따르며, 매우 생산적인 리더가 될 가능성도 거기에 포함된다.

이런 흥미로운 연관성은 정신질환 연구에서 제일 먼저 발견되었다. 감사하기는 우울증 치료 중인 환자들의 힘을 배가시키는 것으로 나타났다. 감사는 뇌의 매듭을 푸는 데 도움이 되었고, 우울 에피소드의 지속 시간과 발생 빈도를 줄였다.

감사는 심리 치료를 받지 않는 사람들에게도 큰 도움이 되었고, 리더십 능력에도 직접적인 영향을 미치는 것으로 밝혀졌다. 일례로 감사는 질투, 분노, 공격성을 억누르면서 공감력을 높여준다. 인지된 적에게 대응할 때 보복 욕구를 억누르는 놀라운 능력도 제공한다.

감사하는 마음을 기르는 사람은 친구를 사귀고 유지하는 고차적 능력도 얻는다. '친구를 사귀고 싶으면 먼저 친구가 되어주라'는 옛말이 떠오른다. 감사하는 사람들은 다른 사람에게 더 집중하는 사심 없는 모습을 보이며, 일상적인 사회적 상호작용에서 더 사려 깊다. 감사하는 사람들과의 지속적인 접촉은 다른 사람들에게 사회적 관계를 유지하려는 욕구를 불러일으켜 양질의 장기적인 사회적 유대를 강화한다.

감사는 스트레스를 처리하는 방식에도 영향을 미친다. 지속적인 감사의 마음은 삶의 긴장을 완화할 뿐만 아니라 나쁜 일이 발생했을 때 스트레스를 더 잘 견디게 해준다. 이런 연구 결과는 외상후 스트레스 증후군을 겪는 군인들에게서도 관찰될 정도로 매우 견고하다. 습관 수준으로 감사하는 마음을 계발한 사람은 그렇지 않은 사람보다 전장에서 생긴 트라우마로부터 더 빨리 회복된다.

감사가 불러오는 부메랑 효과

나는 스타벅스 드라이브스루에서 감사의 힘과 정면으로 마주쳤다. 계산하려는데 앞사람이 내 음료 값까지 미리 계산한 선행 릴레이(pay-it-forward)를 경험한 것이다. 그럴 때면 나도 매번 따스하고 감사한 마음에 휩싸여 다음 사람 음료값을 대신 내는 것으로 그 친절에 보답하게 된다.

이런 감정에는 견고한 신경과학적 내막이 있다. 우리가 감사를 경험하면 뇌에서 적어도 세 개의 뉴런 네트워크가 관여한다.

첫 번째 네트워크는 신경전달물질인 세로토닌을 내보낸다. 이에 관여하는 뇌 영역은 전대상피질(anterior cingulate cortex)이다. 세로토닌은 스위스 군용칼 같은 생화학 물질이지만 가장 큰 책임은 만족감과 기분 안정을 촉진하는 것이다(우울증을 앓는 사람들은 세로토닌 불균형 문제가 있는 경우가 많다). 감사를 느낄 때 전대상피질에서 세로토닌이 분비된다. 흥미롭게도 전대상피질은 의사결정에도 관여하며 해당 행동의 결과를 평가하고 나아가 예측하는 데 도움을 준다.

두 번째 영역은 우리에게 친숙한 또 다른 신경전달물질 도파민에 관여한다. 도파민은 즐거움과 보상의 감정에 직접 관여하는 뇌의 전형적인 기분 좋은 화학물질이다. 감사함이 밀려올 때 뇌줄기 근처 영역에서 소량이지만 매우 강력한 이 기분 좋은 화학물질을 뿜어낸다. 감사를 느낄 때 기쁨도 느끼는 이유 중 하나다.

이처럼 감사는 뇌의 무기고에 있는 가장 강력한 기분 좋은 신경전달콤질 두 가지와 결합한다. 그래서 우리는 더 만족하게 되고 더 큰 만족감에 대한 보상을 받는다. 자신의 행복을 얻기 위해 자신에게 집중하는 대신 다른 사람의 행복에 집중하는데 결국 자신이 행복하게 되는 즐거운 부메랑 효과가 발생한다. 감사가 인간의 경험에 깊은 영향을 미칠 수밖에 없다.

감사에 관여하는 마지막 영역은 귀 바로 위의 두정간구(intraparietal sulcus)와 귀 바로 앞의 하전두회(inferior frontal gyrus)다. 이들의 기능은 계산하기다. 많고 적음 등을 계산하여 일상 세계를 정량화하는 데 관여하는 뇌 영역이다. 감사함을 느낄 때 이 두 영역이 동원되는 이유는 아무도 모른다. 자신이 남에게 무엇을 빚지고 있는지, 어쩌면 은밀히 사람들이 자신에게 무엇을 빚지고 있는지 속으로 계산하면서 대차대조표로 사용하는 것일 수 있다. 부분적으로는 감사를 측정하는 방식 때문일 수도 있다. 많은 감사 실험에서 피험자들은 뇌 영상이 촬영되는 동안 누군가로부터 예상치 못한 보상, 종종 금전적 보상을 받기 때문이다.

이들 뇌 영역의 역할이 무엇이든, 연구는 감사가 자신을 넘어서게 만드는 놀라운 효과가 있음을 보여준다. 긍정적인 관계의 형성에서부터 스트레스 저항력에 이르기까지 감사의 이점은 거의 명망 리더십 육성에 관한 지침서와 같다.

감사 글쓰기

그럼 어떻게 해야 한결같이 감사한 마음이 생길 수 있을까? 이는 한 번 감사함을 느끼는 것과는 다른 문제이며, 문헌들은 다소 불편한 사실을 보여준다. 제한적인 감사의 실천으로도 대단히 안정적인 이점이 측정되지만, 오래 지속되는 효과를 얻으려면 뇌에서 감사의 습관과 장기 계약을 맺어야 한다. 핵심은 지속적이고 반사적인 '감사의 태도'를 기르는 것이다.

이를 위한 실제 연습이 현실 환경에서 시험되었다. 감사의 연습은 정말 효과 있지만, 오랫동안 연습한 후에야 그 효과가 나타난다. 대단히 많은 수는 글쓰기를 포함하고 있다.

첫 번째 글쓰기를 통한 감사 연습은 감사 일지 쓰기다. 일기 쓰듯 매일 일지를 펼친다. 일지에 쓸 내용은 진정으로 감사함을 느낀 날 경험했던 사람, 사건, 상황이 될 수 있다. 한 가지만 적을 수도 있고 원하는 만큼 여러 가지를 적을 수도 있다(연구자 마틴 셀리그먼은 세 가지를 제안한다). 그 사람이나 사건, 상황이 왜 당신에게 의미가 있는지도 설명한다면 일지 쓰기 효과는 더욱 커진다. 예를 들어 경쟁자가 진심으로 우호적인 악수를 청했다면 '우리가 적이라고 생각했기 때문에 그 악수는 큰 의미가 있었다'라고 쓸 수 있다.

두 번째 감사 연습은 반사적으로 감사 편지를 쓰는 습관을 들이는 것이다. 편지로 쓸 수도 있고 휴대전화로 문자를 보낼 수도 있다. 머릿속으로도 할 수도 있다. 누군가가 호의를 베풀었을 때 그에 대한 감사 편지를 못 쓰더라도 마음속으로 감사하는 것이다.

세 번째 감사 습관은 감사 편지의 확장판이다. 감사 편지를 쓰고 방문하여 전달하는 습관을 들이는 것이다. 당신에게 의미 있는 사람을 생각하면서 당신의 삶에 그들이 미친 영향을 설명하는 편지를 쓴다(300단어면 적당하다). 그런 다음 가능하면 그들을 방문하여 편지를 소리 내어 읽어준다. 제대로 실행한다면 손수건도 챙겨 가야 할 것이다.

세 가지 모두 손에 쥐고, 눈으로 읽고, 소리 내어 읽는 등 물리적인 무언가를 하라는 조언임에 주목하라. 이런 접근법을 권하는 이유가 있다. 사람들은 우주의 중심에서 자신을 몰아내려 할 때마다 전반적인 저항감을 느낀다. 성공하려면 많은 새로운 학습이 필요하다. 그 학습을 강화할 가장 강력한 방법의 하나는 인지적 동의를 운동 기술과 결합하는 것이다. 목표는 즉시 시작하여 지금부터 3개월 후에도 계속하는 것이다.

감사 글쓰기의 중요한 결과 중 하나는 종이에 유형의 흔적을 남긴다는 것이다. 더 나은 사람이 되려고 노력하는 데에 저항감이나 낙담, 피로를 느낄 때마다 자신의 노력을 되돌아보고 진행 상황을 도표화할 수 있다. 감사 글쓰기는 감사의 경험을 굳히는 데 도움이 되는 에폭시 수지 같은 기능을 한다.

진정한 리더가 되고 싶다면

우리의 자기중심적 성향을 강제 종료시킬 수 있는 감사에 관한 연구는 수십 년 동안 계속되어 왔다. 이러한 연구 노력에는 비즈니스 전문가들의 직접적인 관심사일 주제들도 포함되어 있다.

부하 직원들에게 정기적으로 감사를 표하는 리더는 직원들이 더 생산적으로 되도록 만든다. 동창회 기금 조성에 나선 직원들을 조사했던 연구는 주목할 만하다. 관리자들이 감사를 표하지 않도록 지시받은 통제 집단과 달리 관리자들이 정기적으로 감사를 표한 집단의 직원들은 기부를 요청하는 전화를 건 횟수가 50퍼센트 더 많았다.

그런 생산성 변화는 흔한 일이며 이유도 알 수 있다. 정기적으로 감사 신호를 전달하는 리더들은 부하 직원들에게 가치를 인정받는 느낌을 준다. 이 느낌이 점점 커지면 직원들은 최선을 다하도록 고무되고 업무 만족도까지 높아진다. 그런 만족감은 직원들의 이직률을 낮추는 마법의 묘약이다.

또한 감사는 정기적으로 감사를 표하는 사람들, 특히 그들의 정신 건강에도 긍정적인 영향을 미친다. 놀랍게도 작은 실천이 지속적인 효과를 가져온다. 심지어 유형의 활동(감사 글쓰기 등)을 중단했을 때 12주 후까지도 정신 건강상의 이점은 여전히 측정 가능했다.

그래서 이런 감사 연습이 리더십에는 어떤 영향을 미칠까? 감사의 효과는 쇄빙선처럼 우리의 단단한 이기심을 뚫고 나가 다른 사람들이 따라올 수 있는 길을 만들어준다. 그리고 분명하고 편안하며 장애물 없는 경로를 따라갈 수 있는 것만큼 생산성 향상에 쉬운 길은 없으므로 비즈니스에 유용하다. 사람들은 어쩔 수 없어서가 아니라 원해서 그런 사람을 따르게 될 것이며, 이는 명망 리더십 스타일의 특징이다.

그러므로 다음 월요일에 할 일은 쉽게 짐작할 수 있다. 엔론 사와 2차 세계대전 참전 장군들에게서 배우라. 명망 리더십과 지배적 리더십을 적절히 혼합한 당신 자신의 리더십 스타일을 찾고 필요할 때만 지배적 리더십을 발휘하라. 어쩌면 당신은 자신의 리더십에 지배적 행동이 지나치게 많다는 것을 깨달을지도 모른다. 균형을 다시 잡을 가장 좋은 방법은 자기중심성에 직접 맞서는 것이다. 여기 열거된 기법들을 사용하여 감사를 실천하면 자기중심성에 맞설 수 있다. 연습을 통해 당신의 대인관계 우주의 고압적인 중심에서 벗어날 수 있다. 이것이 얼마나 쉬운 일인지 발견한 위대한 과학자 수십 명과 함께 시작하자!

브레인 룰스 5

높은 공감력과 약간의 강경함이 존경을 만든다

- 리더는 명망–지배 리더십 모델에 따라 강인함과 힘(지배) 그리고 통찰력과 공감(명망)의 조합을 오가는 리더십을 실행한다.

- 가장 유능한 리더는 지배력과 명망을 모두 가지고 있으며 그것들을 언제 써야 하는지 알고 있다. 즉, 일상 업무의 대부분에는 명망이, 산발적 갈등이나 비상 상황, 효율적이고 간결한 의사결정이 필요한 상황에서는 지배력이 필요하다는 것을 알고 있다.

- 지배적 리더십 행동을 최소한으로 유지하라. 너무 많은 지배적 행동은 직원들에게 두렵고 종종 비참한 근무 환경을 조성할 수 있다.

- 특히 다른 사람에게 감사하는 마음을 갖기 위해 최대한 노력하라. 리더의 위치에 있는 사람들이 감사하는 마음을 가질 때 부하 직원들의 생산성은 올라간다.

- 상당 기간에 걸쳐 감사한 것들을 꾸준히 적어 감사하는 마음을 갖기 위한 체계적인 노력을 기울인다. 이는 공감 능력을 향상시킨다.

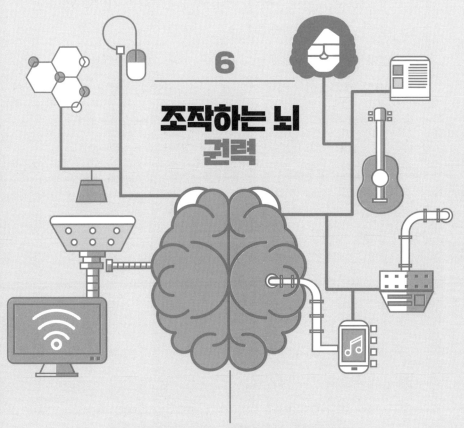

6

조작하는 뇌
권력

힘이 커질수록 공감력은 떨어진다

권력은 사람들에게 기이한 작용을 한다. 아니, 사람들의 기이한 면을 드러낸다는 말이 더 정확하겠다.

1970년대 우간다의 독재자 이디 아민은 부패, 기행, 잔인함으로 악명 높았다. '우간다의 도살자'라는 별명 이상이었다. 살인을 일삼아 수십만 명을 죽였고, 왕성한 성욕을 과시하며 아내를 여섯이나 갈아치우고 54명의 자녀를 두었으며, 미국 코미디쇼 〈새터데이 나이트 라이브〉에서 네 번이나 그를 풍자할 정도로 상스럽고 기이한 습관을 갖고 있었다. 아민은 자신의 공식 직함을 다음과 같이 정하고 그가 등장할 때마다 이렇게 소개하게 했다.

> 육지의 짐승과 바다의 물고기의 주인, 아프리카 대륙과 특히 우간다의 대영제국 정복자, 빅토리아 십자 훈장과 공로 훈장, 전공 십자 훈장, 대영제국 훈장에 빛나는 알하지 이디 아민 박사 최고사령관, 종신 대통령 각하

그는 자기가 스코틀랜드의 왕이라고도 주장했다.

권력이 사람에게 미치는 영향은 소설 《리어왕》에서부터 영화 〈시민 케인〉, TV 드라마 〈오피스〉에 이르기까지 다양한 픽션에서 묘사되어 왔다. 〈오피스〉의 한 에피소드 '쿠데타'에는 레인 윌슨(Rainn

Wilson)이 연기한, 임원이 되고 싶어 하는 권력욕 강한 인물 드와이트 슈르트가 등장한다. 지역 책임자인 마이클의 자리를 노리는 그는 자신을 지역 부책임자라고 칭한다. 드와이트는 자신을 좋아하는 동료 앤젤라와 함께 주도권을 잡으려고 음모를 꾸미지만 그걸 눈치챈 마이클은 계책을 꾸민다. 그는 드와이트에게 자신은 사임하겠다며 권력을 넘기겠다고 말한다. 곧 드와이트는 여러 부서 직원을 해고하고 장차 책임자 자리에 오를 계획을 세우는 등 상황을 엉망으로 만든다. 사람들은 당연히 충격을 받는다. 마이클은 자신의 계략이었음을 밝히며 드와이트의 책임과 계획을 덜어준다. 이런 성향은 드와이트에게 늘 존재했지만, 권력을 잡자마자 튀어나와 그가 어떤 사람인지 드러나게 했다. 아마 시간이 더 지나면 그의 사람됨까지 변화시켰을 것이다.

이디 아민과 드와이트 슈르트는 완전히 다른 이야기에서 나왔고 후자는 허구 인물이지만 다르지 않다. 둘의 공통점은 자신과 권력에 대한 집착, 자신이 이끄는 사람들의 복지를 외면하는 경향, 성적 욕구를 채우기 위한 권력 남용이다. 사실상 누구나 권력을 잡았을 때 그 포로가 될 수 있는 취약성을 상징적으로 보여주는 이야기들이다.

이런 나쁜 행동은 어떻게 설명되는가? 왜 어떤 리더는 난국을 타개하는 반면 어떤 리더는 자신을 모든 짐승의 주인으로 선언하는가? 권력의 어떤 점이 사람들을 괴물로 만드는가? 더 정확히는 사람 안에 내재하는 괴물을 드러내는가? 권력을 얻어도 기고만장해지지 않으려면 무엇을 어떻게 해야 하는가?

이 문제들을 다루려면 먼저 권력이란 단어부터 시작하여 몇 가지 용어를 정의해야 한다. 우리가 사용하는 정의는 수년간 권력의 효과를 연구한 심리학자 대처 켈트너(Dacher Keltner)에게서 가져왔다.

> 심리학에서 권력은 음식, 돈, 지식, 애정 같은 자원을 제공하거나 보류함으로써 또는 신체적 상해, 해고, 사회적 배척 같은 처벌을 가함으로써 타인의 상황이나 정신상태를 바꿀 수 있는 능력으로 정의된다.

이 정의는 권력을 물리적인 것뿐만 아니라 인지적인 것까지 통제하는 능력으로 기술하고 있다는 점을 주목하라. 어떤 리더는 타인의 소유물을 통제하기를 원하고, 어떤 리더는 타인의 생각과 정신을 통제하고 싶어 한다. 심신을 포괄하는 이 정의는 그래서 중요하다.

하지만 통제의 신경과학을 탐구하는 과정에서 주관적인 정의만 사용하지는 않을 것이다. 연구자들은 그것을 조사할 정량적 방법도 고안했다. 경영대학원에서 사용하는 방법 중 하나는 사회적 권력(social power) 개념이다. 사회적 권력은 한 사람의 순자산, 연소득, 교육 수준, 직업적 위신을 하나의 숫자로 합해주는 공식으로 기술된다. 이 접근 방식은 대다수의 경우 돈이 (놀랄 것 없이) 권력과 관련 있음을 고려한다. 이 수치가 클수록 사회적 권력이 크다.

사회적 지배, 정신적 영향력, 고액의 순자산, 그 무엇을 살피든 권력은 자원의 통제를 뜻한다. 우리는 켈트너의 정의와 사회적 권력 개넘을 사용하여 실제 통제가 실제 사람들에게 어떤 영향을 미치는지 확인할 것이다. 스포일러가 되겠지만 자칭 '스코틀랜드의 왕'이디 아민이 보여주듯이 항상 아름다운 이야기는 아니다. 하지만 자칭 '지역 부책임자'인 드와이트 슈르트가 보여주듯 때로는 웃긴 이야기다.

권력과 행동의 불쾌한 상관관계

수많은 사람이 원하는 '생각과 사물을 통제하는 능력'이란 무엇일까? 사람들이 권력을 잡으면 어떤 행동 변화가 나타나는가? 행동 연구 분야는 그 답을 알고 있고 그 답의 대부분은 모든 심리학 분야에서 가장 논란이 많은 두 실험의 결과에서 나왔다. 한 실험은 미국 서부의 스탠퍼드대학교에서, 또 다른 실험은 동부의 예일대학교에서 이루어졌다.

전자는 전설적인 심리학자 필립 짐바르도(Philip Zimbardo)가 1971년에 했던 스탠퍼드 교도소 실험이다. 짐바르도는 전형적인 학부생이 가상의 교도소 역할극을 할 때 어떤 일이 일어나는지 조사했다. 학생들 가운데 일부는 교도관으로 배정되어 모든 관계에서 권한을 부여받았고 일부는 수감자로 배정되어 교도관이 적합하다고 생각하는 처분을 받았다.

짐바르도는 몰랐지만 실험은 곧 벼랑으로 내몰린다. 48시간 후 '교도관'들은 처음에는 정신적으로, 나중에는 신체적으로 '수감자'

를 학대하기 시작했다. 학대가 너무 심해지는 바람에 2주 동안 지속하기로 했던 실험은 불과 6일 만에 중단되었다. 가상의 상황에서도 권력은 사람들을 빠르게 타락시켰다.

예상할 수 있듯이 이 실험을 둘러싸고 많은 논란이 있었다. 반대자들은 원 실험에서 복제될 수 없는 면이 있으며, 반복될 수 있는 데이터는 비윤리적이라고 지적했다. 논란에도 불구하고 마음 불편한 핵심 아이디어는 남았다. 권위는 사람을 변화시키고 그 변화가 항상 더 나은 방향은 아니라는 사실이다.

짐바르도의 연구는 권력자의 행동에 초점을 맞추지만 1963년 예일대학교의 연구자 스탠리 밀그램(Stanley Milgram)은 힘없는 사람들의 행동을 조사했다. 그는 다양한 연령대의 피험자를 대상으로 26번 실험을 반복했다. 각각의 실험에는 권위자(과학자), 실험 '공모자'(보수를 받은 배우), 피험자 3명이 참여했다.

실험은 거짓말로 시작되었다. 피험자들은 (그들은 정체를 모르는) 공모자와의 기억력 테스트에 참여한다고 들었다. 공모자가 틀린 답을 말할 때마다 피험자들은 점점 더 높은 전압의 버튼을 눌러 전기 충격을 가하게 되어 있었다. 마지막 버튼은 해골 그림이 그려진 치명적인 450볼트였다. 피험자들은 배우를 볼 수 없었지만 전기 충격에 반응하는 소리는 들을 수 있었다.

처음에 피험자가 버튼을 누르면 배우는 약간 불편해하는 "아야!" 소리를 낸다. 전압이 증가함에 따라 소리는 커지고 격해진다. 배우는 실험을 중지해달라고 간청하고 마지막에는 비명까지 지른다. 450볼

직장으로 간 뇌과학자

트에서는 아무 소리도 들리지 않는다. 물론 전기 충격은 전혀 없었다. 밀그램은 얼마나 많은 사람이 450볼트 버튼을 누를지에만 관심 있었을 뿐이다.

결과는 암울했다. 거의 65퍼센트가 450볼트 버튼을 눌렀다.

이 실험들은 큰 물의를 일으켰다. 단지 결론 때문만이 아니라 연구 방법, 해석, 재현 가능성, 특히 윤리성이 공격받았다. 하지만 그 효과는 분명했다. 권력은 인간의 뇌에 이상한 작용을 가했다. 아니면 인간의 뇌에 대한 불편한 사실을 드러냈을 수도 있다. 어느 쪽도 재미있지 않았다.

부자들의 문제점

이 실험들은 분명 극단적인 사례를 묘사한다. 그렇다면 승진하여 자원을 활용할 수 있게 되고 그 권한을 다른 사람에게 부여할 수 있을 때처럼 덜 과도하고 더 일상적인 예는 어떨까? 그런 경우도 여전히 측정 가능한 변화를 감지할 수 있을까?

답은 역시 '그렇다.' 으스스하게도 권력은 사람들이 해당 집단보다 자신의 이익을 돌보도록 만들기 시작한다. 연구자들은 그 과정을 탈억제(disinhibition)라고 부른다. 권력은 실제로 리더에게 리더가 해야 할 일과 정반대로 하도록 기능했다. 심지어 윤리를 저버리는 지경에까지 이르게 만들었다.

미 국립과학원(National Academy of Sciences)에서 발표한 논문이 그

좋은 증거다. 권력 수단을 휘두르는 데 익숙한 고액 순자산 보유자들의 행동을 검토한 논문이다. 그들의 행동은 권력 수단을 휘두르는 데 익숙하지 않은 순자산이 적은 개인들의 일상 행동과 비교되었다. 모든 행동은 실험실과 '자연 상황' 둘 다에서 관찰되었다.

이 논문은 읽기가 괴로울 정도다. 실험실에서 순자산이 많은 개인들은 순자산이 적은 개인들보다 복불복 게임에서 속임수를 사용할 가능성이 더 컸다. 그들은 실험 조건에서 선택의 기회가 주어졌을 때 순자산이 적은 통제 집단에 비해 더 기꺼이 거짓말을 했다. 탐욕을 측정하기 위해 설계된 실험실 조건에서 명백히 더 탐욕스러웠다. 남은 사탕은 근처 건물에 있는 아이들에게 기부한다고 알렸는데도 순자산이 많은 피험자들은 순자산이 적은 피험자들보다 사탕을 더 많이 가져갔다.

그뿐만이 아니었다. 순자산이 많은 사람들은 협상 중에 거짓말을 하고, 자신이 상품을 탈 수 있다고 믿으면 속임수를 쓰고, 다른 사람에게 가치 있는 물건일지라도 아랑곳하지 않고 가져갈 가능성이 더 컸다.

실험 연구에 덧붙여 '자연' 상황에서의 관찰 연구에서도 순자산이 많은 사람들은 유사한 자기 위주의 습관을 보였다. 부자들은 운전 중에 법을 어길 가능성이 더 높았다. 구체적으로 말하면 교차로에서 끼어들고, 횡단보도에서 보행자를 가로막을 가능성이 부유하지 않은 사람들보다 높았다(30% 대 7%).

그들은 재미있는 집단이 아니지만, 마음 읽기와 아주 비슷한 행동을 더욱 구체화해주는 흥미로운 이야기를 들려준다. 앞서 언급됐던 마음 이론이다.

마음 이론 기술의 상실

권력과 불쾌한 행동의 상관관계를 보여주는 과학적 방법은 많다. 애덤 갈린스키(Adam Galinsky) 같은 연구자들은 권력을 가볍게 화제로 삼기만 해도 감정을 감지하는 능력에 측정 가능할 정도의 균열이 생긴다는 점을 입증했다.

한 연구에서 갈린스키는 피험자들에게 다른 사람보다 힘이 있다고 느꼈던 때를 회상해보라고 요청했다(경험 자극). 통제 집단 피험자들에게는 어제 무엇을 했는지 회상하게 했다(중립 자극). 그런 다음 두 집단 모두에게 앞서 설명했던 RME(눈만 보고 마음 읽기) 검사와 유사한 민감성 검사를 시행하여 감정을 얼마나 잘 감지하는지 측정했다.

그 결과 권력 자극 집단은 통제 집단보다 평균적으로 46퍼센트 더 오류를 범했고 민감성도 떨어졌다. 여러 실험을 통해 그는 권력이 정확한 감정을 감지하는 능력의 감소와 연관 있다는 결론을 내렸고, 권력은 조망 수용 능력의 감소와 관련 있음을 시사했다.

여기서 주목할 점은 두 가지다. 첫째, 민감성의 상실은 터무니없이 쉽게 유도된다. 다른 사람들보다 권력을 가졌던 단순한 기억만으로 행동을 바꾸기에 충분했다. 그러한 민감성은 우리가 계속 마주치게 될 현상이다. 둘째는 조망 수용 능력의 감소(diminished perspective-taking)라는 말의 사용이다.

조망 수용은 마음 이론의 특징적 행동을 나타낸다. 신경 조직의 이미지화가 직업인 신경과학자들이 검증할 수 있는 무언가를 시사하는 중요한 말이다. 신경과학자들의 노력으로 우리는 마음 이론 행동이 뇌의 어디에서 발생하는지 알고 있다. 그것은 정신화 네트워크(mentalizing network)라고 불리는 일련의 신경회로에 의해 이뤄진다. 이 네트워크는 눈 뒤쪽의 배내측 전전두피질(dorsal medial prefrontal cortex)부터 정수리 근처에 있는, 이름도 어색한 쐐기앞소엽(precuneus)까지, 발음하기 어려운 광범위한 신경 영역으로 구성되어 있다.

이는 매우 중요한 다음 질문으로 이어진다. 사람들이 권력을 얻으면 정신화 네트워크가 어떻게 작동되는지 뇌를 들여다볼 수 있을까? 사회적 권력이 커지면 타인의 관점 수용 능력이 감소하는 이유가 정신화 네트워크에 일종의 합선이 일어나기 때문일까?

'그렇다.' 발표 당시 UCLA에 재직했던 신경과학자 킬리 머스카텔(Keely Muscatell)의 논문 제목 〈사회적 지위는 정신화 네트워크의 신경 활동을 변화시킨다〉가 모든 것을 말해준다. 결론은 굉장히 놀랍다. 권력은 말 그대로 뇌 신경회로들을 재연결한다.

공감의 힘

권력은 마음 이론에 영향을 미친다. 또한 마음 이론과 그에 대한 '일반인'의 정의와 매우 유사하게 들리는 인지 장치에도 영향을 미친다. 그 인지 장치는 공감이다. 권력이 공감에 어떤 영향을 미치는지 이해하려면 공감을 정의해야 한다. 우리는 이 절에서 마치 당신이 다른 사람이 경험하는 것을 직접 경험하는 것처럼 '다른 사람의 감정 공간을 인식하고 공유하는 능력'이라는 일반인의 정의를 사용할 것이다. 이 정의는 '그들의 처지가 되어 보기 전까지 남을 판단하지 말라'는 옛 관용구에 담겨 있다.

세 살배기와 생후 2주 된 갓난아기와 함께 쇼핑몰을 거닐고 있는 아기 엄마가 있다. 그녀는 유모차를 밀면서 장을 보는 중이다. 세 살배기는 엄마의 옷을 계속 잡아당기고 갓난쟁이는 우는데 여분의 기저귀를 챙겨오지 않았음을 깨닫는다. 아기 엄마는 갑자기 감당하기 힘든 기분이 들어 머리를 감싸며 주저앉는다. 근처에 있던 중년 여성은 아기 엄마를 처음 보지만 무슨 일인지 알아차린다. 그녀는 아기 엄마의 괴로움을 읽고, 세 살배기의 불평을 듣고는 상황을 추론할 수 있다. 그러나 중년 여성에게는 또 다른 일이 일어나고 있다. 그녀는 아기 엄마의 스트레스를 마치 자신의 것처럼 느낀다. 아기 엄마가 큰애의 간식을 준비하는 동안 중년 여성은 유모차의 갓난아기를 안아 올려서 달래준다. 중년 여성은 "지금은 힘들겠지만 차차 수월해질 거예요"라고 말한다. 그녀는 갓난아기를 엄마에게 돌려주고 나타났을 때처럼 홀연히 떠난다.

이 관대한 낯선 여성은 공감을 실행했다. 연구자들은 공감에는 두 가지 유형이 있다고 본다. 첫 번째는 기꺼이 다른 사람의 감정적 경험을 이해하려는 마음을 일컫는 인지적 공감(cognitive empathy)이다 (일부 연구자들은 이를 마음 이론이라고 생각한다). 중년 여성은 아기 엄마의 얼굴, 자세, 목소리의 변화를 읽음으로써 인지적 공감 능력을 보여주었다. 두 번째는 정서적 공감(affective empathy)이다. 마치 아기 엄마의 처지가 된 것처럼 중년 여성이 느낀 공감 유형이다.

연구자들은 어떤 공감 유형을 측정하든 상관없이 권력자들의 공감 능력이 감소했음을 발견했다. 그들은 커다란 생물학 무기, 즉 신경과학의 영상 기술로 이를 설명한다.

한 실험에서는 연구자들이 다양한 순자산을 보유한 사람들의 뇌의 공감 영역을 살펴보았다. 연구자들은 피험자들에게 암 병동 환아들의 가슴 아픈 사진들을 보여주고 그들의 뇌를 조사했다. 자산이 적은 피험자일수록 뇌의 공감 영역이 더 활성화된 반면, 부유한 피험자일수록 뇌의 공감 영역은 덜 활성화되었다.

앞서 언급한 신경과학자 머스카텔은 순자산이 많은 사람들은 타인의 내적 동기와 의도를 쉽게 이해할 수 없다는 사실을 발견했다. 이런 공감력 부족은 사회적 영향력이 큰 아동들에게서도 4세경부터 감지되었다.

애리조나주의 연구자들은 단순히 두피의 전기 활동(뇌파)의 변화를 살펴봄으로써 공감의 변화를 관찰할 수 있었다. 헤어네트처럼 생긴 것을 쓰고 두피 부위의 전기적 반응을 측정하는 사건 관련 전위(event-related potential) 기술을 통해 이 연구자들은 힘있는 사람들의 공감 네트워크가 덜 활성화된다는 것을 발견했다. 힘있는 사람들은

직장으로 간 뇌과학자

자신의 공감 능력 결핍을 전혀 인식하지 못하고 자신의 공감력이 남 못지않다고 느낀다는 사실도 발견했다. 그러나 신경과학은 그렇지 않다는 것을 분명히 보여주었다.

부유하고 힘있는 사람들이 공감을 덜 했다면 힘없는 사람들은 공감을 더 했을까? 그랬다. 연구자들은 사회적 힘이 작은 사람들은 공감 정확도 검사(empathic-accuracy test)에서 힘있는 사람들보다 정확하다는 것을 보여주었다. 사회적 힘이 작은 사람들은 실제 상호작용에서 타인의 감정도 더 정확하게 평가했다.

연구자들은 이런 데이터를 밝혀내기 위해 단지 뇌파의 변화를 살펴보는 것에서 더 나아갔다. 그들은 뇌 내부 영상도 실시간으로 찍었다. 그 결과는 슬프게도 일관되며 매우 교훈적이다.

거울 뉴런과 공감

공감력을 발휘하는 동안 뇌 영상을 찍을 수 있을까? 놀랍게도 '그렇다.' 연구자들은 뇌 내부 활동을 감지하는 방법으로 fMRI(외부 자석을 사용하여 뇌 혈류 변화를 측정하는 장치) 같은 비침습 영상 장치를 썼다. 그들은 이 강력한 기술로 공감 행동을 하는 사람들의 뇌 활동을 찍은 결과 신경망을 발견하고는 대부분 옷방에서 발견되는 거울로 이름 붙였다. 이 놀라운 신경회로들이 거울 뉴런(mirror neuron)으로 불리는 이유는 반사 능력 때문이다.

거울 뉴런은 특화된 신경망이다. 외부 세계의 정보에 매우 특이한 방식으로 반응한다. 거울 뉴런은 해당 행동의 활동을 그대로 반영한다. 마치 거울 뉴런의 소유자가 그 활동을 경험하는 것처럼(왜 거울이라고 하는지 알 수 있다). 일례로 독감 예방주사를 맞는 사람들의 사진을 보면 우리의 거울 뉴런은 마치 우리도 독감 예방주사를 맞는 것처럼 행동한다. 그 결과 우리는 움찔한다. 뇌 영상 기술로 응시와 움찔거림 둘 다 감지할 수 있다. 이 기술은 인지적 공감(마음 이론)과 정서적 공감(느낌) 둘 다의 신경회로를 살펴보는 데 매우 유용하다.

캐나다의 한 연구팀은 회상에 기반한 갈린스키의 실험과 유사하게 설계한 실험에서 거울 뉴런의 반응도를 이용해 권력이 뇌에 어떤 작용을 하는지 관찰했다. 일부 피험자에게 누군가가 다른 사람에게 힘을 행사했던 때를 회상하며 에세이를 쓰라고 요청했다. 그런 다음 거울 뉴런 활동을 평가하도록 고안된 테스트로 그들의 뇌를 검사했다. 피험자들은 거울 뉴런 시스템이 활성화되어 이 실험실에서 상당히 높은 점수인 약 30을 기록했다.

다른 피험자들에게는 자신이 다른 사람보다 힘이 있다고 느꼈던 때를 회상하는 에세이를 쓰라고 요청했다. 첫 번째 집단과 마찬가지로 그들의 뇌 활동도 평가했다. 그들의 거울 뉴런은 전혀 활성화되지 않았다. 오히려 기준선 이하로 떨어졌고 평균 점수는 -5 정도로 낮았다. 앞서 언급했던 행동 연구와 마찬가지로 권력은 회상 같은 사소한 것으로도 영향력을 행사할 수 있었다.

이 연구는 행동주의자들이 이전에 입증했던 사실, 즉 권력은 사람들이 세계에 반응하는 능력에 영향을 미친다는 사실을 보여준 많은 연구 중 하나일 뿐이다. 다만 이번에는 그 사실이 뉴런으로 구체화되었다. 거울 뉴런은 다른 사람들의 경험을 이해하는 능력을 예측하고 측정하게 해준다. 예상대로 권력은 그 능력을 없애버린다.

인간관계 레이더를 끈 결과는 무엇일까? 리더 역할을 맡으면서 공감 능력이 떨어지는 것은 나쁜 일일까? '그렇다.' 이 우울한 답은 다양한 방법으로 측정된다. 사람을 물건 취급하는 마음과 자신은 징계와 감독에서 예외라는 특권 의식, 두 가지가 떠오른다. 밴드 연습을 다룬 영화로 둘 다 설명할 수 있다.

폭군 지휘자의 사고방식

2014년에 개봉한 〈위플래쉬〉는 몹시 경쟁이 치열하고, 마치 현실 같은 음악원을 배경으로 한다. 이 영화로 J.K. 시몬스(Jonathan Kimble Simmons)는 오스카상을 받았고 충분히 그럴 만한 연기였다. 그가 연기한 성마른 재즈 교수 테렌스 플레쳐는 훈족의 왕 아틸라에 맞먹는 고압적 교수 스타일을 무기처럼 휘두른다. 학생들에게 소리 지르고, 몸무게로 놀리고, 위협하고 모욕하며, 심지어 한 학생에게는 의자까지 던져 손가락에 피가 나도록 연습하게 만든다. 플레쳐 교수는 이건 자신의 밴드이므로 무능한 학생이 자기 명성을 더럽히게 둘 수 없다고 말한다.

플레쳐의 행동은 학생들에게 해를 끼친다. 대부분은 겁에 질려 굴복하고 괴물 교수의 명성을 지킨다는 단 하나의 목표를 위한 물건처럼 변모한다. 학생들이 공포를 느끼는 이유는 여러 가지가 있지만, 가장 큰 것은 학생을 물건 취급하는 플레쳐의 기묘한 능력이다. 그런 대상화는 인간 경험을 망가뜨리는 권력의 영향력 중 하나다.

대상화(objectification)는 무엇을 의미할까? 내가 좋아하는(측정 가능성이 주된 이유다) 정의는 도구성(instrumentality)이라는 단어인데, 사람들을 리더의 목표에 유용한 도구로 삼으려는 의지를 말한다. 타고난 인격을 박탈당한 하급자들은 그저 목적을 위한 도구로 전락한다. 사람들은 권력을 잡으면 거리낌 없이 아랫사람을 사람 아닌 도구로 취급한다. 〈위플래쉬〉 영화 내내 학생들은 음이 틀리면 쫓겨나고, 빠른 박자에 맞춰 연주하지 못하면 교체되는 등 인간으로 존중받지 못했다. 말 그대로도 비유적으로도 학생들은 플래쳐의 밴드가 훌륭한 연주를 해내기 위한 도구로만 존재했다.

스탠퍼드대학교 교도소 실험의 위대한 교훈 중 하나이지만 도구성 경향은 사람들이 권력을 얻는 모든 곳에 존재한다. 스포츠팀, 비즈니스 환경, 심지어 밴드 연습까지. 주목할 만한 한 논문은 6가지 직장 관련 실험을 통해 도구성을 설명했다. 단순히 경영진과 하급 직원들의 행동을 측정하는 실험부터 권력에 중립적인 사람들에게 권력을 가진 느낌을 자극하는 실험까지 있었다. 이 논문은 '연구 전반에 걸쳐 권력은 대상화로 이어졌고, 이는 덜 유용한 속성에서의 가치보다 유용성 정도를 토대로 사회적 대상에 접근하는 경향으로 정의된다'라고 결론지었다.

설상가상으로 권력을 가진 사람은 점점 자신은 정상적인 행동 규칙에 얽매이지 않는다고 느끼기 때문에 거리낌없이 남들을 대상화한다. 오만 증후군(hubris syndrome)이라는 이름이 따로 붙을 만큼 흔한 습관이다. 권한을 부여받은 사람들은 규칙에 따라 행동할 필요가 없는 자격이 자신에게 있다고 느낀다.

이런 특권 의식은 앞서 논의했던 권력 자극 실험에서 처음 나타났다. 힘을 가진 사람들은 실험실 조건(복권의 금전적 보상)에서 부정행위를 할 가능성이 20퍼센트 더 높았다. 또한 힘있는 사람들은 세금을 제대로 내지 않고, 장물인 자전거를 가지고 있으며, 속도 위반할 가능성도 더 컸다.

이런 특권 의식은 사회적 관계에까지 확장된다. 나중에 살펴보겠지만 권력자들은 간통을 저지르고, 강제로 성관계를 가질 가능성도 더 컸다. 연구자들은 이 점에 대해 다음과 같이 썼다.

> …권력을 가진 사람이 원하는 것을 취하는 이유는 처벌받지 않고 그럴 수 있을 뿐만 아니라 자신은 그럴 자격이 있다고 직감하기 때문이다.

예를 들어 경연에서 우승한 밴드 리더는 학생들에 대한 학대를 정당화할 수 있고 근심스러울 정도의 면책권을 가질 수 있다. 결국 그는 리더니까. 흥미롭게도 그 반대도 사실이다. 큰 힘이 없는 사람들은 대개 자신이 가진 작은 통제력조차 사용하지 않는다. 자신에게는 그럴 자격이 없다고 생각한다.

권력자가 면죄부를 갖고 권력을 휘두를 자격이 있다고 믿으면, 아랫사람은 그들이 올바른 음을 연주하든 못 하든 간에 틀린 게 된다.

권력이 몰고 오는 소용돌이

우리가 논의했듯이 사람들에게 힘을 주면, 심지어 그들이 권력을 경험했던 기억을 회상하게만 해도 행동이 바뀐다. 이런 연구 결과들은 직장에 어떤 영향을 미치는가?

회사 임원이 새로 권력을 획득하면 행동의 퍼펙트스톰(원래 개별적으로는 위력이 크지 않은 둘 이상의 태풍이 충돌하여 그 영향력이 폭발적으로 커지는 현상을 지칭하는 기상 용어였으나 경제, 환경, 사회 측면으로도 확대 사용됨 – 옮긴이)을 경험할 위험에 처한다. 만약 주의를 기울이지 않는다면 그 폭풍은 결국 행동의 거대한 소용돌이를 만들어낸다. 새로 권력을 쥔 사람들은 인간관계의 배수관으로 소용돌이치며 내려갈 위험에 처한다.

당신은 전에 일했던 회사에서 이런 시나리오가 펼쳐지는 모습을 보았을지도 모른다. 누군가 승진 등으로 권력을 얻는다. 그는 자기 이익을 더 챙기고 윤리적 기준을 무시하고 싶어 한다. 집단의 실적보다 자신의 실적에 초점을 맞춘다. 주변 사람들의 짜증 때로는 부러움이 뒤섞인 감정으로 마찰이 일어나기 시작한다.

이런 이기적인 소용돌이가 형성됨에 따라 권력을 부여받은 사람은 그 마찰에 점점 더 둔감해진다. 그는 부하 직원의 표정을 정확히 읽을 수 없게 된다. 다른 사람들의 내면도 들여다보지 못한다. 부하 직원들은 새롭게 드러난 임원의 이기심에 짜증과 분노가 생기는데, 바로 그 시점에서 임원은 그것을 감지하는 능력을 잃어간다.

이 모든 상황에서 가슴 아픈 점은 부하 직원들의 감정이 새로 임명된 상사에게 중요하지 않다는 사실이다. 권력은 동료들을 대상화하고 그들을 한 인간이 아니라 자기 의지의 도구로 보려는 의향을 증가시킨다는 사실을 기억하라. 그건 잔인한 변화다. 새로 권력을 갖게 된 사람은 이해하는 능력뿐만 아니라 공감하는 능력도 잃는다. 시간이 지나면 임원은 직장에서 친구들을 잃는다. 그가 모을 수 있는 최선은 협력자에 그친다.

설상가상으로 그들의 감정 레이더가 꺼지는 동시에 섬뜩한 특권 의식이 자리 잡는다. 임원이란 완장에 미혹되어 아랫사람들에게 적용되는 규칙은 임원 귀족층에는 적용되지 않는다고 생각한다. 게다가 기업들이 승진시킨 사람들에게 주는 전형적인 보상은 무엇인가? 더 많은 돈이다. 또 다른 보상은 새로 승진한 사람에게 원하는 것은 무엇이든 할 수 있는 능력과 권한을 부여한다.

이런 행동 예보도 나쁘지만, 사회를 가장 떠들썩하게 만드는 이 소용돌이의 결과는 아직 언급조차 하지 않았다. 직장 내 성 스캔들 말이다. 이 비행의 결과는 매우 강력한 피해를 몰고 와서 이에 대항하기 위해 전국적으로 뭉쳤다. 앞으로 알게 되겠지만 성 비행은 권력에서 비롯된다. 권력에 대해 잘 아는 몇 사람의 말을 인용하면서 이 떠들썩한 결과의 분석을 시작하려 한다.

권력은 궁극의 최음제?

그는 과거와 최근 두 번이나 살아 있는 가장 섹시한 정치인으로 뽑혔다. 미국 전 국무장관 헨리 키신저(Henry Kissinger, 2023년 11월 29일 사망)의 이야기다.

키신저 하면 두꺼운 안경, 강한 독일어 억양, 대중 앞에서의 익살스러운 태도가 떠오르지, 섹스가 가장 먼저 떠오르지는 않을 것이다. 하지만 그의 사생활은 수년 동안 타블로이드 신문의 단골 소재였다. 왜 이혼하고 수년이 지나서야 재혼하는지 묻는 질문에 키신저는 '권력은 궁극의 최음제'라는 나폴레옹 보나파르트의 말로 답을 대신했다.

2000년대 음악계에 등장한 재널 모네(Janelle Monae)는 섹스와 권력에 대해 잘 알고 있다. 모네는 〈스크루드〉(screwed)란 곡에서 흔히 오스카 와일드의 말로 여겨지나 기원이 불분명한 가사를 읊조린다. "모든 것이 섹스야. 섹스를 제외한 모든 건 권력이지."

모네도 키신저도 몰랐겠지만 이를 뒷받침할 뇌과학 증거는 꽤 많다. 행동 연구와 생화학 연구 양쪽 분야 그리고 여러 대륙에서 연구 결과들이 날아든다.

남녀 모두 참여시킨 플로리다주의 연구부터 살펴보자. 연구자들은 의사결정 시뮬레이션과 어간 연상 검사("이 단어를 보고 무엇이 떠오릅니까?")를 사용하여 누군가에게 힘을 주는 것이 '연애 동기'(mating motive)를 활성화한다는 가설을 검증했다. 연애 동기는 다윈 이론에서 성적 흥분을 완곡히 표현한 용어다. 피험자들이 관계를 성적 관계로 만들 가능성은 평균 33퍼센트 더 증가했다. 과학자들은 "이성인 구성원보다 우위의 권력을 가질 때 성적 개념이 활성화되었고 … 이는 연애 목표의 활성화를 가리킨다"라고 지적했다. 이어서 그들은 "… 성적 동기의 증가를 초래한 것은 … 권력"이라고 결론 내렸다.

연구자들은 이 아이디어에 성적 과지각(sexual overperception)이라는 이름을 붙였다. 권력이 단지 성욕 요소만 증가시키는 게 아니라, 자신이 아랫사람들이 판단하는 것보다 더 성적으로 매력적이라고 믿게 만드는 망상까지 만들어냈다. 이 개념은 스스로 지각한 성적 상대로서의 가치(self-perceived mating value), 그것이 만들어내는 감정은 성적 기대(sexual expectation)로 불린다. 성적 기대가 매우 큰 사람들의 근거는 망상이다. 갑자기 그들은 왠지 자신이 성적으로 매우 매력적이라서 아랫사람들은 당연히 자신에게 끌린다고 생각한다. 흥미롭게도 연구자들은 권력이 남녀 모두에게 이런 감정을 유발한다는 점을 발견했다.

우리는 성적 과지각(성욕 증가 초래)과 성적 기대(남들의 생각보다 자신이 더 섹시하다는 믿음)의 강한 칵테일로 인해 권력자들이 저지른 성적 불상사들을 목격했다. 2018년 〈뉴욕타임스〉의 기사는 권력 중독이 얼마나 널리 퍼져 있는지 보여주었다. 기사는 순전히 성범죄 때문에 사임, 해고, 또는 체포되어 직위에서 물러난 200명 이상을 열거했다(대부분이 남성). 미투운동은 권력이 얼마나 많은 고용평등법 위반자를 낳는지도 조명한다. 성범죄로 인한 사임, 해고, 체포는 이사회실, 교실, 할리우드 임원실, 워싱턴의 의원 사무실을 가리지 않고 일어났다.

섹스와 권력은 서로 파괴적인 술친구가 분명하다. 둘 사이에는 유독한 역학 관계가 있다. 그 관계는 오늘날 매우 잘 정의되어 있어 생화학 수준에서 검토할 필요가 있다.

호르몬 탓?

권력과 성적 과지각을 연관 짓는 행동 연구 결과는 확고하다. 그 근저에 있는 생화학은 어떨까? 그것도 권력에 의해 바뀔까?

실제로 그렇다. 이제 호르몬의 생성과 분비를 담당하는 내분비샘 네트워크인 내분비계로 초점을 바꿔보자. 인간의 모든 호르몬 중에서 가장 잘못 이해되고 있는 것 중 하나일 테스토스테론(testosterone)을 구체적으로 살펴볼 것이다.

테스토스테론은 전통적으로 '남성 스테로이드'로 여겨져 왔다. 남자다움, 남성 전용, 으스대는 이미지를 강조하는 테스토스테론 TV 광고는 여기서 비롯되었다. 이런 대대적 선전이 전적으로 정확하지는 않다. 테스토스테론은 남성만의 호르몬이 아니다. 몇 년 전 이 호르몬은 남녀 모두에게서 측정 가능한 수준으로 존재한다고 밝혀졌다(여성의 경우 월경 주기로 인해 그 역할이 좀 더 복잡하기는 하다). 사람들이 성적으로 흥분할 때(성적 감정의 욕구 측면) 테스토스테론 수치가 증가한다. 모든 사람이 그렇다.

심리학자 코델리아 파인(Cordelia Fine)은《테스토스테론 렉스: 남성성 신화의 종말》에서 남성 호르몬이라는 신화는 테스토스테론을 둘러싼 많은 신화 중 하나에 불과하다고 주장한다. 또한 남녀 불문하고 테스토스테론과 공격, 흥분 같은 특정 행동 사이의 관계를 지나치게 단순하게 여긴다고도 설명한다. 우리 몸은 사회 체제와 협력하면서 호르몬을 분비하여 사회적 상황에 대응하고 통제력을 발휘하는 것으로 밝혀졌다.

남성들만의 운동 종목 선수를 예로 살펴보자. 영국 케임브리지대학교의 한 연구에서는 다수의 조정 선수들과 대회 결과를 일부러 조작했다. 과학자들은 일부 선수들에게 (이기지 못했지만) 대회에서 이겼다고 확신하도록 만들었다. 그들의 테스토스테론 수치는 대회에서 졌다는 이야기를 들은 통제 집단보다 14.5퍼센트나 올라갔다. 통제 집단의 테스토스테론 수치는 7퍼센트 이상 떨어졌다!

생화학 지표들과 함께 측정된 행동 지표들은 테스토스테론 수치의 증가가 성적 흥분에 영향을 미친다는 것을 보여주었다. 연구자들은 승리한 남성들은 가벼운 성관계를 위해 여성에게 접근할 가능성이 더 크다는 사실을 발견했다. 이 남성들은 성적 상대로서의 가치에 대한 자기지각도 증가했다. 과학자들의 말을 인용해보자.

… 남자들은 … 성관계로 유인하기 위해 매력적인 여성들에게 접근할 가능성이 더 컸다.

게다가 이 연구는 파인이 저서에서 했던 주장도 확인시켜 주었다. 연구자들은 '호르몬을 통제하는 내분비계는 상황 변화에 즉각 반응한다'는 것을 발견했다.

방금 인용한 문장은 매우 중요하다. 권력의 획득은 우리의 내분비계를 활성화하여 테스토스테론 같은 호르몬을 분비하게 하는 상황 변화다.

왜 권력은 평범한 사람들에게 생화학 작용을 바꿀 정도의 특별한 작용을 할까? 쉽게 설명할 수는 없지만 서로 어울려야 할 필요성과 에너지 보존에 대한 뇌의 집착을 포함한 우리의 진화 역사가 혼합된 여러 요인의 산물로 추측된다.

세렝게티에서 살아남은 방법

우리는 사회적 동물이고, 관계 지향적이며 그것이 우연이 아니라는 점에는 의문의 여지가 없다. 진화론적 관점에서 사회적 종이 되는 것은 인간 생존에 필수였다. 그렇다면 권력은 왜 권력을 가진 사람들의 마음 이론과 공감을 그토록 저하시킬까? 그에 대한 답은 굴욕적이다. 우리가 유인원처럼 행동하기 때문이다.

연구자들은 인간이 많은 영장류처럼 사회적 위계를 만든다는 것을 오래전에 발견했다. 단지 인간은 유전적 사촌들보다 이런 위계에 더 심취했고 그 결과 인간의 사회적 위계는 더 정교해졌다. 우리는 다른 사람들이 나를 어떻게 보는지, 타인의 행동을 어떻게 예측할 수 있을지, 그리고 어쩌면 어떻게 그들을 조종할 수 있을지 생각하는 데 엄청난 시간을 소모한다. 인간은 동맹과 적이란 개념을 만들었다.

그러한 사회성은 생체 에너지 측면에서 매우 비경제적이다. 체중의 2퍼센트밖에 차지하지 않는 뇌는 이미 우리가 소모하는 에너지의 20퍼센트를 집어삼키고 있다. 이 에너지의 상당 부분은 사회적 관계를 맺고 유지하는 데 사용된다. 흔히 사람들이 파티 같은 사교 활동 후에 지쳤다고 호소하는 이유 중 하나다.

인간은 왜 그런 비용을 기꺼이 치렀을까? 답은 역시 굴욕적이다. 인간은 과거에도 현재도 생물학적으로 약골이므로 사회적 관계가 너무나도 중요하다. 작은 이빨에서부터 연약한 손가락에 이르기까지 인간은 지구상의 대형 생물 대부분과 싸워 이길 수 없다. 인간이 어떻게 세계 최상위 포식자가 되었는지 궁금하게 만들기에 충분하다.

하지만 인간은 최상위 포식자가 되었다. 에너지를 잔뜩 공급받은 뇌는 넘치는 에너지를 협력하는 법을 배우는 데 썼다. 아마 마음 이론과 그 사촌인 공감이 힘든 일을 대부분 해냈을 것이다. 결국 누군가의 의도를 예측할 수 있다면 그가 특정 상황에서 어떻게 반응할지도 예상할 수 있고, 공감은 예측하기 바쁜 중에도 친절하게 행동하도록 도울 것이다.

이는 외로운 세렝게티에서 대단히 유용한 재능이었다. 조직적인 사냥을 생각해보라. 아이들의 위치를 파악하는 것도 마찬가지다. 실제로 바이오매스를 두 배로 늘려서가 아니라 다른 누군가와 연합을 맺음으로써 바이오매스가 사실상 두 배로 늘어난다. 이 아이디어는 사회적 뇌 가설(social brain hypothesis)로 공식화되어 있다.

이 모두가 권력자들의 대인관계 능력 감소와 어떻게 연결되는가? 아마도 그 유명한 '정상의 자리는 외롭다'는 인식을 포함한 몇 가지 이유가 있을 것이다. 확실히 새로 임명된 리더들은 완전히 새로운 관계 문제에 직면한다. 사람들은 우정이 아닌 호의를 구하면서 그들에게 친절해지기 시작한다. 흔히 그렇듯이 그런 일이 자주 벌어지면 리더는 모든 사람에게 속셈이 따로 있다고 의심할 수 있다. 그 후 고립감을 느끼기 시작하면서 상호작용을 덜 하고, 연습 부족으로 인해 사회적 기술을 잃는다.

하지만 그게 전부가 아니다. 정상의 외로움은 흔히 생각하는 것만큼 그리 중요하지 않다고 주장하는 연구 결과도 있다. 외로움과 경영진의 권한을 조사한 한 연구팀은 그 점을 이렇게 표현했다.

> 우리는 권력의 심리적 이익이 사회 집단에 속하려는 인간의 욕구를 대체할 수 있다고 추측한다.

다시 말해서 생존을 위해 동맹을 이용한다면 생존이 문제가 되지 않을 때는 동맹이 그다지 필요하지 않을 테고, 그에 따라 인간 심리가 조정된다. 이 연구팀은 "결과는 명확했다. 권력은 다른 사람들과 제휴할 필요성을 줄여주므로 외로움을 감소시켰다"라고 설명했다.

진화론의 관점에서 살펴보자. 권력이 당신의 생존을 위해 다른 사람들이 필요하지 않다는 것을 보장해주면 당신을 더 사회적으로 만들려는 뇌의 부정적 인센티브인 외로움은 그만큼 유용하지 않게 된다. 연합 형성에 긍정적인 도구인 마음 이론과 공감 등도 필수가 아니다. 동맹이 필요하지 않은데 왜 그걸 유지하기 위해 과도한 에너지를 써야 할까?

다윈 이론의 어두운 면에서 볼 때 친구는 권력을 가진 사람에게 그리 유용한 목적이 되지 못한다. 가혹하고, 대단히 중요하고, 예측할 수 있는 사실이지만, 세렝게티의 가혹한 세계에서 생물 종들은 항상 생존을 위해 마이크를 넘겨준다.

정리해고의 스트레스에 대처하는 메커니즘

권력과 공감이 반비례 관계인 이유가 또 있을 수 있다. 많은 임원이 자신의 업무에서 가장 어려운 부분이라고 말하는 정리해고와 관련 있다.

사람들이 해고될 상황에서 권력 수단을 행사할 때 일반적으로 나타나는 첫 번째 반응은 내적 갈등이다. 임원들은 '손에 피를 묻히는' 느낌에 좀처럼 면역되지 않는다. 적어도 처음에는. 많은 이들이 우울증의 전조인 불면과 스트레스 같은 건강 문제로 고생한다. 임원들이 자신의 책무에 압도당하지 않으려면 대처 메커니즘이 도입되어야 한다.

흔한 대처 방법의 하나는 전술적 후퇴다. 때때로 임원들은 자신의 권한 행사의 결과를 겪어야 하는 동료들에게서 감정을 거두어들이기 시작한다. 또는 군대에서 병사들에게 훈련하듯이 사람들을 인간이 아니라 표적으로 생각하기 시작한다. 관리자의 언어는 기계적이고 냉정하게 바뀌고 대화는 점점 완곡한 표현으로 채워질 수 있다("우리는 가는 길이 다릅니다"). 마치 그것이 그들이 휘둘러야만 하는 도끼의 날카로운 날을 무뎌지게 할 수라도 있는 것처럼.

그런 대처 방식은 효과가 있다. 얼마간 시간이 지나면 공감 스위치가 꺼진다. 이미 권력이 주변 관계를 대상화하도록 구슬리고 있음을 고려하면 놀라운 일이 아니다. 이러한 감정 철회의 극단적인 형태는 도덕적 이탈(moral disengagement)이라고 불린다. 임원들은 감정적으로 피신한다. 이는 권한 있는 사람들이 흔히 보이는 사회적 무뚝뚝함을 설명해준다.

임원들은 점점 더 무감해져서 감정적 보호를 강화하게 된다. 가벼운 망상이 생길 수도 있다. 자신이 준 피해를 인지할 수 없다면 피해를 주는 게 아닐 수도 있다고 생각하면서 자신의 행동이 초래하는 결과를 애써 외면하려 한다.

뇌과학의 관점에서 보면 모든 것이 에너지 절감 같은 냄새가 난다. 맞다. 이 현상은 전 세계에서 일어나고 있다. 우리 연구원들은 그것이 영겁의 세월 동안 일어났으며, 인간이 세상과 서로를 지배할 수 있도록 치른 가장 큰 대가라고 생각한다.

강화된 위계

에너지 계산은 권력이 대인관계 기술의 상실을 가져오는 이유는 설명해주지만, 권력이 성에 미치는 영향은? 권력이 행동 도구 세트에 비아그라를 계속 공급하는 진화론적 이유라도 있는 걸까?

진화생물학자들은 있다고 말한다. 사회적 포유동물이 마스토돈만 한 몸집이 될 필요 없이(바이오스를 두 배로 늘리지 않고도) 살아남은 방법과 관련 있다. 진화생물학자들에 따르면 지배적인 알파 영장류가 성 관계를 독점하는 것은 자명한 일이다. 그래야 자손을 많이 얻어서 생존 확률이 높은 강력한 홈 팀을 만들 수 있으니 일리 있는 주장이다.

인간에게도 해당될까? '아마도' 그럴 것이다.

인간은 사회구조가 더 복잡하므로 다른 영장류와 똑같지는 않다. 스탠퍼드대학의 신경과학자인 로버트 새폴스키(Robert Sapolsky)는 한 사람이 한 사회에서는 지위가 낮더라도 다른 사회에서는 완전히 지배적 지위를 차지할 수 있다고 말한다. 하지만 이런 복잡성이 우리를 고생물학과 완전히 분리하진 못했다.

대부분의 연구자들은 침팬지와 인간의 공통 조상은 알파 개체가 독점하는 특징이 있었다고 생각한다. 그들은 이런 불평등한 행동 구조가 21세기까지 긴 그림자를 드리우고 있다고 믿는다. 이런 주장은 어느 정도 진실일 수 있다.

일례로 권력을 얻자마자 생존을 보장하는 한 가지 방법은 기꺼이 관계 영역을 더 성적으로 만드는 것이다. 따라서 다른 사람들과 관계를 맺을 때 성적으로 흥분할 가능성이 더 커진다. 권력이 먼저고, 욕망이 뒤따르며, 그다음이 우수한 자손이다.

이런 아이디어에서 검증 가능한 가설이 나온다. 그중 두 가지인 성적 과지각(더 많은 권력을 축적할수록 성적 관심이 더 커진다)과 스스로 지각한 성적 상대로서의 가치(권력이 커질수록 자신이 성적으로 더 매력 있다고 생각한다)에 대해서는 이미 논의했다. 이 행동들은 진화를 거치지 않고 발생한 것이 아니다. 모든 행동은 한 달에 며칠만 비옥한 자연에서 약한 종인 인간에게 생존을 위한 최대 기회를 줄 가능성을 증가시키는 쪽으로 기울어져 있다. 우리가 더는 사바나에 살지 않는다는 사실은 뇌가 스스로 미망에서 깨어나도록 설득하지 못했다.

권력의 포로가 되지 않는 법

우리 뇌가 권력의 함정에 빠지지 않도록 설득할 방안이 있을까?

다행히도 행동과학이 해줄 이야기가 있다. 많은 중개연구(translational research, 기초과학의 연구 결과를 실제 사용할 수 있는 단계까지 연계해주는 연구 - 옮긴이) 노력과 달리 해결책은 사실 매우 간단하다. 사람들에게 경고하는 것이다.

새 직책을 맡아 처음 권력 수단을 잡기 전에 신임 임원을 앉혀놓고 경고해줄 사람이 필요하다. 통계적으로 볼 때 권력이 그들과 아랫사람들과의 관계에 어떤 작용을 할 가능성이 있는지 미리 들어야 한다. 무엇이 자신의 취약점일 수 있는지 알아둬야 한다. 특권 의식과 면책 의식이 어떻게 가속화될 수 있고 성적 과지각이 어떻게 발생하는지 알아야 한다. 새로운 임원들은 이 장의 배후에 있는 데이터를 검토하거나 더 간단하게 전체 내용을 읽어야 한다.

그런 깨달음의 순간을 만들라는 이유가 있다. 동료를 승진시키려 하든, 자신의 승진을 앞두고 있든, 도덕적으로 꺼림칙하고 대가를 치러야 할 수 있는 권력의 유혹을 아는 것만으로도 그것에 대항할 효과적인 부적이 될 수 있다. 이런 방지책을 일컫는 용어도 있다. 바로 예방 교육(prophylactic education)이다.

예방 교육은 의료계에서 과실 방지에 매우 큰 효과를 나타냈다. 연구자들은 가장 흔한 의료 과실에 대한 불만은 수술 절차에 들어가기도 전 소통 문제에서 비롯된다는 점을 발견했다. 이런 불만들의 요지는 기본적으로 '의사가 무슨 일이 일어날 수 있는지 미리 경고하지 않았다'는 것이었다.

의사가 환자에게 미리 경고했다면 어땠을까? 의사가 환자를 지식으로 미리 무장시켰다면 어땠을까? 의사가 실수를 저질렀을 때 숨기지 말고 환자에게 말해주면 어땠을까? 사과까지 했다면 어땠을까?

결과는 놀라웠다.

수술에 대해 사전 지도를 받은 환자들은 수술 후 불안과 우울을 덜 경험했고, 진통제를 적게 사용했으며, 합병증도 적고 입원 기간도 짧았다. 미시간대학교에서는 의료 과실 소송 건수가 거의 3분의 2로 감소했다. 병원 관리자들은 변호사 비용을 61퍼센트 절감했다.

이후 감사 결과 같은 기간 병원의 의료 활동이 72퍼센트 증가했는데도 (환자당) 보상 청구 비율은 58퍼센트 감소했다. 의료 활동은 증가했는데 비용은 감소했다.

사람들을 미리 대비시킨 것이 잘한 일이라는 결론이 나왔다. 연구자들은 그 이유도 알아냈다. 하이델베르크대학에서 비슷한 프로그램을 채택했을 때 연구자들은 '… 교육과 지원이 수술 전후 환자의 신체적 및 심리적 안녕에 긍정적 효과가 있는 이유는 환자의 통제감을 유지하거나 높여주기 때문'이라는 사실을 발견했다. 다시 말해서 예방 교육이 효과 있는 이유는 악천후 예보가 다가오는 폭풍에 대비할 수 있게 해주듯이 사람들에게 예측력을 제공하기 때문이다.

하지만 병실과 임원실은 다르다. 신임 임원에게 권력이 생길 때 어떤 일이 일어날 수 있는지 알려주는 것이 유사한 통제감을 제공할까? 예방 교육이 비즈니스에서도 효과가 있을까?

의료와 비즈니스는 매우 다른 전문 분야지만 그건 중요하지 않은 듯하다. 대답은 다행히도 '그렇다'니까.

최선의 해결책

당신이 요구한다고 행동이 바로 돛을 조절하고 출항하지는 않는다. 슬프게도 성공적인 변화는 드물다. 하지만 전혀 안 되는 건 아니다.

권력의 부수적 피해를 막을 수 있는 소수의 프로그램은 대부분 지식의 전달을 포함하고 있다. 흥미로운 노력의 하나는 특히 비대칭적 권력 분배 상황에서 남녀 직원들이 업무 관계를 유지하는 방법을 연구한 것이다. 심리학자 데이비드 스미스(David Smith)와 사회학자 브래드 존슨(Brad Johnson)은 직업상 상호작용 중 가장 까다로운 멘토링, 특히 남성이 여성에게 멘토링을 제공하는 경우를 연구했다.

그들은 참가자들이 멘토링 과정에서 발생할 수 있는 행동상 함정을 미리 알고 있는 경우 멘토 관계가 가장 일관되게 전문성을 유지한다는 점을 발견했다. 그들은 남녀 직원들이 성적 끌림의 이면에 있는 과학적 사실들, 즉 성적 과지각과 정서적 취약성 등을 알고 있다면 직장 내에서 부적절한 관계를 맺을 가능성이 적다는 사실을 발견했다. 스미스와 존슨은 이런 연구 결과를 〈하버드비즈니스리뷰〉에 발표했고 이후 공저서 《출세하는 여자들》(Athena Rising)에서 자세히 설명했다.

사람들에게 행동의 기초를 교육시키는 것은 효과적이다. 예방적 지식은 친근하면서도 전문적 성격의 관계를 유지하게 할 만큼 강력하다. 의사들이 의료 소송을 줄이기 위해 사용한 방안과 맥을 같이한다. 이처럼 승진한 사람들에게 어떤 일이 일어날 수 있을지 말해주는 것은 최선의 해결책이다.

이를 확증하는 좋은 연구가 많지는 않다는 사실을 언급해야겠다. 유감스럽게도 이런 유형의 행동 연구들은 연구비 부족난을 심각하게 겪고 있다. 교육은 강력한 효과가 있지만, 만능이 아니라는 사실도 짚고 넘어가야 한다. 학술지에 실린 데이터를 청중이 믿지 않는다면 그런 사실들을 접해도 불신만 강화될 뿐이다. 그들에게는 또 다른 '가짜 뉴스'일 테니 말이다. 청중이 과학을 신뢰할 때만 이런 메커니즘을 말해주는 것이 변화의 매개체가 된다.

직원들, 경영진, 회사가 이러한 데이터를 진지하게 받아들이고 조기 경고 내용을 관리 프로그램에 추가하면 많은 비용을 절약할 수 있고, 권력을 가진 경영진의 신념과 행동이 변화함에 따라 많은 심적 고통도 줄일 수 있다. 이런 데이터들은 권력이 만들어내는 괴물들을 저지할 수 있을 만큼 강력하여 권한을 가진 이들이 모든 짐승의 주인 또는 스코틀랜드의 왕이 되려는 목표를 갖지 않도록 보장해준다.

힘이 커질수록 공감력은 떨어진다

- 권력은 자원과 처벌을 조작함으로써 다른 사람의 환경이나 마음 상태를 변화시키는 능력이다.
- 권력을 가지면 해당 집단의 이익보다 자신의 이익을 우선시하고, 감정을 감지하고 공감하는 능력이 떨어지고, 성적 욕구가 증가하며, 다른 사람들의 눈에 자신이 실제보다 더 성적으로 매력적이라고 착각하고, 심지어 윤리적으로 타협하게 될 수 있다.
- 순자산이 많은 사람들은 협상 중에 거짓말을 하고, 자신이 상품을 탈 수 있다고 믿을 때 속임수를 쓰고, 다른 사람에게 가치 있는 물건일지라도 자신이 가져갈 가능성이 더 크다.
- 권력의 해로운 속성으로부터 보호하려면 그에 대해 배우고 그에 따라 자신의 기대치를 조절하라.
- (승진과 연봉 인상을 통해) 권력을 획득하게 될 직원들에게 잠재적인 권력의 함정에 대해 경고하여 대비시키라. 그러면 권력이라는 함정의 희생양이 될 가능성이 줄어든다.

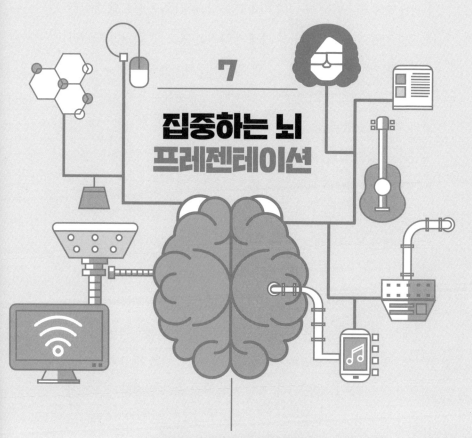

7

집중하는 뇌
프레젠테이션

상대를 사로잡는 것은
최초의 10분에 좌우된다

탄산음료와 촌스러운 70년대 디스코 음악, 미식축구 선수의 유니폼이 들어간 TV 광고가 역사상 가장 상징적인 광고 중 하나가 되리라 누가 생각이나 했을까?

그 광고는 경기장 터널에서 시작된다. 오른쪽에는 9세 소년이 광고의 주인공으로 추정되는 콜라 한 병을 들고 있다. 하지만 진짜 유명인은 왼쪽에 있다. 어깨 패드를 달고 태어난 듯한 미식축구 선수, 1979년 가장 격렬하고 두려운 선수, '사나운' 조 그린이다. 이 순간만큼은 그다지 무섭지 않다. 안타깝게도 부상을 입은 그는 찢어진 유니폼을 한쪽 어깨에 걸친 채 머리를 숙이고 절뚝거리며 걸어가고 있다.

"그린 선수? 그린 선수?" 소년이 부른다.

"왜?" 그린은 짜증스러운 듯 걸음을 멈추고 퉁명스레 대답한다.

"도와드릴까요?" 소년은 순진하게 묻는다. 그린은 마다하고 계속 절뚝거리며 복도를 걸어간다. 소년은 굴하지 않고 말한다. "나는 아저씨가 최고라고 생각한다는 것만 알아주세요!" 그러고는 "콜라 드릴까요? 괜찮아요. 드세요."라고 말한다.

소년이 콜라를 건네자 주저하던 거구가 멈춰 서고 기분이 풀린 듯 보인다. 그린은 로고가 눈에 띄는 콜라병을 기울여 NFL 선수답게 단숨에 들이킨다. 그가 콜라를 비우는 동안 디스코 음악이 커지고 그러는 동안 소년은 무시당해서 약간 의기소침해진 표정으로 한숨을 내쉬고는 돌아서서 가려고 한다.

"꼬마야!" 그린은 이제 얼굴을 찡그리지 않는다. "받아!" 그는 유니폼을 던져주면서 소년이 플레이오프급 함박웃음을 짓게 하고, 광고계 임원들을 포함하여 이 광고를 본 거의 모든 사람의 마음을 사로잡는다. 1997년 권위 있는 클리오 광고제와 칸 국제광고제 황금사자상 등 주요 광고상을 휩쓸었고 전 세계의 모방 광고를 낳았으며, 〈TV 가이드〉는 이 광고를 역사상 가장 위대한 광고 중 하나로 꼽았다.

그건 우연이 아니다.

이 광고에는 우리의 주의를 사로잡고 뉴런을 붙잡아두는 요소들이 의도적으로 배치되어 있다. 이 접착 요소들을 살펴보자. 이 요소들은 TV가 있는 거실뿐만 아니라 중역 회의실, 교실 혹은 사람들이 귀 기울이게 만들어야 할 어떤 곳에서도 뇌의 주의를 끄는 데 유용하다는 사실을 알게 될 것이다.

스포트라이트

우리는 왜 어떤 정보는 기억하지만 다른 정보는 기억하지 못할까? 주목하지 않을 수 없는 대상에 더 주의를 기울이고, 더 주의를 기울이기 때문에 더 기억에 남는다는 게 답일 것이다.

순환론에 가까운 이 추론은 대부분 사실이지만 알쏭달쏭하기도 하다. 우리가 왜 특정 세부 사항에는 주의를 기울이고 다른 세부 사항은 즉시 마음에서 몰아내는지 설명하려는 경쟁 가설들은 적지 않다.

첫 번째는 주의 스포트라이트 이론(attentional spotlight theory)이다. 이 아이디어는 원래 무엇 때문에 어떤 대상에는 시선이 닿고 다른 대상에는 시선이 닿지 않는지 물었던 시각 연구에서 왔다. 마이클 포스너(Michael Posner) 같은 과학자들은 그 질문이 잘못되었다는 점을 금세 깨달았다. 무언가에 주의를 기울이기 위해 시선이 그것에 닿을 필요가 없다는 사실을 발견한 것이다(주의는 시선에 의존하지 않는 것으로 밝혀졌다). 대신 우리 머릿속에는 운영위원회가 있어서 차가운 바람의 느낌이나 불타는 냄새와 같은 다양한 감각 경험을 살피면서 주목할 흥미로운 무언가를 열심히 찾는 것처럼 보였다. 그런 다음 이 운영위원회는 주의를 기울여야 하는 것에 대해 악수로 협정을 맺는다. 뇌가 주목해야 한다고 생각하는 것과 실제로 존재하는 것, 이 두 가지 입력 정보에 기초한 협정이다. 연구자들은 이 신경위원회가 어디에 있는지까지 발견했다고 생각했다. 바로 전전두피질(prefrontal cortex)이다.

모든 사람이 주의 스포트라이트 이론을 받아들이는 것은 아니다. 이 이론은 주의를 기울이는 과정에 대해 알려진 모든 사실을 고려하지 않았다고 생각하는 사람도 많다. 그들은 이 이론이 연구자들이 말하는 필터링 시스템을 제대로 통합하지 못한다고 지적한다. 이 이론에 비판적인 연구자들은 우리가 다른 입력 정보를 희생하면서 일부 입력 정보에만 주의를 기울인다고 생각한다. 최소한 우리의 성교한 주의 운영위원회는 그만큼 정교한 '주목하지 않을 정보를 선별해주는' 소위원회와 상의하여 처리한다고 믿는다. 이 소위원회는 전전두피질에 있지 않다고 스포트라이트 이론 반대자들은 말한다. 대신 그들이 지목한 것은 시상(thalamus)으로, 머리 깊숙한 곳에 있는 오래된 이 신경 구조는 보통 운동과 감각 신호에 일종의 항공 교통 관제 시스템의 기능을 하면서 특정 뇌 영역에 특정 종류의 입력 정보를 처리하도록 알린다. 시상은 주의 필터링 기능도 관장한다는 증거가 있다(적어도 쥐의 경우).

어떤 신경 관료 체계가 주의를 감독하는지 최종적으로 알기 위해서는 배심원단이 추가 정보를 기다려야 한다. 다행히 프레젠테이션 중에 우리의 주의가 어디로 향하는지 이해하기 위해 완전한 그림이 필요하지는 않다. 분명히 뇌에 어떤 입력 정보는 흥미롭고 어떤 정보는 지루하다. 사람들이 우리 발표를 듣기 시작할 때 구두 수면제가 되지 않도록 도와줄 몇 가지 기술을 살펴보자.

관심을 붙잡는 10분 규칙

누군가 파워포인트를 띄우고 발표를 시작할 때 우리 뇌에서는 무슨 일이 일어날까? 딴생각을 시작하기 전에 얼마 동안 발표자에게 주의를 기울일까?

여기서 연구 문헌은 약간 엇갈린다. 발표를 시작한 뒤 빠르면 30초 안에 주의력이 떨어질 수 있다는 몇몇 증거가 있다. 여기서 "처음 30

초 안에 무언가를 하지 않으면 청중을 잃는다"라는 주장이 나왔다. 이에 대한 직접적 증거는 상당히 약하지만, 어떤 연구들은 어떻게 30초 안에 청중을 사로잡으라는 격언에 이를 수 있는지 간접적으로 보여준다.

이러한 연구 결과들은 첫인상에 대한 견고하고 다소 불편한 연구 보고서의 도움을 받는다. 연구에 따르면 우리는 사람들을 만나고서 곧바로 그들에 대해 판단을 내리고 그 판단은 매우 매우 오래 지속된다고 한다. 100밀리세컨드(0.1초) 이내에 우리는 한 사람의 호감도, 신뢰성, 능력에 대한 평가를 끝내버린다.

이 속도는 발표자에게도 해당될까? 직접적 증거는 드물지만 0.1초만에 성급한 판단을 내리는 감지기가 가만히 있으리라고 믿기 어렵기 때문에 특히 낯선 사람들을 청중으로 할 때는 프레젠테이션의 처음 몇 분이 중요하다고 가정하는 편이 안전하다. 발표를 한다면 처음 몇 마디는 능숙하게 외워야 할 것이다.

하지만 중요한 시점이 그때만은 아니다. 사람들은 아무리 지루한 발표라도 시작된 뒤 10분 동안은 집중도가 오르락내리락하면서도 발표자의 이야기를 따라가려 꿋꿋이 노력한다. 그리고는 일이 벌어진다. 때때로 '10분 규칙'이라고 불리는 연설 법칙이 발효되는 것이다. 심리학자 윌버트 맥키치(Wilbert McKeachie)는 연사의 말을 들을 때 청중의 주의력이 약 10분 후 급락한다는 점을 발견했다. 9분 59초 전에 구조 작업을 개시하지 않으면 청중을 잃게 된다.

이 10분 규칙의 확증은 비교적 최근에 이루어졌다. 〈네이처〉에 실

직장으로 간 뇌과학자

린 연구에서 로버트 유어(Robert Ewer)는 청중이 약 10분 동안은 연사의 말을 경청한다는 점을 발견했다(유어가 측정한 정확한 시간은 11분 42초였다). 하지만 그 시점에서 청중의 관심을 다시 붙잡을 행동이나 말이 없으면 주의력이 현저히 떨어진다. 만약 청중들이 13분 12초에 여전히 지루하게 느낀다면 연사는 연단을 떠나야 할지도 모른다. 유어는 임계점 이후의 주의력 감소율까지 계산했다.

연사가 웅얼거리자 그의 말이 지루할 확률은 70초마다 2배가 되었다.

그렇다. 2배다.

입력 정보를 여과해주는 감정

데이터는 10분쯤에 주의력 출혈을 멎게끔 조처하지 않으면 청중을 잃는다고 경고한다. 하지만 어떤 종류의 지혈이 효과가 있을까? 연구자들은 단서를 갖고 있다. 아주 큰 문제를 해결해야 한다.

큰 문제란 회의실에 앉아 있든 그냥 침대에 누워 있든 한 번에 뇌로 쏟아지는 정보의 양과 관련 있다. 그 정보들은 항상 너무 많다. 시각 정보 한 가지만 예로 들어보자. 신경과학자 마커스 라이클(Marcus Raichle)은 당신이 눈을 뜨는 순간 초당 약 100억 비트에 해당하는 시각 정보가 망막으로 쏟아진다고 설명한다. 그러나 응급실처럼 압도당한 망막은 한 번에 약 600만 비트만 처리할 수 있다. 그리고 시지각(視知覺)이 시작되는 뇌 뒤쪽에서는 그 숫자가 약 1만 비트로 줄어든다.

명백한 병목 현상의 발생인데 고작 한 가지 감각을 논의했을 뿐이다. 뇌는 최소 4가지 다른 감각의 입력 정보뿐 아니라 내이(內耳)가 제공하는 위치 정보 같은 내부 정보도 처리해야 한다. 그리고 위가 제공하는 배고프다는 정보, 다른 신체 부위에서 제공하는 정보도 처리해야만 한다. 뇌가 입력 정보의 우선순위를 매길 수 있는 일종의 필터링 시스템을 쓰지 않는다면 뇌의 신경망은 끊임없이 디도스공격(mass-distributed denial of service, 분산 서비스 거부 공격의 줄임말로 여러컴퓨터로 무의미한 데이터를 동시 전송하여 고의로 네트워크를 마비시키는 것 – 옮긴이)에 시달리다가 결국 그 무엇도 인식하지 못할 것이다.

다행히도 뇌는 혼잡한 정보 흐름 가운데서 질서 있게 우선순위를 세울 수 있는 과부하 방어책을 가지고 있다. 우리는 감정이 그 일을 한다고 생각한다. 혼란하다는 평판이 있지만 사실 감정은 다른 정보를 잃으면서 일부 정보에 주의를 기울이는 데 필요한 체계적 우선순위를 제공한다. 실은 감정을 유발하는 자극일수록 우리가 그것에 주의를 기울이고 기억할 가능성이 더 크다. 연구자들은 그렇게 강하게 주의를 끄는 정보에 감정이 결부된 자극(ECS: emotionally competent stimuli)이라는 이름을 부여한다.

정확히 어떤 종류의 자극이 가장 강한 주의력 반응을 끌어낼까? 광범위한 두 범주의 자극들이 대기실을 가득 채우고 있으며 그 모두는 진화상 긴급 사항에 기인한 것이다. 예를 들어 우리는 위협에 엄청난 주의를 기울인다. 진화 과정에서 생존에 주의를 기울이도록 단련되었기 때문이다. 섹스에도 엄청난 주의를 기울인다. 진화가 미래의 생존에 대한 우리의 주의력을 키웠기 때문이다. 다음 세대에 자신의 유전자를 전하는 것은 진화의 핵심이다. 감정은 어수선한 입력 정보를 생물학적 우선순위에 따라 정렬하게 만든다.

짐작했겠지만, 감정이 결부된 자극은 발표를 시작하고 9분 59초 동안 다루어야 할 내용에 대해 많은 영향을 미친다.

주의를 끄는 '이야기'

나는 감정이 결부된 자극을 '훅'(hook)이라고 부른다. 훅은 그저 청중의 주의를 환기하기 위한 단순한 전략이다. 10분쯤에는 청중에게 10분 더 발표를 들어야 할 설득력 있는 이유를 제시할 필요가 있다. 그들에게 훅을 제공해야 한다. 그리고 10분 후에는 또 다른 훅을, 발표 내내 계속 그렇게 제공해야 한다.

다음은 내가 어린아이들의 사회적 발달에 대해 강의할 때 사용하는 훅의 예다. 1960년대 오후 시간대 가족 프로그램인 〈하우스 파티〉에서 아트 링클레터(Art Linkletter)가 진행했던 〈애들이 기가 막혀〉(Kids Say The Darndest Things)라는 코너에서 나온 이야기다. 링클레터는 자주 정답 없는 질문을 던지고 아이들을 인터뷰했는데, 그

대답이 때때로 상당히 의미심장했다. 때로는 너무 의미심장했다. 녹화 방송이 나오기 전이었던 당시는 모든 프로그램이 생방송이었다.

한 방송에서 링클레터는 토미라는 소년에게 무엇이 그를 행복하게 하는지 질문했다. "저만의 침대요. 그게 있으면 행복할 거예요." 토미가 대답했다.

링클레터는 걱정하며 물었다. "침대에서 안 자요?"

"보통 엄마, 아빠와 함께 자는데 아빠가 안 계실 때는 엄마가 밥 삼촌과 함께 자기 때문에 저는 소파에서 자야 하거든요. 그런데 그는 진짜 삼촌은 아니에요."

조정실에서 감독이 "광고 틀어!"라고 외치는 소리가 들릴 것만 같다.

내 경험상 최고의 훅은 다음 4가지 특성을 보인다.

1. 감성

첫째, 훅은 감정을 자극하여 청자(聽者)의 뇌에서 항상 경계하고 있는 주의 메커니즘을 활성화할 수 있어야 한다(이는 선택 사항이 아니다). 위협과 생존에 대한 호소는 강력한 효과가 있다. 부상당한 미식축구 선수와 소년의 이야기로 이 장을 시작한 이유다. 훅은 섹스에 관한 것일 수도 있다. 하지만 행위 자체(이는 원하는 반응을 끌어내지 못할 수도 있다)보다는 재생산의 결과(아기와 강아지가 떠오른다)에 중점을 두어야 한다. 유머도 여기서 효과가 있다. 섹스와 마찬가지로 웃음은 뇌가 보통 자신에게 보상으로 사용하는 기분 좋은 호르몬, 도파민을 분비시킨다.

2. 연관성

훅은 다루는 내용과 관련 있어야 한다. 청중이 주목하도록 진부한 농담을 할 수도 있지만, 대부분의 프레젠테이션은 코미디 시간이 아니고 발표자는 스탠드업 코미디언이 아니다. 훅은 방금 말한 내용을 요약하거나, 지금 이야기 중인 내용을 예시하거나, 곧 말할 내용을 미리 보여주는 것이어야만 한다. 교양 있는 청중은 중요한 정보를 전달하기 위해 진지하게 노력하는 발표자와 단순히 그들을 즐겁게 해주려는 발표자와의 차이를 알 수 있다. 그 점에서 훅은 프레젠테이션의 감정적 분위기와도 맞아야 한다. 나쁜 농담은 여러 가지 그릇된 이유로 기억에 남을 것이다.

3. 간결성

훅은 짧아야 한다. 내용을 압도할 정도로 강력한 훅들이 많다. 그것은 청중들이 9분 59초 동안의 내용이 아니라 훅만 기억하게 할 수 있다. 단순히 훅을 제공하는 시간을 제한함으로써 강조점의 문제를 해결할 수 있다. 거의 40년 동안 강의하고 가르치면서 나는 2분 정도 지속되는 훅이 딱 적당하다는 것을 알게 되었다.

4. 스토리텔링

가능할 때마다 훅을 이야기로 바꾸라. 이야기는 가장 기억에 남고 주의를 지속시키는 강력한 방법이다.

아트 링클레터의 이야기는 만족스러운 훅의 4가지 특성을 모두 보여준다. 섹스와 유머 부분은 분명하게 감정을 자극해야 한다는 요구 사항을 충족시킨다. 내 강의의 주안점은 아이들의 사회적 인식 발달이므로(보통 그런 강의를 시작할 때 이 이야기를 한다) 적절성 요건도 충족시킨다. 또한 짧다. 나는 보통 몇 분 안에 사건을 묘사할 수 있다. 그리고 무엇보다 이야기다.

이야기는 인간의 경험에서 막중한 역할을 하므로 다음 몇 절에 걸쳐 이를 다루려고 한다.

내러티브의 구성요소

우리는 내러티브 또는 이야기(두 용어를 번갈아 사용하겠다)의 정의로 시작해서 이를 플롯과 비교할 것이다. 어떤 용어든 상관없이 이 작업은 생각보다 어렵다. 다행히 우리는 이야기 쓰기가 직업인 소설가들에게 전문적인 도움을 받을 수 있다. 유명한 소설가 에드워드 모건 포스터(Edward Morgan Forster)부터 시작해보자. 스토리텔링에 대해 아주 많은 생각을 했던 그는 관련 도서를 집필했는데, 그 책에서 이 두 문장을 비교했다.

1. 왕이 죽고 그 후 왕비가 죽었다.
2. 왕이 죽고 그 후 왕비는 슬픔으로 죽었다.

이 문장들은 같은 감정 세계를 차지하지 않는다. 똑같이 정의되지도 않는다. 포스터는 첫 번째는 이야기, 두 번째는 플롯이라고 말한

직장으로 간 뇌과학자

다. 차이점은 무엇인가? 첫 문장은 신문기자가 썼을 법한 사실만 기술한다. 다음 문장은 두 사람을 하나로 묶는 관계적 중력, 단 두 단어로 드러난 감정의 은하를 묘사한다. 그 깊은 조망으로 두 문장은 완전히 달라진다.

작가 재닛 버로웨이(Janet Burroway)에 따르면 "이야기는 연대순으로 기록한 일련의 사건이다. 플롯은 극적, 주제적, 감정적 중요성이 드러나도록 의도적으로 배열한 일련의 사건이다."

학자들은 오랫동안 이야기를 플롯으로 바꿔주는 것이 정확히 무엇인지 이해하려고 노력해왔다. 그들은 플롯이 극적인 구조를 가진 이야기라고 결론지었다. 그러므로 다음 질문은 '그 구조는 무엇으로 구성되어 있는가?'이다.

다시 한 번 혼란이 지배한다. 문학 이론가들은 모든 플롯에는 기본적인 구성 요소들이 존재한다고 믿지만, 그 요소들이 정확히 무엇인지, 심지어 몇 가지 요소가 있는지는 의견이 분분하다. 플롯의 구성요소가 7개, 31개, 또는 20개라고 단언하는 논문들을 볼 수 있다. 구스타프 프라이타크(Gustav Freytag)라는 극작가는 시간의 경과에 따라 전개되는 5막 구조(기본적으로 갈등-해소 모델)를 고안했고 이는 몇 가지 이상한 이유로 (제곱근을 뒤집어 놓은 모양에 더 가까운데도) 프라이타크 피라미드로 불린다.

현대의 행동주의자들은 내러티브를 결정짓는 공식을 제시하는 데 그다지 진전을 이루지 못했다. 어떤 이들은 내러티브를 마음 이론을 연상시키는 '의도적 행위자'의 상호작용으로 정의한다. 어떤 이들은 내러티브를 왕비의 죽음을 기술한 위의 문장처럼 시간상 인과적으로 연결된 사건들로 규정한다. 일부 신경과학자들은 내러티브는 일화 기억(episodic memory)이라는 인지 장치로 처리된다고 생각한다. 이 장치는 특정 경험을 더 쉽게 저장할 수 있는 부분들로 나누는 필름 편집기처럼 작동한다.

이러한 노력은 내러티브 개념에 결정적인 것으로 입증될 수 있는 많은 세부 사항을 생략한다. 그러나 무엇으로 밝혀지든 내러티브는 수명이 짧은 것 같지 않다. 우리는 내러티브를 어떻게 정의하는가에 따라 뇌의 어디에서 처리되는지도 알고 있다.

결국 내러티브의 정의에 이르게 되면 나는 두 손을 들고 내가 아는 위대한 이야기꾼 중 한 명인 작가 아이라 글래스(Ira Glass)에게 항복해야 한다. 여러 상을 받은 장수 프로그램 〈디스 아메리칸 라이프〉(This American Life)를 진행하는 라디오 방송인인 글래스는 내러티브가 "목적지가 있는 기차에 탄 것과 같고" 마지막에는 "무언가를 찾게 된다"라고 말한다.

과학이 더 정확하게 내러티브의 정의를 내리고, 내부 작동 방식을 파악하고, 그 메커니즘을 그릴 수 있을 때까지 나 같은 까다로운 과학자도 이 아름다운 아이디어로 만족해야 할 것이다.

내러티브와 주의력

뇌가 내러티브를 감지하면 무슨 일이 일어날까? 연구에 따르면 뇌는 조직화된 방식으로 핀볼 기계처럼 불이 켜진다. 수년간 연구자들은 내러티브를 경험할 때 어떤 뇌 영역이 활성화되는지 정확히 알아내고자 노력했다.

확실히 입증된 연구 결과의 하나는 뇌의 주의 시스템의 활성화이다. 내러티브가 형성된다고 생각되면 뇌는 고도의 경계에 들어간다(피험자에게 암산 과제를 준 통제 집단은 전혀 경계에 들어가지 않았다). 발표 중간의 내러티브는 확실하게 주의를 끄는 훅 역할을 하지만 통계 수치는 그렇지 않은 이유가 여기에 있다.

하지만 주의 네트워크가 내러티브에 의해 자극받은 유일한 뇌 영역은 아니다. 언어 영역에서도 전기적 활동이 급증한다. 운동 영역도 마찬가지인데 경험하고 있는 내러티브의 행동 내용을 모방하는 영역이 특히 그렇다. 촉각, 시각, 후각의 해석을 담당하는 뇌 영역도 마찬가지다(계피라는 단어를 읽기만 해도 후각 신호를 해독하는 뇌 영역이 자극을 받는다). 뇌 조직이 이야기를 흡수하자마자 뇌는 이야기의 요소들을 모방하기 시작한다.

과학자들은 그러한 모방을 내러티브 전송(narrative transport)이라고 부른다. 이때 우리 뇌는 좋은 책이 가라고 일러주는 어디든 가는 일등석 표를 산다. 그 표는 그저 책을 읽기만 하면 살 수 있다. 단어들이 나열된 페이지들로만 구성된 기차인데도 우리는 그 기차가 정말 어딘가로 가고 있다고 생각하게 된다. 그래서 책을 읽는 동안 우리는 책 속의 장소에 있다고 상상할 수 있는 것이다. 적어도 내러티브 전송은 정확한 용어다.

뇌에서 내러티브를 경험할 때 자극되는 또 다른 과정은 교육과 관련 있다. 연구자들이 활성화된 대규모 신경망을 목격할 때 그 자리에 있던 기억 연구자들은 주목한다. 그들이 수년 전에 배운 정보 처리 원칙 때문이다. 학습하는 순간에 더 많은 신경 기질(neural substrate)이 자극될수록 확고하게 학습된다. 강의에서 시각적 프레젠테이션에 오디오 트랙을 추가하기만 해도 내용을 숙지하기까지 필요한 강의 수가 60퍼센트 감소한다. 후각이나 미각, 촉각 같은 다른 감각까지 포함한다면 그 수는 더욱 줄어든다. 다중 감각 경험이 효과가 큰 이유는 학습하는 순간 더 많은 뇌 영역이 자극될수록 접근점(access point)이 더 많이 생성되기 때문이라고 한다. 이 접근점들은 나중에 학습한 내용을 인출하기 쉽게 도와준다.

그러므로 다음과 같은 예측이 가능하다. 내러티브가 학습하는 순간 뇌의 아주 많은 영역을 자극한다면 그 순간이 한참 지난 후 기억을 향상해줘야 하지 않을까?

간단하지는 않지만 답은 '그렇다.'

내러티브는 프레젠테이션 내용이 더 잘 기억나게 한다

10대 초반에 나는 《반지의 제왕》 3부작을 다 읽고서 마지막에 눈물을 흘렸다. 내가 이제껏 접한 적 없는 이미지, 설화, 학식, 세계관이었다. 그때 나는 죽어서 천국에 가고 싶지 않다고 하느님께 기도했던 기억이 난다. 대신 중간계에 가고 싶었다.

그 당시 내가 떠올렸던 이미지들은 거기 담긴 가치와 함께 오늘날까지도 내게 남아 있다. 나는 그 이미지들이 너무 소중해서 영화로 절대 보지 않겠다고 맹세했다. 가족들은 유감스러워했지만 나는 그 약속을 지켰다. 피터 잭슨 감독이 만든 이미지들이 내 머릿속의 세계를 방해하게 놔둘 수 없었다. 그 기억들은 너무 소중하기에 지울 수 없다.

기억 증진은 바로 내러티브의 기능이다. 이야기는 우리의 주의를 끌 뿐만 아니라 대개 정보의 점착성을 크게 높여줄 초강력 접착제 한 방울이 들어 있다. 스탠퍼드대학과 뉴욕시의 실험실에서 이 점착성을 측정한 적이 있다.

칩 히스(Chip Heath)와 댄 히스(Dan Heath) 형제가 이끈 팔로알토에서의 실험에서는 경영학 수업을 듣는 학생들에게 발표를 시켰다. 학생들에게 비폭력 범죄가 문제인지 아닌지 동료들을 설득하라는 과제를 주고, 발표 시간은 1분으로 제한했다. 이어서 파지(把持) 검사를 했다. 히스 형제는 60초간의 발표에 통계가 잔뜩 들어가 있다는 사실을 발견했다. 평균 2.5개의 통계가 들어갔다. 발표자의 10퍼센트만 청중을 설득하기 위해 내러티브를 이용했다. 파지율을 평가했을 때 어떤 통계든 기억하는 학생은 5퍼센트였지만 내러티브를 기억하는 학생은 63퍼센트였다.

발달심리학 분야의 거장 중 한 명인 제롬 브루너(Jerome Bruner)는 뉴욕 쪽의 관점을 제공했다. 브루너는 아기의 뇌 발달에서부터 교육에 이르기까지 관심사가 광범위했고 나중에는 인지에서 내러티브의 역할을 중점적으로 연구했던 인지심리학자였다. 그래서 기억과 스토리텔링에 관한 연구로 그의 이름이 자주 거론된다. 다음은 저널리스트 가이아 빈스(Gaia Vince)가 브루너의 연구를 인용한 글이다.

> 이야기를 통해 전달된 정보는 훨씬 더 기억에 남는다.
> 한 연구에 따르면 22배나 잘 기억된다고 한다.
> 내러티브를 위해 뇌의 여러 부분이 활성화되기 때문이다.

해석기

위 인용문의 '여러 부분'은 어디를 가리킬까? 많은 뇌과학자가 내러티브 처리의 배후에 있는 신경학적 기초를 이해하기 위해 노력 중이다. 기억이 아주 깊이 관여한다는 사실이 그들에게는 단서가 된다. 이 단서들을 이해하려면 뇌가 다른 유형의 기억들을 어떻게 만들어내는지 논의해야 한다.

그냥 기억이라고 하지 않고 '다른 유형의 기억들'이라고 표현했다는 것에 주목하라. 우리 뇌에는 여러 기억 시스템이 존재하고 그 대부분은 반독자적인 방식으로 작동하기 때문이다. 조지 워싱턴이 대통령이었음을 상기하는 것은 뜨거운 난로를 만지면 화상을 입는다고 기억하는 것과는 다른 뇌 영역에서 처리된다. 자전거 타는 법을 기억하는 것은 둘 다가 아닌 또 다른 뇌 영역에서 처리된다.

어떤 기억 시스템이 내러티브 처리에 관여할까? 연구자들은 최소

두 유형의 기억 시스템이 필요하다고 생각한다. 하나는 사실과 개념들의 기억인 의미 기억(semantic memory)이다. 어제 참석한 행사가 가장 친한 친구의 결혼식이었고 거기서 초콜릿케이크가 나왔다는 것을 아는 능력은 의미 기억의 좋은 예다. 앞에서 언급됐던 또 다른 기억 유형은 일화 기억(episodic memory)이다. 특정 인물이 공간과 시간을 통해 상호작용했던 사건들의 기억이다. 친구 결혼식에서 누가 먼저 식장에 입장했고, 주례가 언제 주례사를 시작했고, 몇 시에 피로연이 시작됐는지 기억해내는 능력은 모두 일화 기억의 영역에 속한다.

적어도 기억 시스템의 관점에서 이 두 시스템은 뇌가 내러티브를 처리하는 방법에 대한 단서를 제공한다. 그러나 실제 내러티브의 처리가 어디서 이루어지는가에 대해서는 별로 알려주지 않는다. 그 점에 관해서는 마이클 가자니가(Michael Gazzaniga)의 통찰이 필요할 것이다. 그는 뇌의 특정 면에서 일어나는 인지 기능, 즉 기능의 편측화(functional lateralization)을 조사한 과학자로 유명하다. 예를 들어 말을 만들고 이해하는 능력은 뇌의 왼쪽에서 담당한다. 말의 감정적 내용을 이해하는 능력은 뇌의 오른쪽에서 담당한다.

가자니가는 뇌에 내러티브 '공장', 즉 이야기 생성기가 있고 그것도 마찬가지로 편측화되어 있다고 믿는다(대부분 뇌의 왼쪽). 그는 이 내러티브 공장을 '해석기'(interpreter)라고 부른다. 거기에는 종합 기능이 있어서 작은 사실 조각들을 큰 타이밍 조각으로 결합하여 하나의 이야기를 만들어낸다.

나를 나로 만드는 내러티브, 나 자신의 개인적 이야기도 여기 포함된다. 의식(그것이 무엇이든)과 약간 비슷하게 들리지만, 많은 내러티브 처리 기능은 '우리'를 우리로 만드는 요소에 깊이 뿌리를 두고 있다. 공상과학소설 작가인 테드 창(Ted Chiang)은 이 아이디어를 다음과 같이 아름답게 표현한다.

> 사람들은 이야기로 구성된다. 우리 기억은 우리가 살아온 매 순간의 공평한 축적이 아니다. 선택된 순간들을 모아놓은 내러티브다.

그런데 아무도 이 내러티브들을 구성하는 방법을 우리에게 가르쳐주지 않는다. 우리는 의식적 인식의 밖에서 자동으로, 아마도 선천적으로 이야기들을 구성하고 거기에 의지하는 것 같다.

진화론적 고찰

이야기를 자동으로 형성하고 그것에 의존하는 뇌의 능력은 진화론자들에게는 매력적이다. 특정한 인지 능력에 대한 선택적, 비선택적 압력이 있음을 시사하니까. 하지만 거기에 수수께끼가 있다. 예컨대 《반지의 제왕》 3부작을 중심으로 상상의 장면, 이미지, 캐릭터를 만들어내는 능력이 문맹인 미개한 인간의 뇌에 어떤 생존 이점이 될 수 있었을까?

이론가들이 제시한 몇 가지 설명 중 하나는 익숙한 효율성 주장이다. 우리는 이미 뇌가 에너지 절약을 얼마나 좋아하는지 보았다. 내러티브 정보가 22배 더 기억에 남는다면 기억에 덜 남는 정보보다 뇌의 검색 비용이 그만큼 덜 든다. 생물 에너지가 절약된다.

두 번째는 유전이 아닌 세대 간 정보 전달로 설명한다. 이론가들은 고대의 이야기들이 현대의 이야기들과 마찬가지로 부족의 제도적 지식의 실례들을 포함했으리라 믿는다. 그러한 지식에는 남녀의 결합 의식 같은 사회적 관습이나 식량 채집이나 합동 사냥, 적의 격퇴에 관한 설명도 있을 것이다. 그 모든 지식은 모닥불 주위에서 간단한 이야기로 다음 세대에게 전달되었을 수 있다. 수백만 년 동안 DNA가 유사한 작업을 훨씬 덜 정확하게 수행하기를 기다리는 대안보다는 이것이 유용하다.

뇌가 유용한 진화 메커니즘으로 내러티브에 매달린 이유에 대한 가장 설득력 있는 설명은 1장에서 다룬 내용과 관련 있을 것이다. 타인의 의도와 동기를 이해할 수 있게 해주는 인지 장치, 마음 이론을 기억하는가? 마음 이론의 가장 흥미로운 특징 중 하나는 오감으로 쉽게 파악할 수 없는 것을 감지하는 능력이다. 의도는 눈에 보이지 않는다. 의도를 인식하려면 상상력이 필요하다. 이야기의 주인공을 이해하는 것도 마찬가지다. 우리는 그들의 관점, 내러티브 전송의 감정적 면을 상상한다. 유능한 작가의 손에서 우리는 이런 관점 수용으로 인물의 과거가 끼친 영향을 느끼고, 현재의 행동을 이해하고, 미래를 상상하며, 유사한 상황에서 우리가 어떻게 행동할지 예측할 수 있게 된다.

나는 작가 로버트 스워트우드(Robert Swartwood)와 인터뷰한 NPR(미국 공영 라디오) 방송을 들으면서 내러티브와 상상력 간의 연관성에 대한 교훈을 얻었다. 그는 청취자들에게 25단어 이하로 완전한 소설 쓰기에 도전하라고 했고 그중 마음에 드는 글을 모아 《힌트 픽션》(Hint Fiction)을 냈다. 다음 응모작은 〈삶과 죽음〉 장에 실린 것이다.

〈황금기〉 (이디스 펄먼)

여자: 황반변성. 남자: 파킨슨병. 여자가 밀고 남자가 지시하며 경사로를 내려가서 잔디를 가로질러 정문을 통과한다.

휠체어가 강 쪽으로 굴러간다.

이 토막 정보는 단어들 사이의 여백을 채우는 뇌의 기능 때문에 이야기가 된다. 내러티브에 대한 우리의 사랑에 마음 이론을 결합한 효과는 강력하다.

연구자들은 이 상상 능력이 단지 소설 팬들을 흥분시키는 것 이상의 목적에 이바지했다고 믿는다. 진화의 관점에서 그것은 실제 사회적 상호작용 전에 사회적 상호작용을 연습하게 해주었다. 생존을 위해 절실히 필요한 관계와 협력 기술을 그것을 잘못 수행했을 때 따르는 현실적 결과 없이 연습할 수 있게 했다. 연구자 키스 오틀리(Keith Oatley)의 말을 빌리자면 이야기는 서로 어울려 지내는 법의 학습이라는 중대한 기술을 연마시켜 주는 관계의 모의 비행 장치 역할을 할 수 있다.

그것이 사실이라면 내러티브가 아닌 내용을 10분간 발표한 후에 내러티브를 적절히 사용하는 것은 단순히 좋은 생각이 아니라 필수에 가깝다. 수백만 년에 걸쳐 만들어진 선호도와 싸우기는 힘드니까.

시선을 끄는 '이미지'

수백만 년에 걸쳐 만들어진 또 다른 문제는 프레젠테이션 중에 사용되는 다른 감각, 안구다. 오랫동안 주의력 연구는 다른 사람이 무엇을 보고 있는지 관찰한 다음 왜 그랬는지 질문했다. 이는 앞서 살펴보았듯 유아 연구에 영향을 미쳤으며, 성인들에게서도 이 상관관계가 측정되었다.

밀그램은 1960년대 후반 사회적 상호작용과 응시를 설명하는 논문을 발표했다. (내가 읽으면서 크게 웃었던 유일한 논문이다.) 그는 배우들을 고용하여 길모퉁이에 서서 고개를 들고 한 건물의 창문을 바라보게 요구했다. 낯선 사람들이 하던 일을 멈추고 같은 창문을 응시하는지 알고 싶었던 것이다. 그 결과는 참으로 웃겼다. 사람들이 정말 멈춰서서 올려다보았다! 길모퉁이에 더 많은 배우를 세울수록 사람들이 따라 할 가능성은 더 컸다. 배우가 2명일 때는 행인의 50퍼센트가 위를 올려다보았고, 배우가 15명일 때는 80퍼센트가 올려다보았다 (이 유명한 실험을 반복했을 때 모방 행동이 훨씬 약하고, 배우를 추가해도 효과는 그리 크지 않았지만 결과는 비슷했다).

중요한 점은 나이와 상관없이 우리가 어디에 그리고 어떻게 눈을 사용하는지는 무엇에 주의를 기울이는지 말해준다는 사실이다.

주로 구두 정보를 설명할 때 내용과 구조를 통해 주의를 끌고 유지하는 방법에 대해서는 이미 논의했다. 남은 것은 시각적 경험인데, 이는 대부분의 비즈니스 전문가에게 슬라이드를 의미한다. 뇌의 시각 처리 센터는 파워포인트를 어떻게 처리할까?

1280×720 픽셀의 밝은 화면에 제시된 시각 정보를 뇌가 처리하는 방법 뒤에 있는 과학적 지식을 설명하는 것은 이 책의 범위를 크게 벗어난다. 다행히 그럴 필요가 없다. '이중 부호화 이론'(dual-coding theory)이라는 영향력 있는 아이디어가 파워포인트를 고려하기 위해 거의 맞춤형으로 만들어진 듯하기 때문이다. 이 이론의 주창자는 보디빌더이기도 했던 심리학자 앨런 페이비오(Allan Paivio)다.

페이비오의 견고한 연구 아이디어는 정보의 학습에는 크게 두 가지 독립적인 경로가 존재한다고 가정했다. 하나는 언어 정보를 저장하는 경로로 그는 이를 '어문 부호 경로'(logogen pathway)라고 불렀다. 다른 하나는 시각 정보를 저장하는 경로로 '영상 부호 경로'(imagen pathway)라고 불렀다. 파워포인트 프레젠테이션을 보면서 오디오 정보를 들을 때 뇌는 즉시 어느 종류의 정보를 감지하고 있는지 결정해야 한다. 그런 다음 적절한 처리 경로로 이동시킨다. 일례로 스프레드시트라는 단어를 들으면 그 정보는 어문 부호 경로로 전달된다. 하지만 슬라이드에 있는 스프레드시트 사진을 보면 그 정보는 영상 정보 경로로 전달된다.

그림 우월성 효과

페이비오는 이 두 가지 경로가 별개이긴 하지만 10대들이 문자를 주고받듯이 서로 대화한다고 생각한다. 참조 연결(referential inter-connection)이라는 세포에 기원한 메커니즘을 사용해서 말이다. 한 경로에 저장된 정보가 다른 경로에 저장된 유사한 정보를 자극해 주는 것이다. 예를 들어 맹금류의 사진을 응시하면 영상 부호가 어문 부호 저장소의 독수리, 호크스, 농구팀이라는 단어를 촉발할 수 있다.

영상 부호 정보가 어문 부호 정보보다 훨씬 더 참조 연결을 잘 생성한다는 증거가 있다. 이는 파워포인트 사용자들과 직접적인 관련이 있다. 그림 우월성 효과(PSE: pictorial superiority effect)를 설명해주기 때문이다.

그림 우월성 효과의 핵심은 그림이 단어보다 기억이 더 잘된다는 점이다. '기억이 잘된다'라고 정의할 수 있는 거의 모든 면에서 그렇다. 항목 재인 검사(item-recognition test), 연상 학습 검사(paired-associate learning), 순차적 회상/재구성 검사(serial recall/reconstruction test), 자유 회상 검사(free recall test) 등 각종 심리 검사들을 통해 그림 우월성 효과가 입증되었다. 이미지로 저장된 기억도 훨씬 안정적이다. 한 실험에서는 PSE 이미지가 그 자극을 최초로 접한 후 수십 년 동안 피험자에게 남아있음을 보여주었다. 사진 역시 신속히 처리된다. 뇌는 눈으로 불과 0.013초 동안 본 이미지도 처리할 수 있다.

그림 우월성 효과의 강력함을 잘 보여주는 예는 1964년 민주당의 린든 베인스 존슨(Lyndon Baines Johnson)과 공화당의 배리 골드워터(Barry Goldwater) 간의 대통령 선거전이다. 골드워터는 미국의 세계 지배를 보장하기 위해 군사 공격을 지지한다는 평판을 가진 '매파'였다. 존슨 진영에서는 사진의 힘을 이용해 이를 부각하기로 했고, 역사상 가장 유명한 정치 광고 중 하나를 만들었다.

꽃밭에서 데이지 꽃잎을 하나씩 세면서 떼어내고 있는 어린 소녀 하나가 보이고 배경에는 새소리가 흐른다. 소녀가 9를 셀 때가 되었을 때 갑자기 고개를 든다. 그때 "10"이라는 남자 목소리가 들리더니 카운트다운이 시작된다. "0"에 이른 순간 끔찍한 핵폭발 장면으로 바뀐다. 동시에 존슨의 말이 흘러나온다. "아이들이 살 수 있는 세상을 만드느냐 아니면 암흑 세상을 만드느냐는 이번 선거에 걸려 있습니다. 서로 사랑하거나 죽거나 둘 중 하나입니다." 그리고 슬로건이 자막으로 뜬다. "11월 3일 존슨 대통령에게 투표하세요. 투표하지 않기에는 너무 위험합니다."

이 대선 광고에서는 광고의 초점이 무엇인지 알아차리기도 전에 시청자에게 강력하고 의미 있는 시각 정보를 제공했다. 텍스트보다 그림이 우선한다는 그림 우월성 효과의 고전적인 사례다.

그림 우월성 효과의 연구 결과들을 당신의 프레젠테이션에 어떻게 적용할 수 있을까? 가능할 때마다 슬라이드에 그림을 사용하라.

직장으로 간 뇌과학자

다시 말하지만 그림은 텍스트보다 기억의 생성뿐만 아니라 안정화에도 더 효과적이다. 그림은 정보를 전송하는 효율적인 수단이다. 실제로 천 마디의 가치가 있다.

하지만 아무 사진이나 효과 있는 것은 아니다. 더 쉽게 주의를 기울이고 기억하게 해주는 이미지의 특성은 다음 두 가지다.

1. 그림(또는 개체)이 움직이게 하라

우리는 움직이는 물체에 많은 주의를 기울인다. 물체가 예기치 않게 방향을 바꾸면 더욱더 주의를 기울인다.

2. 그림의 속성을 바꾸라

갑자기 물체의 색상이나 밝기(공식적으로 휘도라고 불리는 물체에 반사되는 빛의 강도)가 바뀌거나 어떤 물체가 갑자기 시야에 나타날 때 많은 주의를 기울인다.

그림 속성의 변경에 왜 그런 프리미엄이 붙을까? 진화론적으로 움직임을 고려해보자. 세렝게티에서 인간에게 중요한 많은 경험은 동작과 관련 있다. 풀이 바스락거리는 소리? 매복한 포식자일 수 있다. 갑자기 들리는 첨벙 소리? 맛있는 물고기일 수 있다. 뇌는 우리에게 매우 중요한 두 가지 문제, 생존과 식량의 변화를 감지하도록 정교하게 맞춰져 있다.

이것은 인간 성향의 진화를 21세기까지 곧장 끌고 왔다는 또 다른 증거다. 우리는 그 성향들을 파워포인트의 한가운데에 집어넣었다.

안구의 움직임

미군은 나무 아래의 뿌리 조직처럼 보일 정도로 수십 개의 용어를 수백 개의 선으로 연결해놓은 몹시 복잡한 파워포인트 슬라이드를 만드는 것으로 유명하다. 텍스트도 항상 너무 많고, 시각적 요소도 너무 많이 들어 있으며, 하여튼 모든 것이 너무 많다. 예를 들어 전설적인 슬라이드 하나에는 (아주 긴 텍스트를 각오하라) '통합 방어 탐지, 기술, 군수 라이프 사이클 관리 시스템'이라는 제목이 붙어 있다. 슬라이드를 구성하는 수십 개의 칸에는 이해하기 힘들 만큼 많은 정보가 읽기 힘들 만큼 작은 글씨로 쓰여 있다.

터무니없이 복잡해서 웃음이 터질 정도다. 그렇게 복잡하게 아프가니스탄의 전투 역학을 묘사한 슬라이드를 사령관인 스탠리 맥크리스탈(Stanley McChrystal) 장군에게 보여주었을 때 그는 "그 슬라이드를 이해할 때 우리는 전쟁에서 승리할 것"이라며 야유했다.

그때가 2009년이었다. 12년 후 미군은 철수했다.

너무 많은 정보를 보여주는 너무 많은 텍스트는 인간의 뇌가 흡수하기엔 과하다. 그림 우월성 효과를 조사한 실험들 대부분은 그림 형태와 서면 형태의 유사한 자극의 인출을 비교한다. 항상 지는 쪽은 언어 정보다.

왜 텍스트는 이해하기 어려울까? 연구에 의하면 적어도 두 가지 일반적인 이유가 있다. 첫 번째는 우리의 잘못된 통념을 깨뜨려준다.

많은 사람이 읽기는 타자처럼 한 번에 한 글자, 한 단어씩, 같은 비율로 순차적으로 진행된다고 생각한다. 과학자들도 그렇게 생각했었다. 이 아이디어에는 연속 재인 모델(serial recognition model)이라는 고유한 이름까지 붙여졌다.

그러나 이 아이디어의 유통기한은 길지 않았다. 신뢰할 수 있는 시선 추적(eye-tracking) 기술을 사용할 수 있게 되자, 연구자들은 눈이 술 취한 군인처럼 움직인다는 사실을 발견했다. 문장의 첫 단어에서 시작한 다음 갑자기 문장 중간으로 가서 단어를 읽기 위해 잠시 멈춘다. 그런 다음 뒤로 돌아가 멈춘 채 문장 시작 부분의 단어들을 본 다음 내키면 문장 끝으로 건너뛰기도 한다. 시선이 앞으로 튈 때를 도약 안구 운동(saccade), 뒤로 튈 때를 회귀 안구 운동(regressive saccade), 시선이 멈춘 상태를 고정점(fixation point)이라고 부른다. 무엇이든 읽을 수 있는 이유는 시선의 움직임이 최종적으로는 작가가 의도한 방향으로 움직이기 때문이다.

내가 쓴 문장들을 읽는 동안 당신의 눈이 이렇게 움직인다는 사실이 나는 언제나 놀랍다. 기이하게도 비틀거리는 안구 운동의 일부만 읽기 임무 수행에 중요하다. 단어 인식은 주로 눈이 안착하는 고정점에서 이루어진다. 즉, 텍스트의 지각 작업은 도약 운동을 멈출 때만 이루어진다. 이 사실은 안구 도약 운동이 있는 동안은 기능적으로 눈이 먼 상태라는 불안한 결론으로 이어진다.

글자 인식

이런 복잡한 안구 운동들로 인해 읽기가 피로한 활동임을 예상할 수 있고 실제로도 그렇다. 하지만 상황은 훨씬 더 나빠질 것이다. 아직 부분적으로만 해결된 사소한 모순, 항상 한 슬라이드에 들어가는 텍스트의 양을 최소화하도록 설득해야 하는 논쟁이 주된 이유다. 이는 적응력이 뛰어난 뇌의 한계와 관련이 있다.

우리는 매일, 매년 같은 단어들을 많이 본다. 오늘 하루 the를 몇 번이나 읽었는지 생각해보라. 적응력이 뛰어난 우리 뇌는 친숙한 단어의 경우 개별 글자들을 보지 않고 이전에 본 적 있다고 인식하고 앞으로 나아가리라고 생각할 것이다. 단어가 생소할 때만 개별 글자를 검토하려고 시선을 멈춘다고 생각할 것이다.

전혀 그렇지 않다. 뇌는 친숙도와 관계없이 각 단어의 각 글자를 여전히 검사해야 한다. 연구자 데보라 무어(Deborah Moore)는 이렇게 말한다.

수년 동안 책, 포스터, 컴퓨터 화면, 시리얼 상자를 읽어왔으므로 시각 시스템은 글자를 식별하는 중간 단계 없이 일반적인 단어들을 인식하도록 훈련되었으리라고 생각할 것이다 … 그렇지 않다. 각각의 글자를 식별할 수 없으면 단어를 읽을 수 없고, 단순한 글자들을 독립적으로 엄격하게 감지해야 하는 병목 현상으로 인해 읽기 효율은 제한된다.

직장으로 간 뇌과학자

그렇다고 친숙도가 중요하지 않다는 뜻은 아니어서 사소한 모순이 발생한다. 그 중심에는 글자가 뒤섞여 있더라도 "나머지 글들자은 완전히 엉진망창의 순서로 되어 있라을지도"라는 문장을 읽을 수 있는 능력이 있다. 이 문장을 이해할 수 있다는 사실은 뇌가 개별 문자가 아닌 단어를 통째로 인식한다는 증거로 해석되어왔다. 이것은 무어의 연구 결과와 완전히 상반되는가?

그럴 수도 있다. 하지만 우리 뇌가 글자 하나하나를 분주히 검사하는 동안에 이전에 접한 유사한 단어와 비교도 하고 있을 가능성이 있다. 뇌는 뒤죽박죽인 문장을 꽤 쉽게 읽을 수 있지만, 첫 번째와 마지막 글자가 제 위치에 있을 때만 읽을 수 있다(강력한 문맥 단서가 있을 때는 더 쉬워진다). 이는 글자 검토, 친숙도 검토, 문맥 분석이 동시에 진행된다는 뜻일 수 있다.

이 사소한 논쟁이 궁극적으로 어떻게 해결되든 간에 결론은 분명하다. 텍스트 문자열을 읽는 데는 많은 노력이 필요하다. 단어들을 읽을 때 여러 과정이 동시에 관여해야 한다. 그리고 우리는 술 취한 선원들처럼 그 위를 배회하는 눈으로 단어들을 이해하려고 노력해야 한다.

뇌과학자의 프레젠테이션 기술

여러 책에서 효과적인 파워포인트 슬라이드를 만드는 방법을 다루고, 그중 몇몇은 상당히 통찰력이 있다. 여기에 열거된 다섯 가지는 내가 주목할 가치가 있다고 생각하는 제안들이다. 이 다섯 가지에는 개인적 진술에서 얻은 조언도 일부 있지만 대부분 텍스트 문자열을 읽는 데 필요한 노력을 최소화하도록 조언한다. 그 작업을 수행하는 데 너무 많은 에너지가 허비되기 때문일 것이다.

제안 1

글자 크기를 24포인트로 유지한다.

제안 2

한 슬라이드당 텍스트의 양을 제한한다. 일부 전문가들은 최대 30 단어, 6~8줄을 넘지 말라고 이야기한다.

제안 3

줄 길이에 주의한다. 문자열은 약 78자여야 한다. 마음이 흐트러지지 않도록 형성되는 인지 흔적, 이른바 시선 경로(scan path)에 눈을 고정하는 데 필요한 최적의 길이다.

제안 4

대문자와 소문자를 혼합하여 사용한다. 소문자 텍스트는 대문자 텍스트보다 빨리 읽힌다. 대문자와 소문자가 혼합된 문장은 전부 대문자로 쓰인 문장보다 읽히는 속도가 언제나 5~10퍼센트 빠르다.

제안 5

모든 슬라이드에 세리프체가 아닌 산세리프체를 사용한다(세리프는 한글의 명조체, 산세리프체는 고딕체라고 생각하면 된다 – 옮긴이). 예전에 디자인 수업에서 들었던 기억이 날 수도 있지만, 세리프(sherif)는 획의 시작이나 끝부분에 달린 선이나 삐침 같은 서체의 장식 같은 것이다. 세리프체는 시각적으로 더 복잡하다(타임스나 뉴로먼). 산세리프체(san sherif typeface)는 그런 장식적 세리프가 없는 서체다(헬베티카). 시선 추적 실험은 사람들이 산세리프체를 세리프체보다 더 빠르고 정확하게 읽는다는 것을 보여준다. 산세리프체의 경우 시선이 반대 방향으로 건너뛰는 회귀도 덜 경험한다. 흥미롭게도 이 조언은 짧은 텍스트에는 적용되지만, 단락에는 적용되지 않는다. 긴 단락은 적어도 지면상으로는 산세리프체보다 세리프체일 때 더 잘 처리된다. 하지만 긴 단락을 슬라이드에 담으면 안 되고 슬라이드는 종이가 아니므로 이 제안 사항은 적절성 때문이 아니라 완결성을 위해 추가되었다.

연구가 발전함에 따라 더 많은 제안이 나올 것이다. 하지만 지금은 다음 월요일에 할 일을 요약할 때다.

다음 월요일에 할 일

당신이 60분 동안 프레젠테이션을 한다고 가정해보자. 뇌과학과 행동과학은 당신이 무엇을 해야 한다고 조언할까?

60분짜리 프레젠테이션이라는 생각을 버려라. 대신 10분짜리 프레젠테이션 6개라고 생각을 전환하라. 첫인상은 빠르게 형성되고 잘 바뀌지 않는다는 점을 고려할 때 맨 처음에 설득력 있는 무언가를 암기해서 제시해야 한다. 당신과 당신의 주제 둘 다를 소개하는 것이면 더 좋다.

둘째, 10분 단위 연결부에 훅을 넣어야 한다. 훅은 감정을 불러일으키고, 적절하며, 짧아야 한다. 훅을 이야기로 바꿀 수 있다면 가산점이 될 것이다.

셋째, 프레젠테이션의 시각적 측면에 주의를 기울여야 한다. 이는 사람들 대부분에게는 슬라이드가 될 것이다. 각 슬라이드에는 텍스트보다 그림이 훨씬 더 많이 들어가야 한다. 애니메이션 효과를 넣을 수 있다면 더욱 좋다.

하지만 잠깐! 나는 지금까지 프레젠테이션이 진행되는 방식을 바꿀 수도 있는 특정 측면을 무시해왔다. 이 장에서 설명한 거의 모든 실험은 직장에서 모든 프레젠테이션을 줌에 의존하지는 않았던 팬데믹 이전에 진행되었다는 사실이다.

팬데믹으로 인해 많은 사람이 컴퓨터상으로 프레젠테이션을 해야만 했다. 어떤 사람들에게는 일시적 변화였지만, 만약 영구히 컴퓨터를 통해 프레젠테이션을 하게 된다면 과학은 여기에 제시된 제안들 중 무엇을 어떻게 바꾸라고 할까?

아무도 모른다. 코로나19가 원격 상호작용에 미친 광범위한 영향을 고려하더라도 원격 학습 연구는 여전히 아주 적다. 대면 프레젠테이션과 비교하면 더욱 그렇다. 우리에게 남은 건 개인적인 관찰뿐

직장으로 간 뇌과학자

이다. 내가 관찰한 사실들로 이 장을 마무리하고자 한다.

2020년 봄부터 나는 원격으로 수십 개의 강의와 프레젠테이션을 했고, 그 결과 몇 가지 변화를 주었다. 원격 프레젠테이션에서는 5~7분마다 훅을 배치하는 것이 낫다는 사실을 깨달았다. 슬라이드도 더 많이 사용하고 슬라이드당 애니메이션 효과도 더 추가한다. 움직이는 개체를 항상 포함시켜 10초 정도마다 시각적 변화가 생기게 한다.

하지만 모든 것을 바꾸지는 않았다. 절대 변하지 않는 것들이 있기 때문이다. 뇌는 여전히 그림을 좋아하고, 여전히 이야기를 갈망하며, 여전히 움직임은 음식이나 공포를 암시한다고 생각한다. 결국 한 번의 팬데믹 과정이 수백만 년에 걸친 진화를 이길 수는 없다.

이 장은 탄산음료 광고로 시작했다. 그것이 당신의 주의를 끈 것은 우연이 아니다. 그 광고는 오랜 세월이 지난 후에도 여전히 주의를 끌어당긴다. 비록 그 효과를 느끼기 위해 유치한 70년대 디스코 음악을 견뎌야만 하더라도 말이다.

브레인 룰스 7

상대를 사로잡는 것은 최초의 10분에 좌우된다

- 프레젠테이션에서는 첫인상이 중요하다. 프레젠테이션의 처음 몇 마디는 능숙하게 외우고 있어야 한다.

- 청중을 끌어들일 시간은 10분이다. 청중이 몰두하지 못하면 10분 후에는 그들의 주의를 끌기가 훨씬 더 어려울 것이다. 13분까지 그들이 몰두하게 만들지 못하면 다시 집중시키지 못할 것이다.

- 감정은 뇌가 어떤 입력 정보부터 처리할지 우선순위를 정해준다. 감정적 호소력이 있는 자극은 청중이 당신의 프레젠테이션에 주목하고 더 많은 정보를 기억하게 해준다. 위협과 생존, 섹스(되도록 아이 같은 섹스의 결과물), 유머와 관련된 감정이 포함된 자극이 가장 감정적 호소력이 크다.

- 10분 정도마다 감정이 결부된 자극이나 훅을 간간이 집어넣으라. 훅은 청중의 감정을 두드리고, 간결하고 주제와 관련 있고, 내러티브 구조여야 한다.

- 뇌는 텍스트나 청각적 사실보다 이미지에 더 자극 받는다. 가능하면 프레젠테이션에 그림이나 사진, 짧은 동영상을 추가하라.

직장으로 간 뇌과학자

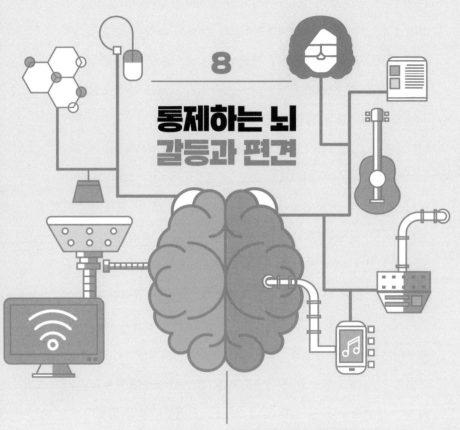

8

통제하는 뇌
갈등과 편견

글쓰기는 감정을 객관적으로 바꾼다

1969년 봄, 공영 텔레비전은 마지막 숨을 가쁘게 몰아쉬고 있었다. 미 상원 통신 소위원회의 존 페스토어(John Pastore) 의장은 공영 텔레비전의 가치를 확신하지 못했다. 예산이라는 급소로 공영 방송계의 미래를 거머쥔 그는 2,000만 달러의 보조금 삭감 결정을 앞두고 있었다.

방송 관계자들은 당연히 당황했지만 다행히 비밀 무기가 있었다. 어린이 프로그램 〈로저스 아저씨네 동네〉(Mister Rogers' Neighborhood)의 전설적인 진행자 프레드 로저스(Fred Rogers)였다. 그들은 로저스의 말이 공영 텔레비전을 구해내기를 희망하며 그에게 소위원회에 나가 증언해달라고 부탁했다. 그리고 갈등 관리의 마스터클래스라고 할 수 있는 일이 벌어졌다.

로저스는 먼저 아이의 삶이란 무엇이며 그의 프로그램과 어떤 연관이 있는지 설명했다. "우리는 어린 시절 내면의 드라마 같은 것들을 다룹니다"라고 증언한 그는 어린이에게 형제자매 간의 갈등과 단순한 가족 상황에서 발생하는 분노 등 힘든 감정을 건설적으로 관리하는 방법을 가르치는 데 많은 시간을 할애한다고 설명했다. 그는 〈로저스 아저씨네 동네〉가 감정은 '언급될 수 있고 관리될 수 있음'을 분명히 해주기 때문에 가치 있다고 지적했다. 또한 주먹과 총기를 포함하는 성인들의 갈등에 대한 일반적인 TV의 묘사보다 훨씬 극적인 효과를 가져오는 사람들의 감정 해결법을 묘사했다.

회의실 안에 마법이 일어났다. 마치 로저스가 목사이고 상원 회의실이 그의 교회인 것처럼, 그의 온화한 친절과 감정적 안정이 전체 의원들에게로 퍼져나갔다. 그는 상원의원들에게 자신의 증언을 통해 프로그램을 경험해달라고 요청하고 자기 방송의 샘플을 들으며 '제3자'가 되어 보라고 했다. 그는 '네가 느끼는 화를 어떻게 할까?'라는 제목의 자작곡 가사를 읽었다. 로저스는 그런 단어를 전혀 쓰지 않았지만, 그날 그 자리에 있던 모두에게 집행 기능, 특히 충동 조절을 가르쳤다.

그 전략은 방송 관계자들이 상상했던 것 이상의 효과가 있었다. 로저스가 가사를 다 읽자 페스토어 의원은 온난화가 닥친 빙하처럼 녹아내렸다. "훌륭한 일이네요." 소름이 돋았다고 고백한 후 눈물을 글썽이며 그가 말했다. "선생은 방금 2,000만 달러를 확보한 것 같습니다." 장내에는 웃음이 터지고 박수갈채가 이어졌다.

로저스는 몰랐겠지만, 그의 상호작용은 행동과학에서 발견된 몇 가지 갈등 관리 원칙을 보여준다. 그 원칙들 가운데 일부와 그 배후에 있는 신경 메커니즘에 대해 살펴보자. 하지만 표면적인 대인관계 분쟁 그 이상을 다룰 것이다. 이 장의 후반부에서는 전 세계의 노동 인구가 느끼는 많은 인간 갈등의 이면에 있는 뿌리 깊은 선입견과 편견을 알아볼 것이다. 이런 편견들은 너무 강력해서 해결하지 않고 방치하면 여러 세대 동안 지속될 수 있고 수백만 명의 운명을 좌우할 수 있다. 그 모두를 살펴보기란 힘든 일이다. 간단히 몇 가지 정의부터 내리고 시작하자.

갈등은 왜 일어나는가

갈등을 어떻게 정의해야 의미 있는 검증이 가능할까? 갈등에도 여러 형태가 있다. 소설가들은 7가지, 심리학자들은 4가지로 갈등 유형을 구분한다. 우선 내적 갈등(이 피자를 먹어야 할까?)과 외적 갈등(이 전쟁을 시작해야 할까?)이 있다. 친밀한 파트너 사이의 갈등이 있고 완전한 타인 사이의 갈등이 있다. 이 책의 목적을 위해 직장에서 문제가 되는 갈등에 초점을 맞추자(다이어트 중의 유혹, 무력 충돌, 부부 싸움과 술집에서의 싸움은 다른 책을 위해 남겨두려 한다).

사회심리학에서는 갈등을 '…각자 가지고 있는 관점, 소망, 욕구에 대해 당사자들이 인식하고 있는 양립불가능성'으로 정의한다. 직장에서는 대인관계에서 이러한 갈등이 생긴다. 흔히 (a) 공동의 프로젝트를 완료하기 위해 서로를 필요로 하고 (b) 그 사실을 싫어하는 사람들 간에 갈등이 발생한다.

하버드 로스쿨에서는 직원 간의 적대감을 세 가지 유형으로 정의하는데, 각기 사회심리학자들이 내린 정의 요소들을 포함하고 있다.

첫 번째 유형은 '업무 갈등'(task conflict)이다. 직원들이 업무를 어떻게 수행할지(방법론), 누가 업무를 수행하는 것이 가장 효과적인지(업무 할당), 회사의 직원과 자산을 얼마나 배정할 것인지(자원 투입)에 대해 합의하지 못할 때 발생한다. 이러한 문제들은 일반적으로 구체적이고 명확하게 인식되므로 업무 갈등은 해결하기가 비교적 간단하다. 물론 간단한 것과 쉬운 것은 다르다.

직장으로 간 뇌과학자

두 번째 유형은 '관계 갈등'(relationship conflict)이다. 사고방식, 업무 스타일, 성격 차이, 심지어 미적 관점의 차이 때문에 직원들이 충돌할 때 관계 갈등이 표면화된다. 흔히 직원들은 같이 일할 사람을 선택할 권리가 거의 없으므로 학습된 무력감이 추악한 머리를 들 수 있고, 급여가 관련되어 있어서 무력감이 더 심해질 수 있다.

세 번째 유형은 '가치 갈등'(value conflict)이다. 윤리, 도덕, 깊은 신념의 충돌이 이에 포함된다. 직원들의 생활방식도 분쟁에 휘말릴 수 있다. 가치는 대부분의 사람에게 강력한 힘이고 정체성의 본질적인 부분이며, 특히 개인의 종교적 선호나 정치적 관점에서 자주 발견된다. 따라서 이 범주의 충돌은 잔인할 수 있고 노골적인 적대감도 흔하다. 차이점을 개인적으로 받아들이지 않을 방법이 거의 없기 때문이다. 그것은 유독한 편견의 근원이 될 수도 있는데 그에 대해서는 잠시 후에 살펴보자.

상충하는 감정의 배후에 있는 뇌

업무 갈등, 관계 갈등, 가치 갈등은 각기 다르지만 공통적인 신경학적 특징을 지닌다. 뇌가 대인관계의 총격전이 임박했다고 인지하면, 갈등 유형과 상관없이 뇌의 생존 회로가 전면에 배치된다. 결국 이 회로는 생산성에 영향을 미칠 만큼 강력한 감정을 만들어낸다. 전 필립스 이사회 의장 코어 본스트라(Cor Boonstra)는 갈등에서 감정이 맡은 역할을 이렇게 설명한다.

회사는 인간 감정이 집약된 곳이다. 때때로 당신은 무언가를 달성하고 싶지만 그렇게 되지 않을 것임을 알아차린다. 그러면 감정이 요동치고 중재가 되지 않는다. 조직 내의 갈등 대부분은 감정이 통제되지 않기 때문에 발생한다.

어떤 종류의 감정이 '통제될 수 없는가?' 어떤 뇌 영역이 갈등의 감정적 경험에 관여하는가? 본스트라는 불만, 불신, 분노, 공포 등 부정적인 감정이라고 말한다. 그런 감정들은 뇌가 '생존 회로'를 활성화하는 과정에서 생기는 부산물이다. 그것들은 실험실에서 아주 쉽게 시각화할 수 있는데, 뇌가 위험을 인식할 때 모든 것을 총동원하기 때문이다. 우리는 생존에 대한 위협에 가장 우선순위를 두고 있어서 이른바 빠른 경로(fast pathway)와 느린 경로(slow pathway) 두 경로가 동시에 고도 경계 태세에 돌입한다.

빠른 경로는 뇌 중앙 깊은 곳에 있는 아몬드 모양의 작은 뇌 영역인 편도체가 관장한다. 편도체의 여러 기능 중 하나는 감정(appraisal)이다. 이것은 정말로 걱정해야 할 일이 있는지 편도체가 재빨리 결정하는 과정이다. 만약 그렇다면 작은 견과류 모양의 편도체는 뇌에 즉시 위협 경보를 발령하도록 명령하고 방금 언급했던 생존 회로를 활성화한다. 번개처럼 빠른 속도로 활성화되어서 의식 수준에서는 자신이 반응하고 있다는 사실도 자각하지 못하므로 '빠른 경로'라는 용어가 붙었다. 적어도 처음에는 위협 대응이 본인의 통제를 벗어난다는 뜻이다.

직장으로 간 뇌과학자

다행히 계속 통제 불능 상태로 머물지는 않는다. 느린 경로도 동시에 활성화되기 때문이다. 이마 바로 뒤의 피질 구조에서 발견되는 이 회로들이 활성화되면 편도체의 감찰관 기능을 하며 더 대대적으로 대응할 필요가 있는 위협인지 판단한다. 편도체의 위협 평가에 동의하면 전전두피질은 편도체가 그 상태대로 전신에서 느껴지는 경계 상태를 유지하도록 명령할 것이다. 피질 영역에는 복잡하게 뒤얽힌 신경 덤불이 방대해서 이 평가에는 시간이 걸린다. 그래서 느린 경로라고 불린다.

천사 뇌와 악마 뇌

빠른 경로와 느린 경로는 뇌가 갈등에 반응하는 유일한 방식은 아니다. 뇌는 위협에 대비할 때 상대방에 대한 사회적 평가도 한다. 그리고 TV 만화영화의 특정 장면처럼 당신이 당황스러울 수도 있는 방식으로 반응한다. 만화영화, 특히 〈루니 툰〉에서 이 장면을 여러 번보았을 것이다. 주인공이 도덕적 결정을 내려야 할 때 한쪽 어깨에는 천사가, 다른 쪽 어깨에는 악마가 나타난다. 천사는 주인공이 옳은 일을 하도록 설득하려 하고 악마는 어둠에 굴복하라고 주장한다.

뇌는 갈등 상황에서 만화 속 망령의 자체 버전을 소환하여 초기 위협 대응 활성화 이후의 대응에 나선다. 당신이 적으로 여기는 사람과 언쟁을 벌이고 있다고 가정하자. 당신 어깨 위의 악마는 즉각 중앙 무대에 올라 전측 뇌섬엽(anterior insula)이라 불리는 뇌 영역을 비활성화시킨다. 중요하면서 이상하기도 한 일이다. 뇌섬엽은 보통 때는 (흡사 내부 GPS처럼) 세계 속에서 자신이 어디에 있는지 그리고 (내부의 정신과 의사처럼) 현재 그것에 대해 어떻게 느끼는지에 관한 물리적 정보를 수신한다. 그것들을 비활성화시키면 당연히 그 기능을 방해하지만 정확한 이유는 여전히 미스터리다.

악마의 작업은 아직 끝나지 않았다. 뇌섬엽의 전원이 꺼지면 다른 두 영역인 측좌핵(nucleus accumbens)과 복측 선조체(ventral striatum)가 동력을 얻는다. 측좌핵은 즐거움과 보상을 매개하는 신경전달물질인 도파민 대사에 관여하는 뇌 영역 중 하나다. 역시 도파민을 사용하는 복측 선조체는 의사결정에 관여한다. 자신과 갈등을 빚는 사람의 고통이 싫지만은 않다. 때로는 미소를 자아낸다.

어깨 위 악마의 소행이다.

하지만 곤경에 처한 사람이 친구라면? 그때는 어깨 위의 천사가 중앙 무대를 차지한다. 뇌섬엽의 전원이 꺼지는 대신 실제로 전원이 켜져서 현재 자신의 입장과 기분을 정확히 알 수 있게 된다. 갈등은 인간 뇌에 단순한 경험이 아닌 것으로 밝혀졌다.

공감과 연민의 역할

몇 년 동안 나는 보잉(미국의 항공기 제작 회사 – 옮긴이)에 자문을 해주었고 보잉 리더십 센터에서 초청 강연도 자주 했다. 디자인 공학, 인적 요인들, 인지 신경과학의 접점에 대해 논의하며 멋진 시간을 가졌다.

내가 보잉에서 흔히 경험했던 갈등은 연구 개발 공학 팀과 관리자들 간의 거의 지속적인 마찰이었는데, 이는 제품 중심 회사에서 자주 발생하는 일이었다. 양측은 그에 관한 농담을 자주 했는데 그중 하나가 특히 기억에 남는다. 열기구를 타고 30피트 상공에 떠 있는 사람이 지상의 엔지니어에게 소리친다.

"실례지만 내 위치 좀 알려줄래요?"

"네! 지상 30피트 상공 열기구 안이에요." 엔지니어가 대답한다.

"당신은 엔지니어가 틀림없군요." 열기구에 탄 사람이 말한다.

"맞아요, 어떻게 알았어요?" 엔지니어가 묻는다.

"기술적으로는 정확해도 아무짝에도 쓸모없는 말만 하니까요." 열기구에 탄 사람이 비난조로 대답한다.

엔지니어도 분개해서 소리친다. "당신은 관리 부서 사람인가 보군요!"

"맞아요, 어떻게 알았어요?"

엔지니어는 이렇게 대답한다. "그야 쉽죠! 자기가 어디에 있는지, 어디로 가는지도 모르면서 내 도움만 기대하니까요. 당신은 우리가 만나기 전과 같은 위치에 있으면서 이제 내 탓을 하잖아요!"

우스운 농담이지만, 갈등의 결과는 재미있지 않다. 빠르게 확대된 갈등의 영향으로 생산성이 떨어질 수 있다. 그런 긴장을 줄이려면 무엇을 할 수 있을까? 물론 중재가 좋을 것이다. 경영학 도서 중에는 선택할 만한 자구책을 담은 책들이 많다. 그중 어느 것이라도 보잉

사의 엔지니어에게 말해줄 게 있을까? 무엇이라도 효과가 있을까?

행동 연구 분야는 특정 중재가 실제로 상당히 효과적이며, 때로는 극적 효과가 있을 수 있음을 보여주었다. 우리는 이런 중재 방법들의 일부를 검토할 것이다. 물리적 조치뿐 아니라 관점 바꾸기 연습(말 그대로 펜과 종이를 사용하는)도 여기에 포함된다. 이 조치들의 근원은 과학적으로 정의할 필요가 있는 두 가지 기본 행동, 즉 공감과 연민이다.

공감과 연민은 비슷하게 느껴지므로 행동주의자들이 그 둘을 구분한다는 사실에 놀랄 수도 있다. 공감(empathy)은 이전에 논의했던 주관적 경험이다. 우리가 아직 논의하지 않은 연민(compassion)은 돕고자 하는 욕구로 대개 행동으로 이어진다. 모든 실질적인 해결책은 연민에 있다.

둘을 구분해보자. 당신이 출장 중에 호텔 방 열쇠를 잃어버렸다고 가정하자. 프런트에 가서 당신의 난처한 상황을 설명했는데 직원이 공감만 한다면? "손님, 정말 안됐네요. 낯선 도시에서 호텔 방에 들어갈 수 없다니 끔찍한 일이지요"라고 말하고는 다른 고객을 돕기 위해 돌아서서 떠난다면? 좋은 감정이지만, 그저 공감만 전했다면 당신에게 전혀 도움이 되지 않는다. 하지만 연민으로 반응한다면 호텔 직원은 공감하면서 도우려는 욕구도 느낄 것이며 대부분 이를 행동으로 옮긴다. "손님, 괜찮습니다. 다른 열쇠를 만들어드리겠습니다"라고 말하며 새로운 열쇠를 건네주어 문제를 해결해줄 것이다.

도움이라는 요소가 구분 방법이다. 공감은 느끼고 싶은 열망을 유발하는 반면에 연민은 행동하고 싶은 열망을 유발한다. 우리가 논의하려는 조치들은 실행 가능한 갈등 관리 아이디어들로 가득하다. 행동하고 싶은 열망에 도움을 주도록 설계되었기 때문에 연구계에서는 이를 연민 행위(deeds of compassion)라고 부른다.

감정을 통제하는 세 가지 방법

이제 증거에 기반한 실행 욕구 중재 프로토콜 세 가지로 넘어가자. 그것들은 전부 감정을 처리하는 조치를 포함하고 있다. 본스트라의 말처럼 갈등은 대개 부정적인 감정 반응을 낳지만, 그 반응이 희망이 될 때가 자주 있다. 연민 반응의 시작점이 되어 상황 개선으로 이어주는 다리 역할을 하기도 한다. 이것이 핵심이다. 감정을 다루지 않으면 아무도 평화조약에 서명하게 만들지 못할 것이다. 한 연구자에 따르면 "… 감정은 갈등의 결정적 요소다 … 감정은 갈등에 대한 인식이나 평가 그리고 갈등 해결 전략 사이의 관계를 중재한다."

　증거에 기반한 첫 번째 프로토콜은 상상력, 특히 다른 사람들의 감정을 예측하는 능력을 요구한다. 두 번째 프로토콜은 다른 사람들의 감정을 감지하여 당신의 예측이 맞는지 확인하는 능력을 요구한다. 세 번째 프로토콜은 감정적 지형을 더 명확히 본 후 다른 사람의 감정이 아니라 자신의 감정을 통제하는 능력을 요구한다.

　첫 번째 프로토콜 그룹부터 하나씩 살펴보자. 과학자들은 이를

'경험 기반' 프로토콜이라고 부른다. 이것들은 상상력을 발휘하여 상대 세계의 내적인 감정적 삶을 추측하고 이해하도록 유도한다. 인식은 순수한 정신적 치환(mental transposition)에서 시작될 수 있다.("그들의 입장에 서보면 어떤 기분일지 생각해보라.") 인식은 과거 상대와의 경험에 기초할 수도 있으며, 이는 상대의 심리 내면을 시사하는 그의 행동에 대한 기억에서 올 수 있다.

두 번째 그룹은 '표현 기반' 프로토콜이다. 이것들은 단순히 이론적으로 상대의 감정을 상상하려고 노력하지 않고, 상대에게 실제로 일어나고 있는 감정을 인식하는 능력을 요구한다.

주목할 만한 한 사전-사후 비교 실험에서는 행동 연구자들이 개발한, 공감에 초점을 둔 비디오들을 레지던트들에게 보여주었다. 이 비디오들은 (a) 레지던트들에게 담당 환자들의 미묘한 표정 변화를 감지하는 법을 가르쳤고, (b) 공감의 신경생물학에 대해 교육했으며, (c) 경험이 많은 의사들이 환자와 상호작용하는 모습을 보여주었다. 배테랑 의사들과 환자들 모두 실시간으로 생리 반응을 측정하는 장치를 착용했다. 그 결과는 비디오 화면 한구석에 표시되어 레지던트들이 공감 또는 비(非)공감 반응이 환자의 몸에 실제로 어떤 영향을 미치는지 직접 볼 수 있게 했다.

결과는 놀라웠다. 미묘한 것이든 아니든, 말로 표현된 것이든 아니든 감정적 단서를 인식하는 레지던트들의 능력이 극적으로 향상되었다. 공감적 이해도 마찬가지였다. 가장 중요한 점은 레지던트들의 태도에 대한 환자들의 만족도를 CARE 테스트로 측정했을 때 만족도가 올라갔다는 것이다(이 등급은 환자들이 의사들의 공감과 관계 기술 둘 다를 평가하는 성적표 기능을 한다). 훈련이 끝난 지 두 달 후에도 개선 효과는 여전히 뚜렷했다.

경험 기반 프로토콜과 표현 기반 프로토콜 둘 다 일정 기간 자신의 심리 내면은 무시하도록 요구한다. 세 번째이자 마지막 중재 프로토콜은 정반대로 하기를 요구한다.

페니베이커의 글쓰기 연습

다소 자기성찰적으로 보이는 이 갈등 해결 프로토콜은 연민이 동인이 되는 외적 행동을 꾸준히 실천하기를 요구한다. 돕고자 하는 열망은 연민의 특징이며 연민은 외적 행동 조치로 이어진다. 그렇다면 연민이 동력인 어떤 행동 조치가 필요할까?

그 질문에 대한 답을 찾기 위해 이야기를 사랑한 사회심리학자 제임스 페니베이커(James W. Pennebaker)에 대해 살펴보자. 재능 넘치는 그의 가족들도 이야기를 사랑한다. 아내인 루스 페니베이커(Ruth Pennebaker)는 유명한 칼럼니스트이자 작가다. 딸은 워싱턴 D.C.에서 커뮤니케이션 분야에서 일한다. 페니베이커는 국제적으로 인정받는 행동주의자이자 학술지에 등재된 논문 300편 이상의 저자이면서 《단어의 사생활: 우리는 모두, 단어 속에 자신의 흔적을 남긴다》 같은 제목의 책도 쓴다.

페니베이커는 상아탑 연구 결과를 중요한 실제 치료법으로 바꿀 수 있는 보기 드문 행동주의자다. 시중에 나온 가장 효과적인 대인 관계 갈등 관리 도구 중 하나인 표현적 글쓰기(expressive writing)로 가장 잘 알려진 사람일 것이다. 물론 그는 그에 관한 많은 글을 썼다.

페니베이커는 자신을 괴롭히는 경험을 글로 쓰면 얼마 후부터 그로 인한 괴로움을 느끼지 않게 된다는 사실을 최초로 발견했다. 하지만 특정 방식, 특정 주기로 글을 써야만 한다. 그의 표현적 글쓰기 연구는 원래 트라우마를 경험했던 사람들을 위해 고안되었다. 그러다 점차 트라우마 외의 여러 종류의 힘든 감정을 경험한 사람들, 갈등 해결이 절실히 필요한 사람들도 치료해주는 것으로 밝혀졌다. 표현적 글쓰기는 우리의 세 번째 갈등 해결 프로토콜이다.

관점을 바꿔서 글을 쓰는 페니베이커의 표현적 글쓰기 프로토콜을 이해하려면 자기 몰입 관점과 자신의 관점과 거리두기의 차이를 살펴봐야 한다.

싸운 후에 하는 가장 흔한 경험 중 하나는 반추다. 대개 반추는 갈등을 다시 떠올리고, 아마도 당신이 더 나아 보이도록 경험을 머릿속으로 다시 쓰는('그때 신랄하고 재치 있게 이러이러한 말을 쏘아붙여야 했는데!') 공상이다. 이러한 반추는 언제나 자기 눈을 통한 일인칭 시점, 연구자들이 '자기 몰입 관점'(self-immersed perspective)이라고 부르는 시각에서 이루어진다. 그런 자기 몰입은 부정적인 감정만 증가시킬 뿐 사실상 아무것도 해결해주지 못한다.

다행히 이선 크로스(Ethan Kross) 같은 행동주의자들은 반추 단계에서 또 다른 관점을 선택할 수 있다는 사실을 발견했다. 갈등이 발

직장으로 간 뇌과학자

생하고 당신 머릿속의 반추 편집자가 당신의 관점에서 갈등을 다시 쓰기 시작할 때 그 편집자를 해고한다고 가정하면 어떨까? 그 대신 사건을 촬영하는 촬영기사가 중립적인 제3자의 관점에서 갈등을 회상하게 한다면 어떨까? 이 접근법은 필연적으로 당신을 밀접한 참여자 역할에서 냉정한 관찰자 역할로 밀어낸다. 당신은 상처가 아니라 카메라를 가진 사람이 된다. 이러한 변화를 '자신의 관점과 거리두기'(self-distanced perspective)라고 한다.

'자신과 거리두기'는 부부 상담가들이 갈등을 줄이는 방법으로 내담자에게 하는 조언 뒤에 숨겨진 비법이다. 그들은 부부들에게 "당신이 문 잠그는 걸 잊었잖아"처럼 당신으로 시작하는 말을 삼가라고 가르친다. 비난이 담기는 경향이 있기 때문이다. 대신 "문이 잠겨 있지 않았어. 도둑이 들었을까 무섭네"처럼 더 중립적인 말로 재구성하라고 권한다. 이렇게 재구성된 문장은 주인공이 아니라 촬영기사의 목소리다. 이런 재구성은 갈등을 줄여주는 것으로 입증되었다. 사실 이는 페니베이커의 책 《단어의 사생활》 뒤에 있는 아이디어의 일부다.

자신과 거리두기는 대부분의 사람들이 자연스럽게 할 수 있는 일이 아니다. 하지만 크로스와 페니베이커 같은 연구자들의 통찰을 종합하면 그렇게 해야만 할 것이다. 우리의 상세한 행동 조처는 그들의 아이디어를 혼합한 것이다.

펜이 더 강하다

당신이 직장에서 대인관계 갈등을 겪었고, 동료와의 격렬한 언쟁으로 아직도 씩씩대고 있다고 가정하자. 당신은 갈등을 해결해야 한다는 걸 안다. 방금 논의한 표현적 글쓰기의 변형, 즉 크로스와 페니베이커의 아이디어의 조합으로 해결 가능성을 높일 수 있을지 알아보자. 이 프로토콜은 세 단계로 설명할 수 있다.

1. 시간 정하기

   앞으로 나흘 동안 하루에 20분씩 시간을 낸다.

2. 글쓰기

   그 20분 동안 무슨 일이 발생했는지 글로 쓴다. 갈등을 관찰한 제3자의 관점, 즉 촬영기사의 관점에서 글을 쓴다. '상대방'이 했던 말이나 행동을 적는다. 당신의 언행도 쓴다. 갈등이 벌어지는 동안 당신의 의도와 동기뿐만 아니라 상대의 의도와 동기도 기술한다. 도움이 된다면 '사람들은 자신이 보기에 이치에 맞는 행동을 한다'라는 옛 격언에 따른다. 그 당시에 상대에게 이치에 맞았던 점에 관해 쓴 다음에 당신에게 이치에 맞았던 점에 관해 쓴다. 처음 하면 어려울 수 있다.

3. 다음 3일 동안 이 연습을 반복하면서 매번 20분 동안 갈등 경험을 다시 써본다.

표현적 글쓰기가 효과가 있으려면 몇 가지 규칙을 지켜야 한다. 첫째, 의식의 흐름대로 글을 죽 써 내려간다. 철자법이나 문법, 구두점 등은 신경 쓰지 않는다. 자유로운 글이 가장 좋다.

둘째, 단 한 명의 청중, 당신을 위해 글을 쓴다. 당신의 글쓰기는 상대를 깔아뭉개기 위한 전술적 공격 전략이어도 안 되고, 왜 당신이 옳고 상대가 틀린지 상상 속 배심원들을 설득하려는 노력이 되어도 안 된다. 당신은 사심 없는 관점에서 상황을 묘사하는 제3자인 촬영기사임을 기억하라. 어떤 사람들은 다 쓰고 나면 글 쓴 종이를 찢어버린다. 다른 사람들은 나중에 검토하려고 보관한다. 파기하든 보관하든 그 글은 오직 한 사람만 위한 것이다.

이러한 기법들을 통해 갈등 상황에서 일어났던 일로부터 거리를 둘 수 있고, 실제로 상대방과 직접 대면해야 할 경우에 대비해 미리 마음의 준비를 할 수 있다. 그로 인한 혜택은 아주 많다. 이 기법을 통해 심리적 안녕과 전반적 건강, 생리 기능, 특히 스트레스와 관련된 생리 기능이 눈에 띄게 향상된다. 긍정적인 갈등 해결 결과는 글쓰기를 중단한 지 3개월 후에도 여전히 뚜렷하다. 광범위한 연구물들을 놓고 '이것이 일관된 사실인가?' 살피는 메타분석 논문 한 편은 상관계수가 0.611부터 0.681일 정도로 매우 긍정적 효과가 있음을 보여준다(상관계수는 두 변인 간의 상관관계를 측정하며 높을수록 좋은데 0.6이면 상당히 높은 편이다). 페니베이커의 글쓰기 연습은 많은 관계를 병들게 하는 격한 감정을 깨뜨려준다.

그것이 비밀 치료제다. 부정적 감정 반응은 대부분의 갈등 해결에 주요 방해물임을 기억하라. 그러므로 감정의 온도를 낮추는 것은 매우 중요한 조처다. 특히 장기적 해결이 목표라면 감정의 온도를 낮게 유지하는 것은 더더욱 가치 있다.

누구도 원하지 않지만 누구나 가지고 있는 것

나는 앞에서 갈등의 본질을 더 깊이 파고들어 역사적으로 가장 끔찍했던 행동을 부추겼던 선입견, 고정관념, 편견에 대해 논의하겠다고 말했다. 셰익스피어의 글로 시작하고 싶다. 이 음유시인이 쓴 글 중 가장 비통하고 섬뜩한 연설을 인용하고자 한다. 셰익스피어의 소설 속 가장 논란이 많은 인물 중 하나인 《베니스의 상인》의 샤일록이 했던 말이다.

> 나는 유대인이다. 유대인은 눈이 없는가? 유대인은 손, 오장육부, 몸뚱이, 감각, 애정, 열정이 없는가? … 당신들이 찌르면 피를 흘리지 않는가? 당신들이 우리를 간지럽히면 웃지 않는가? 당신들이 독을 먹이면 우리는 죽지 않는가? 그리고 당신들이 부당하게 하면 우리도 복수하지 않겠는가?

샤일록이 묘사한 선입견이 너무 잔인하게 불공평하여 '비통'이라고 했고 그가 말한 고뇌가 끔찍하게도 여전히 존재하므로 '섬뜩'하다는 말을 썼다. 심한 편견이 인간에게 미치는 끔찍한 영향을 이해하려면 홀로코스트만 보아도 된다. 아프리카 르완다의 대량 학살이나 미국 내에서 400년 이상 지속됐던 노예제도, 짐 크로법(남북전쟁 후 남부인들이 노예 해방을 사실상 무효로 하기 위해 제정한 일련의 인종차별법 – 옮긴이), 아직도 상처가 아물지 않은 인종차별만 보아도 안다. 편견은 끈덕지고 해롭지만 종교에서 민족, 정치에서 성별, 노인이나 비만인에 대한 사고방식에 이르기까지 우리 삶 구석구석까지 스며들어 있다. 편견은 실망스러우리만치 측정하기도 어려우며 씻어내기도 지극히 어렵다.

고정관념, 선입견, 편견의 정의

그런 난감한 행동은 어디서 생기는가? 내가 아는 누구도 편견을 좋아하지 않는다. 내가 아는 누구도 편견을 원하지 않는다. 하지만 내가 아는 모두가 편견을 갖고 있다. 당신이 아는 사람들도 모두 편견을 갖고 있다. 우리는 몇 가지 용어를 정의할 때까지 그에 대한 답을 미룰 것이다.

과학자들은 편향된 행동을 사회적 동기(social motivation)라는 모호한 범주로 분류한다. 사회적 동기는 우리가 다른 사람들과의 관계를 구조화하도록 강요하는 힘이다(예: '나' 또는 '우리'를 '그들'이나 '남들'과 구분 짓는 능력). 진화심리학자들은 이런 구조화 요구가 처음에는 선택적 특성이었을 거라고 단언한다. 그것은 사회 집단을 만들고 규정하려는 욕구를 부채질했다. 그러한 성향은 세계를 정복하고 서로를 정복할 수 있는 동맹을 만들어냈다.

사람들이 자신이 속해 있다고 주장하는 집단에 가치 판단을 부여하면 상황은 위험해진다. 내집단(in-group)이라고도 불리는 '우리'는 '안전한' 그리고 '훌륭한' 집단이라는 생각으로 발전하는 반면 외집단(out-group)이라고도 불리는 '남들'은 '불안한' 그리고 '덜 훌륭한' 집단이라는 생각으로 발전된다. 곧 팀 충성도가 나타나고, 사회적 충성심으로 정의되는 동족 의식은 훌리건들의 싸움만큼 흔해진다.

이런 사회적 관습을 통해 세 가지 중요한 개념의 과학적 정의를 이해할 수 있다. 여기에는 비과학적, 비전문가의 정의도 포함되어 있다.

고정관념

고정관념(stereotype) 형성은 과잉 일반화(overgeneralization)를 포함한다. 외집단에 대한 고정관념을 형성하는 사람들은 외집단에 반복적으로 나타나는 특성(행동적, 신체적, 경제적 등)을 찾아 해당 외집단의 구성원 모두의 특성으로 돌린다. 민족적 농담은 자주 이런 특성을 이용해 웃음을 끌어내려 한다.

선입견

선입견(prejudice)은 내집단 구성원들이 외집단 구성원들에게 가질 수 있는 감정 반응 또는 정서적 반응(affective response)을 말한다. 감정 반응은 엄청나게 긍정적일 수도 있고(금발 머리는 모두 멋지다) 끔찍할 정도로 부정적일 수도 있다(나는 모든 유대인이 싫다). 고정관념이 머릿속에 형성된다면 선입견은 가슴 속에 형성된다.

편견

편견(bias)은 지각된 위협과 관련이 있다는 점에서 앞의 두 개념과 구별된다. 편견에는 두 가지 종류가 있다. 첫 번째는 명시적 편견(explicit bias)으로 보통 다음과 같이 정의된다.

> … 의식의 수준에서 개인이나 집단에 대해 갖는 태도와 신념이다. 대부분 이러한 편견과 그것의 표현은 인지된 위협의 직접적인 결과로 발생한다.

두 번째 종류는 암묵적 편견(implicit bias)으로 의식적 인식 레이더의 바로 아래로 움직이는 판단이다. 편견의 존재를 깨닫지도 못하는 편견의 소유자는 여전히 '위협'에 반응한다. 무의식적 편견(unconscious bias)이라고도 불리는 암묵적 편견은 '… 흔히 의식적인 인식 없이 뇌가 특정 집단에 대한 고정관념이나 태도를 자동으로 연관시키는 것'으로 정의된다.

　많은 사람에게 암묵적 편견의 존재는 부끄럽고 보이지 않는 주홍글씨이며, 자신의 가치 체계와 상충하는 특성이다. 그러나 이러한 편견들은 '잠재의식'으로 불렸던 심리 바다에서 헤엄치며 인식의 바로 아래에 숨어 있는 듯하다.

암묵적 연합 검사

만약 암묵적 편견이 주로 의식의 영역 밖에 존재한다면 그것이 존재하는지 어떻게 알 수 있을까? 아무도 맡을 수 없는 냄새 같은 걸까? 행동주의자들은 아무리 미묘한 암묵적 편견이라도 측정하는 방법을 가지고 있다. 그런 심리 검사 중 유명하면서도 논란의 여지가 있는 하나는 암묵적 연합 검사(implicit association test)다.

단도직입적으로 말하면 어떤 사람들은 이 검사에 격분한다. 특히 검사를 받은 후에. 무고하게 비난받는 느낌부터 극심한 굴욕감까지 반응도 다양하다. 검사에서 자신의 부정적인 면이 드러났는데 자신은 그것을 볼 수 없다면 검사 결과에 동의하지 않고, 돌을 던지고, 결국에는 불신하게 될 수도 있다.

왜들 그리 소란인지 알아보자.

암묵적 연합 검사는 몇 단계에 걸쳐 두 변수 사이의 연관성을 얼마나 강하게 느끼는지 측정한다. 첫 번째 변수는 대상(청년, 노인, 중년 등), 두 번째 변수는 평가다(좋다, 나쁘다, 그저 그렇다). 컴퓨터로 진행되는 암묵적 연합 검사는 특정 단어 쌍을 비춰준 다음 그 연합에 동의하는 데 걸리는 시간을 측정한다. 두 개념이 서로 어울린다고 확신하면 반응 시간이 더 짧으므로 이론상 반응 시간을 측정하면 우리가 생각하는 방식에 대해 알 수 있다.

실제 검사는 더 복잡하지만, 다음 예시를 살펴보자. 당신에게 연령차별주의라는 암묵적 편견이 있어서 젊은이에게는 호의적이고 노인에게는 적대적이라고 가정해보자. 당신은 젊은이+나쁘다 또는 노인+좋다 단어 조합보다 젊은이+좋다 또는 노인+나쁘다 단어 조합이 화면에 뜰 때 더 빨리 반응할 것이다. 의식 수준에서는 모든 사람이 평등하다고 느낄지 몰라도 암묵적 연합 검사 결과는 젊은 시민에 대한 암묵적 선호, 즉 암묵적 편견이 있음을 보여준다.

암묵적 연합 검사는 노인 차별 외에도 인종이나 성적 취향, 성별, 종교에 대한 태도 등 많은 것을 평가하는 데 사용된다.

과학적 측면에서 암묵적 연합 검사에 대해 이의가 제기되었다는 점도 알아두어야 한다. 연구자들은 검사-재검사 신뢰도(첫 번째 검사에서 얻은 점수와 유사한 점수를 다음 검사에서 얻을 수 있는 정도)에 대한 우려를 제기했다. 특정 사회적 맥락이 암묵적 연합 검사 점수에 미치는 과도한 영향에 대한 비판도 있었다. 그리고 언제나 그렇듯 시스템을 조작하려는 사람들과 관련된 취약점도 있다. 질문에 솔직하게 답하지 않고 연구자들이 선호한다고 생각하는 또는 자신들이 믿고 싶은 바에 따라 답하려는 응답자들이 있다는 뜻이다.

이러한 이의 제기는 대부분 어떤 형태로든 처리되었으며, 현재는 빈대를 태우려고 초가삼간을 태워서는 안 된다는 쪽으로 합의된 상태다. 예를 들어 암묵적 연합 검사는 사람들이 어떻게 투표할지 매우 잘 예측한다. 연구 공동체의 신중한 지지는 암묵적 연합 검사의 장단점을 조사한 최근 논문의 제목인 〈IAT는 죽었다, IAT 만세〉에 요약되어 있다. 나도 전적으로 동의한다. 앞서 언급됐던 문제들을 염두에 두기만 한다면 계속 기쁘게 암묵적 연합 검사를 사용한 연구를 설명할 것이다.

암묵적 연합 검사가 밝혀낸 중요한 사실 하나는 일단 편견이 우리 마음에 파고들면 그것을 바꾸기가 참으로 어렵다는 것이다. 무하마드 알리는 끈덕진 편견의 속성에 대해 열변을 토한 적이 있다. 이 위대한 권투선수가 청중들 앞에서 BBC 저널리스트 마이클 파킨슨(Michael Parkinson)과 생방송 인터뷰를 했을 때였다. 알리는 자신의 어린 시절과 인종적 편견에 대한 깨달음에 관해 이야기했다.

나는 늘 어머니께 물었습니다. "엄마, 어째서 모든 게 하얗죠?" … 나는 늘 궁금했어요. 타잔이 왜 아프리카 정글의 왕인지 항상 의아했어요. 그는 백인인데 말이죠.

청중은 긴장된 웃음을 산발적으로 터뜨렸다.

좋은 건 전부 흰색이었어요. 에인절 푸드 케이크는 하얀 케이크였고 데블스 푸드 케이크는 초콜릿케이크였죠. … 나쁜 건 전부 검은색이었어요. 미운 오리 새끼는 검은 오리였어요. 그리고 검은 고양이는 불운을 의미했죠. 그리고 협박하면 블랙메일을 보낸다고 하죠. 나는 "엄마, 왜 협박을 '화이트 메일'이라고 부르지 않아요?"라고

물었어요. 백인도 거짓말을 하는데 말이죠. 항상 궁금하더라고요.
그리고 그때 무언가 잘못되었다는 것을 알았죠.

맞다. 알리가 이 인터뷰를 한 지 반세기가 넘었지만 우리는 여전히 이 문제들을 다루고 있다. 편견은 우리의 생각 속으로 들어와 기생충처럼 달라붙고는 한다.

인식의 역할

다행히 요즘에는 많은 사람이 문제가 있다는 점을 인식하고 해결책을 제도화하려고 노력한다. 이 문제를 다루는 소산업이 생겨나 전 세계 인사과에서 구매하는 '다양성 교육' 같은 프로그램을 만들고 있다.

일부 교육 프로그램은 암묵적 편견의 감소, 심지어 제거 효과가 있다고 광고한다. 그런 주장에는 회의적인 태도를 보이는 게 좋을 것이다. 그 주장을 뒷받침해줄 데이터를 찾아보면 사전-사후 검사로 신뢰할 만한 변화를 감지한 연구는 거의 없으며, 실제 변화를 보여준 연구는 변화의 지속성이 우스울 정도로 짧기 때문이다. 편견의 변화가 지속된 시간이 1시간 이내, 어떤 연구의 경우는 30분 이내다. 프로그램 대부분은 검증을 거칠 여유조차 없다. 암묵적 연합 검사를 개발한 연구자 앤서니 그린월드(Anthony Greenwald)의 최근 인터뷰에서도 이 점이 지적됐다.

나는 현재 암묵적 편견 훈련이라는 상표로 제공되는 것들 대부분에 회의적입니다. 사용되는 방법들이 효과적이라는 것을 과학적으로 검증하지 않았기 때문입니다.

가슴 아픈 일이다. 많은 다양성 훈련 프로그램들은 벌어져 있는 사회적 상처를 치유하고자 하는 선의를 가진 착한 사람들이 고안한 것들인데 말이다.

다행히 희망을 품을 근거가 있다.

유망함이 입증된 몇 가지 접근법을 소개한다. 모두 전문가 상호 심사를 거친 접근법들이다. 우리의 첫 번째 전략은 편견 성향을 무시하고, 특정한 인지 영역의 혼란을 딛고 나아가는 방법을 찾는 것이다. 주목할 만한 한 연구는 20여 년 전에 바로 그런 일을 해냈다. 그 연구는 많은 편견 가운데 미국 교향악단의 성차별을 검토했다.

편견 뿌리 뽑기 훈련

교향악단은 결원이 생기면 음악 감독이 선발한 음악가들을 오디션하여 그 자리를 채우고는 했다. 그런데 음악 감독들은 전통적으로 남성이었다. 그들이 주로 남성 연주자들을 선발한 건 놀랍지도 않다. 1960년대 말까지 최상위 교향악단의 음악가들 가운데 여성은 6퍼센트에 불과했다.

세월이 흐르면서 상황이 달라졌다. 어떤 교향악단들은 가림막이나 커튼 뒤에 연주자들을 세워놓고 오디션을 보았다. 선발위원회는 후보자의 성별을 알 수 없었고 위원회의 편견도 그와 함께 차단됐다. 그 효과는 굉장했다. 1993년까지 교향악단의 여성 음악가 수가 21퍼센트로 증가했다.

이런 연구들은 편견을 부순 성공담으로 자주 언급되지만 문제도 있다. 블라인드 오디션 같은 전략들은 편견의 영향을 약화시키려고만 할 뿐, 실제로 편견을 없애려는 조처는 전혀 없다. 잡초의 줄기는 자르지만 뿌리는 그냥 두는 셈이다.

우리 생각의 잡초를 뽑아낼 삽을 가져다 편견의 뿌리 자체를 뽑아버릴 수 있을까? 다행히 이런 가능성을 보여주는 증거가 있다. 나는 〈9시 2분〉(Two Minutes Past Nine)이라는 제목의 BBC 라디오 방송 프로그램에서 그걸 발견했다. 이 방송 시리즈의 주제는 1995년 4월에 발생했던 끔찍한 오클라호마 폭탄 테러였다. 미국 역사의 슬픈 장을 기록한 이 시리즈의 마지막 에피소드에서는 오클라호마 모스크의 이맘인 이마드 엔차시(Imad Enchassi)의 화해 작업에 대해 논의했다. 무료 병원을 포함한 복합 시설인 그 모스크에는 반이슬람 민병대들이 정기적으로 와서 피켓 시위를 했다.

어느 날 이맘은 용기를 내어 시위 중인 한 민병대원에게 다가갔다. M16 소총을 든 황소처럼 건장한 남자였다. 이맘은 그에게 시위하는 이유를 물었고 분노에 찬 대답을 들으리라 예상했다. 남자는 "이슬람에 반대해서"라고 간단히 답했고 그로부터 긴 대화가 이어졌다.

곧 이맘은 시위자의 얼굴에서 의심스러운 점을 발견하고 그에게 검진을 받아보라고 제안했다. 시위자가 돈이 없다고 말하자 이맘은 "여기 무료 병원이 있어요!"라고 쾌활하게 대답했다. 그러고는 여전히 M16을 들고 있는 민병대원을 건물 안으로 데리고 들어갔다. 아니나 다를까 얼굴의 점은 암종으로 치료가 필요했다. 시위자에게 변화가 생겼고 그 변화는 유지되고 있다. 이맘은 짧게 말했다. "…지금까지 그는 우리 무료 병원에서 도움을 받고 있습니다. 그리고 이제 우리를 위해 경비를 맡고 있지요."

이 민병대원처럼 행동이 획기적으로 변하도록 사람들을 훈련할 수 있을까? 어떤 종류의 지혜가 엔차시가 시위자에게 베푼 그런 호의로 확대될 수 있을까? 고착된 편견을 키우는 혈류에 치유를 주입하는 것이 가능할까? 이를 위한 연구 노력이 다수 있었다.

시험 중인 접근법들

증거에 기반한 접근법 세 가지가 성공을 거두었고 계속 검증 중이다. 그 세 가지는 다음과 같다.

1. 반응 지연 접근법

이 접근법은 잠재적으로 편견의 영향을 받을 수 있는 결정을

직장으로 간 뇌과학자

내리기 전에 속도를 늦추도록 훈련한다. 연구자들은 주어진 상황에 신속히 반응하는 사람들이 대체로 내적 선입관에 따라 반응하지만 결정하기 전에 천천히 생각하도록 허용된다면(명상, 내적 숙고) 편향된 방식으로 행동하지 않는 경향이 있음을 발견했다.

2. 환경 접근법

이 접근법은 우리의 편견이 항상 작동하지 않고 특정 환경 신호로 촉발될 수 있다는 연구 결과를 토대로 한다. 만약 촉발 신호를 분리해낼 수 있다면 편견을 어둠 속에서 끌어낼 수 있을 것이고, 이는 편견을 없애기 위한 첫걸음이 될 것이다(이는 편견의 인지에 매우 중요한 단계다).

3. 교육

어떻게 편견이 작동하는지 설명하기부터 해당 고정관념에 맞지 않는 성공한 사람들을 예로 보여줌으로써 반대로 프로그래밍하기까지 다양한 전략이 사용된다. 예를 들어 성차별에 대항하기 위해 노력하는 두 공동 연구팀은 성별 행동 차이를 가르치는 것이 남성과 여성 간의 멘토링 관계를 개선한다는 사실을 알아냈다. 그들은 〈하버드비즈니스리뷰〉에 기고한 글에서 다음과 같이 보고했다.

남성은 섹스(생물학적 성)와 젠더(사회적 성)의 신경과학, 젠더 사회화의 강력한 영향을 이해하고 수용할 경우 … 여성과의 멘토 관계에서 자기 인식이 높아지고 더 효과적이었다.

슬프게도 교육이 모든 편견을 성공적으로 치료하는 데 옳은 전략인 지는 알 수 없다. 또한 반응 지연 접근법이나 사회적 환경 접근법의 장기적 효과도 모른다. 모든 종류의 편견을 겨냥할 마법의 탄환은 존재하지 않는다는 게 그리 놀라운 일은 아니다. 동성 결혼 같은 뜨 거운 법적 쟁점들을 해결하는 데는 놀라운 진전을 이루었지만 다른 사회적으로 유독한 편견들에 대해서는 아직 확실한 진전을 이루지 못했다(인종 관계가 떠오른다).

그러나 희망을 가질 이유가 있다. 대부분의 훈련 전략은 사람들 의 삶에서 나온 생각을 다루고 심지어 개조하는 것까지 포함하고 있 다. 그 부분에서 인지 신경과학이 도움이 될 수 있다. 우리는 사람들 이 사물을 생각하고 느끼는 방식에 설득력 있는 대안을 제시하는 법 을 실제로 알고 있다. 하지만 훈련 프로그램에서 그런 지식을 발견 할 수는 없을 것이다. 그것은 상담실에서 찾을 수 있을 것이다.

생각 바꾸기

때때로 우리는 지명도와 전혀 다른 모습과 행동을 하는 학계의 거장 과 마주친다. 인지행동치료(CBT: Cognitive Behavioral Therapy)의 전설 적 개발자인 정신과 의사 에런 벡(Aaron Beck)이 딱 그렇다. 그는 자 신을 낮추는 몸가짐에 백발이 성성하고 1950년대 만화책에 나올 법한 나비넥타이를 매고 다닌다. 그의 목소리는 피리처럼 가늘고, 정신은 메스처럼 날카로우며, 가슴은 벽난로처럼 따뜻하다.

벡의 인지행동치료는 심리 치료 역사상 다른 어떤 기법보다 더 많이 정신적 고통을 덜어주었을 것이다. 그것은 장기적인 행동 변화를 위해서는 부정적인 행동의 근원인 삶 속 생각들을 공격해야 한다는 단순한 통찰에 기반한다. 명백해 보이는 이 아이디어를 바탕으로 인지행동치료는 정량화할 수 있는 행동 변화를 가져오며, 그 변화는 몇 년 후까지도 확인되고는 한다. 전 세계 임상의들이 인지행동치료를 사용하는 것도 당연하다.

다시 편견을 논의하기 전에 벡의 치료법의 기초를 간략히 살펴보자. 인지행동치료가 특히 효과 있다고 입증된 주제인 불안부터 시작하겠다.

많은 성공한 사업가들이 경험하는 불안 유형인 가면 증후군(impostor syndrome)으로 당신도 고통받고 있다고 가정하자. 이로 인해 당신은 (a) 당신의 일에 한심할 정도로 무능하고, (b) 지금 이 자리까지 온 것은 순전히 운 때문이며, (c) 언제 누군가에게 그 사실이 발각될지 모른다고 느낀다. 인지행동치료는 생활 속 생각에 주목하라고 지시한다. 당신은 가면 증후군을 없애기 위해 그 지시에 따를 것이다.

다음은 인지행동치료가 지시하는 사항들이다.

1. NAT를 찾아낸다

NAT는 부정적 자동 사고(negative automatic thought)를 말한다.

첫 번째 목표는 불안의 근원을 분리하고 확인하는 것이다. 가면 증후군의 경우 부정적 자동 사고는 자신의 기만이 밝혀질 거라는 느낌이다.

2. NAT를 평가한다

인지행동치료는 부정적 자동 사고의 정당성을 평가하라고 요구한다. "부정적 자동 사고가 사실이라고 생각하는 이유와 그 증거는 무엇인가?" 그리고 이렇게 묻는다. "부정적 자동 사고보다 균형 잡힌 대안이 있는가?" 가면 증후군의 경우 대안이 될 수 있는 것은 다음과 같다. "잠깐, 내가 항상 엉터리는 아니지. 몇 가지 일은 실제로 잘해냈잖아." 흥미롭게도 인지행동치료는 결코 대안을 믿으라고 하지 않고 그저 생각해내라고만 한다. 사실 믿음은 문제가 아니다. 습관이 문제다.

3. 대안에 보상을 제공한다

다음으로 인지행동치료는 두 가지를 요구한다. 첫째, 연결 짓기 연습을 시작한다. 그러면 자기 패배적인 부정적 자동 사고를 떠올릴 때마다 덜 자기 패배적인 대안을 촉발할 수 있다. 자신이 사기꾼이라는 생각이 들 때마다 나는 사기꾼이 아니라는 생각을 떠올린다. 둘째, 그 두 가지를 연결할 때마다 자신에게 작은 보상을 준다. 뭐든 괜찮다(내 동료는 성공적으로 둘을 연결할 때마다 젤리를 먹었다). 다만 정말로 즐거움을 주며 지속적으로 제공되어야 한다.

인지행동치료를 안정적으로 적용하면 부정적 자동 사고는 결국 저절로 시들고 긍정적인 대안만 남는다(그리고 내 동료의 경우 몇 칼로리를 더 섭취하게 된다). 인지행동치료는 우울증부터 강박장애 심지어 조현병에 이르기까지 다양한 정신질환에 강력한 효과가 있음이 증명되었다.

고정관념 대체하기

인지행동치료의 논의에서 시사하듯이 생각을 바꿀 만큼 강력한 기법으로 입증된 것들이 존재한다. 인지행동치료의 효과를 활용하여 암묵적인 인종적 편견도 줄일 수 있을까?

위스콘신대학교 매디슨 캠퍼스의 패트리샤 디바인(Patricia Devine)이 이끄는 연구팀은 이를 시도하려 했다. 그들은 5가지 전략으로 구성된 중재 프로그램을 고안했고, 그중 몇 가지는 인지행동치료와 유사했다.

벡의 기법과 유사한 한 가지는 고정관념 대체(stereotype replace-ment)였다. 피험자들은 먼저 그들의 목표인 부정적 자동 사고, 이 경우 자체 생성된 인종적 고정관념에 대한 반응을 확인했다. 그런 다음 편견 없는 반응을 고려하라는 지시를 받았고 그 후 혼탁한 부정적 자동 사고를 더 정확하고 덜 편향된 모델로 교체하라는 지시를 받았다. 장차 고정관념에 기반한 반응을 피할 방법에 대한 지침도 이에 포함되었다.

중재 프로그램이 설계되고 실험이 시작되었다. 먼저 모든 피험자의 암묵적 연합 검사 점수를 확보한 후 피험자들을 통제 집단과 실험집단으로 무작위 배정했다. 실험집단 피험자들은 5부로 구성된 연구자들의 중재 프로그램으로 교육받았다.

디바인은 4주 차, 8주 차를 포함하여 교육 후 몇 차례 모든 피험자에게 암묵적 연합 검사를 다시 받게 했다. 놀랍게도 4주 차에 이미 실험집단에서 변화가 시작되었음을 발견했다. 전체 프로젝트를 완료하는 데 12주가 걸렸지만 8주째에 그녀는 답을 얻었다. 다음은 그 답을 가장 잘 요약해주는 논문 내용이다.

> … 중재 교육을 받은 사람들은 암묵적인 인종적 편견이 극적으로 감소했다 … 통제 집단에 속한 사람들은 위의 효과를 전혀 보여주지 않았다. 우리 결과는 암묵적 편견에서 발생하는 지속적이고 비의도적인 형태의 차별을 줄일 수 있다는 희망을 불러일으킨다.

편견은 신속히 건조되고 내구적인 시멘트처럼 작동할 수 있지만 그래도 깊은 균열을 만들 수 있다. 적어도 디바인의 잭해머를 사용하면 장기적으로 제거할 수도 있으며, 교육이 끝난 지 (몇 분, 몇 시간 후가아니라) 몇 개월, 몇 년 후에도 긍정적인 효과를 측정할 수 있다. 가장 강력한 결과는 프로그램에 들어오기 전에 이미 인종적 편견을 염려했던 피험자들에게서 나타났다. 그러나 실험집단에 배정된 모두는 편견에 대한 전반적 우려의 증가를 경험했다. 또한 그들은 자신이 고정관념으로 기울어있다는 사실도 더 인식하게 되었다.

2012년 디바인의 연구가 발표된 이후의 반복 연구들도 원 연구에서 주장했던 긍정적 결과를 확인해주었다. 중재 프로그램에 참여한지 2년 후 실험집단은 소셜미디어에서 마주친 편견에 맞서려는 의지를 비롯하여 반(反) 편견 본능이 통제 집단보다 훨씬 더 강했다. 중재 프로그램은 성별 균형을 고려하도록 학과의 채용 관행에도 영향을 미쳤다. 중재 교육을 받은 학과에서는 신임 교수의 47퍼센트가 여성이었다. 교육받지 않은 통제 집단에서는 그 비율이 33퍼센트에 그쳤다.

이 중재 프로그램은 매우 효과적이어서 워크숍으로 체계화되기에 이르렀다. 그 대학 마케팅 학과에서 승인하지 않았을 게 분명한 이름을 내걸긴 했지만. 워크숍 이름은 '선입견 습관 타파' 프로그램이다.

이 프로그램을 조사해보라. 증거에 기반한 이 프로그램의 설계에서 행동 토대를 배우고 인지행동치료에 기반한 중재 교육 전문가가 돼라. 도움이 된다면 이 장을 참고하라. 이 워크숍에 대한 자세한 설명은 breaktheprejudicehabit.com에서 확인할 수 있다.

이유는 단순하다. 디바인의 연구는 편견 문제의 근원인 삶에서 나오는 생각을 다룬다. 물론 우리도 힘겨운 작업을 하고 있지만, 원인 치료는 행동과학이 정말 잘하는 부분이다. 그것은 진정한 희망을 제시한다. 이런 프로그램들이 언젠가는 샤일록의 애처로운 외침을 우리가 갈 길이 아직 얼마나 먼지 보여주는 예시가 아니라 박물관에서나 볼 법한 예전 사고방식으로 만들지도 모른다.

브레인 룰스 8

글쓰기는 감정을 객관적으로 바꾼다

- 직장에서 발생하는 모든 종류의 갈등을 억제하는 첫 번째 단계는 상대방의 감정을 인식하고 자신의 감정, 특히 불만, 불신, 분노, 두려움을 통제하는 것이다.

- 만약 갈등에 휘말리게 된다면 그 후 며칠 동안 하루에 20분씩 무슨 일이 있었는지 써본다. 하지만 중립적인 제3자의 관점에서 써야 한다. 이는 상황에서 벗어나는 데 도움이 될 것이다.

- 어떤 갈등은 두 당사자의 서로 다른 도덕이나 깊이 자리한 믿음, 생활방식 간의 편견에서 비롯될 수 있음을 기억하라.

- 편견을 제거한다고 주장하는 직원 연수 프로그램을 경계하라. 진화심리학자들은 편견에 근거한 행동들이 인간이 생존을 위해 사회 집단을 만드는 데 도움이 되었기 때문에 선택된 특성이라고 믿는다. 결과적으로 개인이든 집단이든 편견을 제거하기란 거의 불가능하다.

- 암묵적 연합 검사는 완벽하지는 않더라도 암묵적인 편견을 밝혀주며, 투표 행태 같은 일부 행동을 예측하는 데 유용하다.

- 인지행동치료의 구성요소를 활용하여 사고 습관을 바꾸어줌으로써 편견을 뿌리 뽑을 가능성을 가장 잘 보여준 위스콘신대학교 매디슨 캠퍼스의 선입견 습관 깨뜨리기 프로그램에 대해 생각해보라.

직장으로 간 뇌과학자

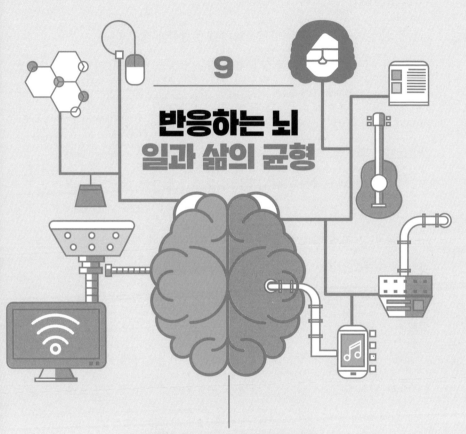

9

반응하는 뇌
일과 삶의 균형

'업무용' 뇌와 '가정용' 뇌는
따로 존재하지 않는다

"이제 시작이야. 건배!"

돌리 파튼(Dolly Parton)은 탄산음료처럼 청량하게 예고한다.

활기찬 이 말은 1980년의 상징적 영화 〈나인 투 파이브〉의 거의 마지막에 나오는 대사다. 파튼이 연기한 인물 도랠리 로즈가 기뻐할 이유가 있었다. 사무실에 살다시피 하는 남자 상사가 통제력을 잃자 그녀와 여자 동료 둘은 사무실 인수, 더 정확하게는 사무실 개편을 주도하여 오늘날까지도 급진적으로 보이는 변화를 도입했다. 직장 내 어린이집, 유연한 근무 시간, 직무공유, 중독 재활 치료 보조금, 동일 임금 청원 등이었다. 대본에 따르면 그러한 변화는 직원들의 결근을 줄이고 생산성의 20퍼센트 증가를 가져왔다. 이사회 의장이 이러한 성공에 대해 듣고 직접 시찰하러 왔을 때 그녀가 건배를 외쳤던 것이다.

영화는 파튼이 작사 작곡한 동명의 노래에 힘입어 크게 히트했다. TV 쇼로 만들어져 5시즌 동안 방영되면서 오늘날에도 여전히 존재하는 직장 문화의 예민한 문제를 꼬집었다.

영화가 꼬집은 문제는 이 장의 주제인 직장생활과 가정생활의 균형이다. 균형이 가장 어울리는 표현은 아닐지도 모른다. 미국에서 일과 가정의 균형은 경쟁적인 두 우선순위 간의 균형 찾기라기보다는 전쟁 중인 두 파벌 간의 휴전 협정 맺기에 가깝다. 2020년의 팬데

믹으로 이 문제의 매개 변수가 바뀌었지만 이만큼 세월이 지났는데
도 전선은 여전히 존재하고 협상도 진행 중이다. 슬프게도 1980년
에 나온 제안들은 아직 실현되지 않았다.

그러나 희망은 있다. 전투원들이 누구인지, 평화조약은 어떠해야
한다고 뇌과학이 제안하는지 탐구해보자. 협상에서 까다로운 부분
인 스트레스 관리, 실질적으로는 통제권 관리에 대해서도 논의할 것
이다. 이어서 동반자 관계 강화에서부터 자녀 양육에 이르기까지 가
정 생활이 어떻게 직장생활의 훌륭한 친구가 될 수 있는지 살펴보
자. 그리고 미래를 향한 로즈의 진심 어린 축배를 단지 20세기 후반
의 포부가 아니라 21세기 초반의 현실로 만들기 위해 무엇을 해야
하는지 논의하면서 마무리하려 한다.

당연히 매우 어려운 일이겠지만 말이다.

우선순위 경쟁의 희생양

그렇다면 일과 삶의 균형 문제는 무엇을 의미하며 그 둘의 균형을
맞추기 어려운 이유는 무엇일까?

앞서 언급했듯이 한 가지 이유는 그것이 우선순위 다툼이며, 주로
시간 관리로 귀결되기 때문이다. 한편에는 직장의 요구, 다른 한편
에는 가정의 요구가 동시에 재촉해댄다. 일과 개인 생활이 서로 방
해하지 않아야 삶을 감당할 수 있다.

그러나 현실 세계에서는 삶이 좀처럼 감당되지 않는다. 업무와 생활은 직원의 관심과 에너지를 놓고 경쟁하며, 때때로 그 경쟁은 매우 치열해진다. 생활 쪽에 가정 돌보기를 우선순위로 추가하면 더욱 그렇다. 많은 사람이 대립하는 우선순위 사이에서 마치 숙취와 싸우는 사람처럼 비틀거린다. 신생아가 있어서 수면이 부족한 근로자들이 다음날 고통에서 벗어날 방법은 슬프게도 없다.

이런 균형 잡기 시도에서 대개 희생되는 것은 직원의 심리적 건강이다. 통찰이 필요한 경영대학원 동료들이 종종 인지 신경학자들을 부르는 이유다. 두 전문가 집단의 출발점은 그들이 말하는 내용을 어떻게 정의하고 있는지 살피는 것이다.

비즈니스 전문가들은 '직장의 가정 침해'(work-to-family interference) 같은 용어를 사용하는데, 이는 직장에서 발생한 일이 가정에 미치는 영향으로 정의된다. 회의에서 상사의 호통을 듣고 집에 가서 개를 걷어차는 경우, 승진 소식을 듣고 귀가해 가족과 외식하는 경우다. 그 반대는 '가정의 직장 침해'(family-to-work interference)이다. 딸이 침대 여기저기에 토해놓는 바람에 직장에 지각하는 경우, 파트너가 연애편지를 써준 다음 프레젠테이션을 순조롭게 마치는 경우다.

가정과 직장에 대한 위의 정의는 모든 사람이 그 용어의 의미에 동의함을 암시한다. 하지만 현재에도 유효할까? 사람들이 〈비버는 해결사〉 같은 영화를 다큐멘터리로 취급했던 시대로부터 오랜 시간이 흘렀다. 모든 아기의 절반은 결혼하지 않은 남녀에게서 태어난다. 현재 많은 아이들이 한부모 가정에서 양육된다. 동성 부부와 젠

직장으로 간 뇌과학자

더 비순응(gender-nonconforming) 부부 같은 비전통적인 가족들이 존재한다. 그 목록은 광범위하고, 증가하고 있고, 환영받고 있지만, 불편해하는 사람들도 있다.

직장도 유사한 정의 변화를 경험 중이다. 팬데믹 이전에 시작된 이 변화는 팬데믹 이후에 크게 가속화되었다. 코로나19는 '직장이란 집에서 멀리 떨어진 건물에 있는 곳'이라는 개념을 날려버렸다. 많은 사람의 '사무실' 경험에 '집'이 계속 포함될 가능성이 있다.

이러한 것들이 매우 새로운 변화라는 사실은 비전통적인 가정과 비전통적인 직장이 사회에서 어떻게 기능하는지 조사한 연구가 드물다는 뜻이다. 지금까지 나온 소수의 연구는 '전통적인' 가족과 직장 구조를 조사한 이전 연구들과 놀라운 일관성을 보인다. 그러나 더 많은 시간이 지날 때까지 우리는 과학이 가장 즐겨 다는 각주, 즉 더 많은 연구가 필요하다는 말로 이 단락을 마무리해야만 할 것이다.

단언할 수 있는 것은 직장과 가정이란 평균대 위의 삶이 변화하고 있다는 사실이다. 대부분의 사회적 혼란이 그렇듯이 이런 변화는 긴장의 원천이다. 뇌과학자들이 정신 건강과 관련된 문제를 비즈니스 연구자들과 함께 연구할 때 가장 먼저 서로 논의하는 사항 중 하나는 뇌가 스트레스에 어떻게 반응하는지다. 하지만 스트레스가 무엇을 의미하는지 정확히 정의하기 전까지는 이 분야의 협력은 그다지 진전이 없다.

스트레스의 한 측면은 두 분야의 전문가 모두 이해하기 쉽다. 스트레스는 '전부 해내려고' 노력했던 근로자들이 '약간의 일'조차 할 수 없게 만든다.

스트레스와 그 영향

당신은 직관적으로 알고 있고 연구자들은 정량적으로 알고 있듯이, 스트레스는 정말로 인지 기능의 손상을 초래한다. 지속적인 극심한 스트레스는 실제로 뇌 손상을 일으킬 수 있다. 그러나 연구자들은 처음 스트레스에 나쁜 요인을 규정하는 데 어려움을 겪었다. 먼저 쳐내야 할 교란 요인들이 너무 많았기 때문이다.

한 가지 두드러진 교란 요인은 모든 스트레스가 뇌에 나쁜 것은 아니라는 사실이었다. 가벼운 스트레스는 특정 조건에서 성과를 향상시키기도 했다. 행동주의자들은 이를 '유익 스트레스'(eustress)라고 부른다. 스트레스 경험은 대단히 주관적이다. 어떤 사람은 번지 점프를 좋아해서 이를 유익 스트레스로 가득하고 흥미진진한 활동으로 생각한다. 어떤 사람에게는 번지 점프가 최악의 악몽이라서 생각만 해도 긴장한다.

우리의 생리도 모호함을 더해준다. 극도의 쾌락을 경험하는 사람과 극도의 스트레스를 경험하는 사람의 생리 검사 결과는 구분이 안될 정도로 매우 비슷하다.

연구 결과 우리 다수는 잘못된 것을 검토하고 있다는 사실이 밝혀졌다. 온갖 악영향을 가져오는 것은 혐오 자극의 '존재'가 아니었다. 모든 행동 장애는 혐오 자극을 '통제'할 수 없어서 발생했다. 불쾌한

직장으로 간 뇌과학자

일도 통제한다고 느끼면 스트레스로 보고하지 않을 수도 있었다. 하지만 혐오 자극이 통제할 수 없다고 느낄수록 해로운 스트레스를 경험할 가능성이 커졌다.

이러한 통제력의 결여는 두 가지 차원에서 측정된다. 하나는 스트레스 요인이 닥치는 빈도를 통제할 수 없는 정도, 또 하나는 스트레스 요인이 왔을 때 심각성을 통제할 수 없는 정도다. 성공적으로 수행할 예산이나 인력도 지원받지 못한 채 업무가 배정되고 그 결과에 따라 평가받는 경우가 그러한 사례다.

통제 불능의 스트레스는 사실상 모든 측면의 인지 능력을 손상할 수 있다. 작업기억(단기기억)이 저해되고 기분 조절도 어려우며 장기기억의 형성도 방해받는다. 스트레스는 유동성 지능(fluid intelligence), 문제 해결 기술, 패턴 매칭 능력에 저하를 일으킨다. 제어되지 않는 긴장의 가장 심각한 형태, 자신이 무엇을 해도 나쁜 일이 일어나는 것을 막지 못할 듯한 느낌을 '학습된 무력감'(learned helplessness)이라고 한다. 그것은 사람들을 우울증의 심연으로 밀어 넣을 만큼 강력하다.

다음은 학습된 무력감의 문을 두드리는 사람의 예다. 지금은 없어진 예비 및 초보 부모를 위한 웹사이트에 올라왔던 글인데, 상황이 좋아 보이지 않는다.

친구들이 그리워요. 남편이 밤에 일해서 대화를 나눌 사람이 없거든요. 오전 9시부터 오후 5시까지 근무하기는 싫지만, 직장에서의

우정은 그립네요. 종종 아이와 놀아주지 않는 내가 싫어요. 나만의
시간을 갖고 싶어서 TV를 보게 놔두거든요. 나만의 시간도 더 필요
하고, 남편과의 시간도 더 필요하고, 딸아이와 더 많이 놀아주어야
한다는 것도 알아요. 엄마로서의 죄책감이 심한데 그것도 너무 싫
어요.

업무와 스트레스

미국 근로자들은 팬데믹 이전에 이미 통제력 상실로 인한 인지 손상
을 느끼고 있었다. 2020년 2월에 실시한 설문조사는 스트레스가 직
장생활을 얼마나 잠식했는지 보여주었다. 근로자들은 대부분 업무
로 인해 불편할 정도로 스트레스를 받는다고 대답했다. 무려 61퍼센
트의 미국인들이 할 일은 너무 많고 일할 시간은 없는 데서 오는 악
성 감정인 번아웃을 느꼈다. 코로나바이러스가 강타한 후 그 수치는
73퍼센트로 껑충 뛰었다.

이렇게 명백하게 나쁜 감정을 느끼는 이유는 고용불안과 감당할
수 없는 업무량 등이었다. 그러나 가장 큰 스트레스 요인은 근로자
들이 직장생활과 가정생활을 구분하는 경계가 사라진다고 느끼는
것이었다.

여기서 중요한 것은 모호해지는 직장과 가정의 경계가 업무에 미
치는 실질적 영향이다. 작업기억의 손상은 더 많은 업무 실수를 낳
는다. 기분 조절 능력의 상실은 직장 동료, 자녀는 물론이고 거의 모

든 사람과 더 많은 갈등을 겪게 한다. 그런 시간이 길어지면 정신 건강이 위험해지고, 특히 감정 장애(affective disorders)라고 불리는 정신 병리에 취약해진다.

신체 건강도 스트레스의 큰 표적이 된다. 심혈관 건강에 치명적일 뿐더러 바이러스, 진균, 박테리아 감염에 더 취약하게 만든다. 코르티솔 같은 스트레스 호르몬의 증가는 보조 T 세포군을 포함하여 인간 면역계의 특정 세포들을 표적으로 삼기 때문이다. 그 세포들이 죽으면 스트레스가 덜한 상황에서는 잘 물리칠 수 있는 나쁜 미생물들을 막는 능력을 잃는다. T 세포 없는 삶이 어떤지는 에이즈의 원인인 HIV 바이러스를 보면 알 수 있다. HIV 바이러스는 특별히 보조 T 세포만 표적으로 삼아 나머지 면역 반응도 손상시킨다. 치료에 성공하기 전까지 HIV 감염은 사형 선고나 다름없었다.

일과 삶의 불균형을 경험하면 보통의 감기 조차 막지 못할 정도로 면역계가 약화될 수 있다.

스트레스의 핵심, 통제권

이들 데이터에는 분명 미묘한 차이가 있다. 예를 들어 직업군에 따라 번아웃을 느끼는 수준이 다르다. 스트레스를 가장 심하게 받는 사람들은 시스코(Cisco) 같은 빅테크(구글, 아마존, 메타, 애플, 알파벳 같은 거대 정보기술 기업 – 옮긴이)의 근로자들과 리프트(Lyft) 같은 '긱 경제(gig economy, 산업현장에서 필요에 따라 사람을 구해 임시로 계약을 맺고 일을 맡기는 형태의 경제 방식)'근로자들이었다. 하지만 번아웃은 어디서나 볼 수 있으며, 대체로 기쁨을 마비시키고 삶을 위태롭게 만든다.

인생 단계와 사람에 따라 일과 삶의 불균형이 주는 압박감도 다르다. 가임기에 있는 직원들과 퇴직을 앞둔 직원들의 걱정거리는 다르며, 그들과 신입사원들의 걱정거리도 완전히 다르다. 그러나 직업이나 인생 단계와 상관없이 결국 문제는 과거에도 지금도 통제감이다. 이 아이디어는 앞서 언급한 소위 직장의 가정 침해 경로를 조사함으로써 직접 검증되었다. 연구 결과는 직원들이 직장생활을 더 잘 통제할 때 가족의 건강에 직접적인 영향을 미친다는 것을 보여준다. 이런 통제감의 변화는 측정할 수 있는 수준에서 단기적으로 유익하다.

이런 사실을 알려준 연구의 과정을 더 살펴보자. 한 연구팀은 직원들이 업무의 한 측면인 일정에 대한 통제권을 부여받으면 어떻게 되는지 실험했다. 대상자는 주로 장기적이고 헌신적인 관계를 유지 중인 이성애자들이었다.

이 실험은 미국 국립보건원의 일, 가족, 건강 네트워크(Work, Family, and Health Network) 연구단들이 고안한 행동 중재 프로토콜, STAR(Support, Transform, Achieve, Results) 프로그램을 시험했다. STAR는 일과 개인 생활의 균형을 맞추기 위해 시간을 어떻게 사용할지 직원들에게 훨씬 더 많은 통제권을 주었다. 또한 상사들에게는 직원들이 설계한 변화에 저항하기보다 지원하라고 지시했다. 실험은 12개월 동안 지속되었다.

보고 기간이 끝났을 때 개입 효과는 엄청났다. STAR 프로그램에 참여한 직원들은 스트레스를 덜 받고, 번아웃 경험이 줄었으며, 상사와 더 잘 지내고, 업무 만족도가 높아졌다고 보고했으며 금상첨화로 가정의 직장 침해까지 줄었다. 학술 논문만큼이나 보도 자료로도 고무적인 데이터였다.

이 프로그램은 실험집단의 여성 직원들에게 특히 효과적이었다 (슬프지만 어느 정도 이해되는 결과다). 예상치 못한 파급 효과도 있었는데, 10대 자녀가 있는 가정에 긍정적인 영향을 미쳤다. 청소년들은 잠을 더 잘 잤고, 행복감이 증가했다고 보고했으며, 전반적 정서가 긍정적으로 바뀌었다. 나는 이 놀라운 결과보다 가족의 정서적 역학의 변화를 더 잘 보여주는 지표가 선뜻 떠오르지 않는다.

배우자가 직장생활에 미치는 영향

이러한 데이터는 매력적이지만 주로 직장의 가정 침해 경로라는 한 방향만 탐색한다. 다른 방향, 이른바 가정의 직장 침해는 어떨까? 가정에서 일어나는 일도 직장에 영향을 미칠까?

'그렇다.' 가정의 직장 침해는 "어젯밤에 잘 잤나요?"라는 간단한 질문으로 직관적으로 설명될 수 있다. 그 질문에 대한 대답으로 뇌과학자들은 당신이 오늘 얼마나 생산적으로 일할지 알 수 있다. 집에서 잘 못 자고 출근했다면 수면 부족을 말 안 듣는 개처럼 끌고 다녀야 할 것이다. 이것은 집에서 뇌에 일어난 일과 업무가 시작될 때 뇌의 상태 사이에는 대단히 밀접한 관계가 있다는 것을 보여주는 단순 사례에 불과하다. 연구자들은 그 관계를 자세히 알아보기 위해 자녀가 있는 커플과 없는 커플을 살펴보았다. 이번에도 장기적이고 헌신적인 관계를 유지하는(주로 결혼) 이성애자들이 주 대상이었다.

먼저 배우자와의 관계, 특히 결혼의 질부터 살펴보자. 좋은 소식도 있고 나쁜 소식도 있다. 좋은 소식은 통찰과 안정감을 제공하는 긍정적 성향의 배우자는 근로자의 생산성을 증가시킨다는 것이다.

5,000명 이상의 성격 특성을 조사한 한 논문의 제목은 〈배우자의 영향력 범위: 배우자의 성격은 직업적 성공에 영향을 미친다〉이다. 연구자들은 가장 성실한 사람들은 남녀를 불문하고 직장에서 가장 성공한 배우자를 두고 있음을 발견했다. 이 운 좋은 배우자들은 자신의 직업을 더 좋아했고, 승진 가능성이 더 컸으며, 돈을 더 많이 벌었다. 그런 데이터는 페이스북의 최고운영책임자 셰릴 샌드버그(Sheryl Sandberg)의 다음 발언을 상기시킨다.

여성이 내리는 가장 중요한 진로 결정은 인생의 동반자를 둘 것인지 그리고 그 동반자가 누구인지입니다.

지금은 없어진 예비 및 초보 부모를 위한 웹사이트에 올라온 또 다른 고백 글을 보자.

저는 일란성 여자 쌍둥이를 임신한 지 37주 2일째입니다. 내일 분만을 위해 입원할 거예요. 어제, 사랑하는 남편이 출산 잘하라고 절친과 저를 스파에 보내줬어요. 커트와 부분 염색, 얼굴과 전신 마사지, 매니큐어와 페디큐어를 받았죠. 집에 돌아왔더니 남편이 임신 중에 먹고 싶었던 음식들로만 저녁을 준비해두었더군요. 오늘 밤에는 … 저는 쉬게 하고 아이들을 맞이할 수 있게 집을 정리했죠.

아, 이 남자를 너무너무 사랑해요!

반대로 이혼과 직장 생산성을 다룬 연구도 있다. 예상했겠지만 아름다운 그림은 아니다.

이혼 진행 중인 직원들 대부분은 생산성에 필수인 행동에서 변화를 보인다. 변화가 가장 심한 기간은 이혼을 확정하기 전 6개월 동안이다. 그 기간에 직원들은 집중하기 어려울 수 있다. 약속 잡기부터 보고서 작성하기까지 업무를 기억하기 어려울 것이다. 변호사를 만나거나 법원에 출석하기 위해 자주 회사를 빠져야 해서 결근도 잦아진다. 결과적으로 이혼 절차를 밟는 근로자는 안정적 관계를 유지하는 근로자보다 생산성이 40퍼센트 떨어져서 미국 기업에 연간 3,000억 달러 이상의 비용을 지출하게 한다. 같은 사슬에 묶인 두 죄수처럼 직장생활은 가정생활에 매여 있다는 게 나쁜 소식이다.

나쁜 소식: 육아가 업무의 질을 떨어트린다?

그러니 가정에서 일어나는 일은 가정에서 그치지 않는다.

자녀 문제까지 끼어들면 그 영향은 훨씬 더 복잡해진다. 역사적으로 특정 산업은 가족이 있는 직원, 특히 어린 자녀가 있는 젊은 직원의 고용을 꺼린다. 어떤 남자는 절대 가임기 여성을 고용하지 않는다고 내게 털어놓았다. "여자들은 임신만 하면 그만두잖아요." 그는 투덜거렸다.

지독한 여성혐오이고 불법으로 보이겠지만(임신부를 차별하는 것은 연방법 위반이다), 놀랍도록 근시안적이기도 하다. 가족들과 그에 딸린 시끄러운 아기들이 없다면 기업들이 장기적인 생존을 위해 의존하는 경기가 무너져버린다. 실제 계량화할 수 있는 사실이며, 이에 대해서는 잠시 후 논의할 것이다. 가족이 있는 직원은 장기 자산이 아니라 단기 부채라는 가정하에 결정을 내리는 기업들은 의도적으로 기후를 도외시하고 고집스레 날씨만 중시하는 것이다.

하지만 기업들이 왜 자녀가 막 태어난 직원들을 부채로 취급하는지 쉽게 이해된다. 갑자기 업무 우선순위가 집에서 일어나는 일들과 치열하게 경쟁해야 한다. 아주 작은 아기들은 예외 없이 초보 부모들의 삶에 거대한 스트레스 요인을 던져준다. 집에서 일어나는 일들로 직원들이 쇠약해질 수 있다는 뜻이다. 수면 부족, 확실했던 일정의 번복, 경제적 비용의 증가, 일상적 기대의 급격한 변화, 항상 모든 사람의 기대보다 많은 일이 발생한다. 부모가 되고 처음 몇 개월 동안 번아웃 엔진의 연료인 불안한 통제 불능의 감정이 널을 뛴다. 그리고 소란은 몇 년 동안 크게 변하지 않는다. 꼭 그래야 하는 것은 아니지만, 사무실에서의 생산성은 일반적으로 떨어진다.

이런 스트레스는 수량화되어 있다. 앞서 말한 수면 부족을 살펴보자. 아기가 태어나고 처음 6개월 동안 부모가 깨지 않고 잠자는 시간은 하룻밤에 평균 2시간 정도다. 초보 부모의 약 30퍼센트가 직장에서 잠이 든다. (거의 21퍼센트는 차에서 잠이 든다!) 수면 박탈은 오래 지속된다. 아기 엄마는 보통 아기가 6세가 될 때까지 출산 이전의 수면 패턴으로 돌아가지 못한다.

예상할 수 있듯이 그로 인해 큰 손실이 발생한다. 모든 종류의 수면 박탈은 미국 경제에 연간 4,110억 달러의 손실을 입힌다. 세상에서 가장 어려운 아마추어 스포츠인 자녀 양육은 누구에게나 힘든 일이다. 고용 평등을 깨뜨리는 요인이고 직장과 가정에서 관계에 균열을 일으킨다. 일부 비즈니스 전문가들은 적어도 단기적으로는 그냥 신경을 쓰지 않을 것이다.

초보 부모의 양육 과정에 숨은 스트레스 요인 중 하나는 신생아와의 상호작용이 아니라 배우자와의 상호작용에서 생긴다. 연구에 따르면 첫아이를 낳은 뒤 부부 갈등은 무려 40퍼센트나 늘어났다. 부부의 3분의 2는 육아를 시작한 후 3년 동안 사이가 나빠졌다는 연구 결과가 있다.

자녀를 갖는 것이 직업에 미치는 영향은 직장 여성에게 특히 심하다. 구글은 출산 후 직장을 그만둔 여성의 수가 회사의 평균 이직률의 두 배라는 사실을 발견했다. 팬데믹 이전의 수치다.

팬데믹 이후 업무가 주로 여성에 의해 이뤄지는 산업(교육, 음식 서비스, 소매)은 큰 타격을 입었다. 팬데믹 기간에 직장 포기의 성별 불균형이 너무 심해져서 쉬세션(she-cession, 여성과 경기침체의 합성어로 여성이 경제에 참여하지 않으면서 생길 수 있는 경기 후퇴 – 옮긴이)이라는 용어가 생겼을 만큼 많은 여성이 노동 인구에서 빠져나갔다. 가족이 탁아 비용을 감당할 수 없다는 것이 가장 큰 이유였다. 누군가는 집에 머물러야 했고 그건 바로 엄마였다. 팬데믹이 본격화한 2020년 12월, 여성들은 15만 6,000개의 일자리를 잃은 반면 남성은 취업이 실제로 증가해 취업자 수가 1만 6,000명 늘었다.

팬데믹 봉쇄 기간에 맞벌이 가정에서도 이런 불균형과 그에 따른 스트레스를 볼 수 있었다. 런던대학교는 격리 기간 이성애자 부부의 집안일과 육아 분담을 조사했다. 부부 둘 다 집에 있어서 가사를 더 공평하게 분담할 수 있었는데도 여전히 여성이 남성보다 집안일과 육아를 두 배 더 많이 떠맡았다.

이것은 크고, 뜨겁고, 김이 폭폭 나는 스트레스 더미들이다. 기업이 단기적으로는 가족과 직장의 관계에서 긍정적인 면을 별로 보지 못하는 이유를 쉽게 알 수 있다.

좋은 소식: 육아 휴직이 이직률을 떨어트린다!

내가 가족, 특히 자녀 계획 중인 사람들에게 반감 있는 것은 아니다.

지금은 성인인 두 아들을 키워낸 나는 돌이켜보면 육아가 내 인생에서 가장 가슴 따뜻하고, 두근거리고, 설렌 경험이었다고 단언할 수 있다. 때로는 히스테리 상태에 빠지게도 했지만. 앞에서도 인용했던 웹사이트에서 마지막으로 가져온 두 가지 이야기는 이런 양면을 잘 보여준다.

아래는 젊은 부부의 이야기다.

> 지금 웃겨 죽겠음. 사랑하는 남편이 네 살배기 딸과 '티파티' 중이에요. 아이가 정한 이 파티의 규칙: 아빠는 예쁜 깃털 목도리와 클립 귀걸이를 착용해야 한다네요. 또 새끼손가락을 뻗어야 한다고 잔소리 중이에요. ㅋㅋㅋ 그래서 찍고 있어요!!

아래는 나이 든 엄마가 올린 글이다.

> 제 딸은 심리학과 조교수예요! 어제 딸의 강의실에 들어가서 뒷자리에 앉아 있었는데 한 여성으로서의 딸에 대한 존경심을 새로 갖게 됐네요. 이제 그저 내 딸만이 아니더라고요. 열정 넘치고, 많이 배우고, 내가 배울 점 있는 여성이었어요. 이런 아이가 내 딸이라니 믿어지지 않아요!

직원들이 이런 경험을 할 수 있게 하는 이면의 힘은 아무리 강조해도 지나치지 않다. 가정을 꾸리고 육아를 하는 직원들을 부채가 아닌 자산으로 선택한 기업은 더 확실한 이득을 볼 수 있다. 단지 처음에는 그 이득을 알아보기 힘들 뿐이다. 하지만 연구에 따르면 가정 상황, 특히 가족과 관련된 상황을 바꿔줌으로써 직장에 장기적 이득이 축적된다. 문제는 경영진이 항상 단거리 경주를 선택하기보다 편안한 마음으로 마라톤을 신청하게 하는 것이다. 이 경주를 뛰는 가장 좋은 방법은 육아 휴직을 복리후생 제도에 넣는 것이다.

그 결과는 놀랍다. 여성에게 출산 휴가와 육아 휴직을 제공하면 소중한 여성 임원의 퇴사를 막아 십만 달러 단위의 비용을 절약할 수 있다(평균적으로 최상위급 인재를 대체하는 데는 21만 3,000달러까지 비용이 든다). 구글은 이런 결과를 상징하는 기업이다. 여자 직원들의 출산 후 이직률이 그들의 평균 이직률의 두 배라는 사실을 발견한 후 구글은 유급 육아 휴직 제도를 도입했고, 그러자 두 배 차이는 흔적도 없이 사라졌다. 부부에게 육아 휴직을 제공하면 전반적인 이혼율도 낮아져 잠재적 비용 3,000억 달러도 절약된다.

남성의 육아 휴직을 다룬 연구도 있었다. 앞서 언급된 이혼율 감소에서 산후 산모의 건강 개선까지(부담을 분담할 사람이 가까이 있기 때문일 것이다) 여성의 경우와 유사한 긍정적 효과가 나타났고, 이러한 지원은 출산 이후에도 지속된다. 육아 휴직을 경험한 아버지들은 자녀 양육에 더 많이 참여하며, 이런 참여 증가는 몇 년 후에도 여전히 측정되었다.

이러한 데이터에서 매우 놀라운 점은 유급 휴직이 기업에 초래하는 순비용이다. 사실상 0이다. 모든 직원에게 육아 휴직을 제공하면 비용이 많이 들 수 있다. 처음에는 그렇다. 그러나 장기적으로는 육아 휴직 제공 비용이 상쇄된다.

성과로 측정하든 수익으로 측정하든 그런 제도의 비용은 임신이나 육아로 직원이 이직할 때 발생하는 비용과 거의 같다. 믿어지지 않는가? 여러 회사, 특히 캘리포니아의 회사들에서 그런 분석이 이루어졌다. 또 한 번 구글이 그 사례를 제공한다.

구글의 전 인사 부문 수석부사장 라즐로 복(Laszlo Bock)은 2개월 유급 출산 휴가 제도에 대해 이렇게 말한다.

> 우리가 최종 계산을 해봤을 때 이 제도는 비용이 전혀 들지 않는 것으로 밝혀졌습니다. 엄마가 된 직원이 몇 개월 더 사무실을 비워서 발생하는 비용은 그 전문 인력을 유지함으로써 새로운 직원을 찾고 교육하는 데 드는 비용을 피할 수 있어서 그 이상으로 상쇄되었습니다.

아기들은 중요하다

이러한 데이터는 기업들이 장기적 수익에 도움이 되는 확실한 육아 휴직 제도의 채택이라는 마라톤 경험을 신청할 만큼 설득력 있어야만 한다. 하지만 한 회사의 자체 이익을 넘어 이런 제도를 지지해야 할 강력한 이유는 더 있다. 모든 기업이 장차 수십 년 동안 생존하려면 필요한 무언가와 관련 있다. 문화, 구체적으로는 아이가 성인이 되고 결국에는 직원이 되는 사회적 환경 말이다.

발달 뇌과학의 한 분야는 사회적 안정이 아이의 장기적인 뇌 건강에 미치는 영향을 연구한다. 여기서 이 분야에서는 보기 드물게 독특한 패턴이 나타난다. 이것은 매우 중요한 사안이므로 생후 몇 년 동안 뇌가 어떻게 발달하는지 논의할 시간이 필요하다.

생후 천 일은 매우 중요하며 수년 후까지 아기의 행동 결과에 영향을 미친다. 다른 사람들과 소통하고 유대를 맺는 법 등, 평생 사용하게 될 사회적 기술의 다수가 그때 형성되기 시작하기 때문이다. 생애 초기에 이러한 사회적 기술이 얼마나 잘 형성되는지는 그들이 직장에 들어갈 때 어느 정도 우수한 직원이 되는지까지 예측해준다.

이러한 주장을 뒷받침하는 많은 데이터는 행동 연구, 신경생물학 연구 심지어 경제학 연구에서도 나온다. 연구자 에드 트로닉(Ed Tronick)은 수년 전 자신이 '상호작용 동기화'(interaction synchrony)라고 부르는 행동의 중요성을 보여주었다. 부모가 자신의 자랑이자 기쁨인 아기가 상호작용을 더 원하는지 아니면 덜 원하는지 가늠하는 법을 배우는 사려 깊은 부모-자녀 의사소통 형태다. 부모는 아기의 신호에 세심한 주의를 기울여서 자신이 (a) 아기를 너무 많이 자극했는지(이 경우 부모는 잠깐 자극을 중단한다) 또는 (b) 너무 적게 자극했는지(이 경우 부모는 자극을 쏟아붓는다) 알게 된다. 일단 배우면 이 사랑스러운 핑퐁 경기를 온종일 반복할 수 있다.

이러한 동기화의 규정은 특별히 획기적인 것은 아니다. 수 세기 동안 많은 부모들이 이렇게 해왔다. 또한 부모가 온종일 아기와 함께 있어야 하지만 엄청난 시간이 걸리지도 않는다. 이 동기화가 아이의 이후 발달 과정에 얼마나 중요한지 발견했다는 점에서 새로운 연구였다. 트로닉의 말을 들어보자.

> 아기와 양육자의 감정 표현은 상호작용을 서로 조절할 수 있게 해주는 기능을 한다. 사실 아동 발달의 주요 결정 요인은 이 의사소통 체계의 작동과 관련 있는 것으로 보인다.

트로닉과 많은 과학자들이 생애 초기를 그토록 강조하는 이유를 뒷받침하는 신경생물학 데이터가 있다. 그 몇 년 동안 기존의 뇌세포(뉴런)는 아찔한 속도로 다른 뉴런과 시냅스 연결에 돌입한다. 생후 12개월 동안에만 시냅스 연결이 10배 이상 증가한다. 3세가 되면 뉴런 하나에 평균 1만 5,000개의 시냅스가 연결된다.

이는 초기 네트워크 형성의 대부분이 이마 뒤 영역(전전두피질)에서 일어나는 불균등한 성장이다. 또한 생애 초기에는 시냅스가 너무 많이 연결되어 그중 일부를 가지치기하는 시기도 있다. 이 놀라운 폭증과 가지치기가 행동의 이정표들과 어떻게 관련 있는지는 정확히 규명되지 않았지만, 그 중요성에 대해서는 논쟁의 여지가 없다.

아기의 미소와 옹알이, 신경 개보수는 경제에 영향을 미치고 그 영향은 측정 가능하다. 내 분야에서는 보기 드문 연구 결과다. 영유아기에게 기울이는 관심은 해당 국가에 놀라운 경제적 영향을 미친다. 그러한 관심은 우리가 누차 살펴본 집행 기능(인지 및 감정 조절) 발달에 특히 중요하기 때문이다. 흔히 ABC/CARE 연구라고 불리는 1970년대 초 두 가지 초대형 종적 연구는 집행 기능의 이점을 실증적으로 입증했다.

원래 노스캐롤라이나주로부터 의뢰받은 주 연구자들은 다음과 같은 흥미로운 질문을 던졌다. "경제적으로 불우한 고위험군 환경에 태어난 아동의 초기 발달에 관심을 기울인다면 30년 후 그들은 어떻게 될까?" 실험집단의 빈곤층 아이들에게는 풍부한 유아 학습 프로그램이 제공되었다. 그런 개입은 생후 8주부터 시작되어 5세까지 계속되었다. 연구팀들, 사실상 몇 세대의 연구자들은 그 후 30년 동안 프로그램의 영향을 계속 연구했다.

결과는 놀라웠다. 뇌가 중재 프로그램을 경험한 아이들은 범죄를 저지르거나, 10대에 임신하거나, 약물 남용에 시달릴 가능성이 작았다. 고등학교와 대학을 졸업하고 시장성 있는 기술을 가지고 성인이 될 가능성은 더 컸다. 그 결과 그들은 돈을 더 많이 벌었고, 자기 집을 소유할 가능성이 더 컸으며, 성인으로서 지역사회에 참여할 가능성도 더 컸다. 잘 적응한 시민의 모든 면모를 보였다. 통제 집단은 너그럽게 표현해서 그런 모습이 아니었다.

이 결과들은 여러 번 분석되었는데 노벨상을 받은 경제학자 제임스 헤크먼(James Heckman)의 분석이 가장 유명하다. 그의 계산 결과 프로그램 비용 대비 연간 투자수익률은 아동 1인당 연간 10~13퍼센트였다. 그는 출생 시 8,000달러의 투자(2010년 복리 이자 계산)가 평생 초기 투자액의 100배의 수익(78만 9,395달러)을 가져온다고 계산했다.

그러고는 발달과학을 승인하기에 이르렀다. 헤크먼은 이렇게 말했다.

> 데이터 자체가 말해준다 … 출생부터 5세까지의 교육에 투자하면
> 아동 개인에 영향을 미칠 뿐 아니라 현재 우리나라의 노동력을 강
> 화해주고 미래 세대가 세계 경제에서 경쟁력을 갖출 수 있도록 준
> 비해준다.

미래를 위한 장기 투자가 필요한 때

기업이 자녀를 낳으려는 직원들에게 가치를 두어야 하는 또 다른 커
다란 이유가 있다. 경제학자들과 산업계 수장들은 자국의 인구가 감
소하면 경종을 울린다. 그런데 현재 거의 모든 선진국의 상황이 그
러하다. 미국은 연간 출생아 수가 적정 수준보다 30만 명 적으며 매
년 8퍼센트씩 감소한다.

장기적인 관점에서 출산율이 왜 중요하며, 출산율의 감소는 왜 그
토록 우려스러운가? 이 뒤얽힌 상황을 탐색하기 전에 나는 경제학
자가 아니라는 사실을 짚고 넘어가자. 내 전문 분야는 정신질환의
유전학이다. 경제 문제와 관련된 내 경험은 경제적 트라우마(예: 불경
기)와 뇌 기능(예: 임상 우울증) 간의 관계를 이해하는 정도다. 그 관계
를 탐구하면서 이따금 경제학자 부류와 만났고, 그들이 설명한 출산
율 저하가 우려스러운 이유를 간단히 정리하면 이렇다.

1. 아이를 적게 낳으면 국가 경제 엔진의 연료가 되어줄 노동자가 줄어들게 된다. 그 결과 노동력 부족이 발생하고 이는 최소한 성장률 둔화로 이어진다. 일할 사람이 부족한 것이다.

2. 생산 연령 인구가 적다는 건 물건을 살 사람이 적다는 뜻이다. 성장 둔화와 구매 감소는 경제에 많은 부정적 영향을 미친다. 가장 큰 영향 중 하나는 국민에게서 징수할 수 있는 세금액이 줄어드는 것이다.

3. 이 점이 더욱 우려스러운 이유는 노인들이 그 어느 때보다 오래 살고 있기 때문이다. 1900년 미국인은 평균 49세에 사망했다. 2015년까지 현대 과학은 그 나이를 78세로 늘렸다. 총체적으로는 긍정적인 변화라고 생각하지만 네 번째 이유에 비추어보면 좋기만 한 선물은 아니다.

4. 이러한 고령 인구는 적극적으로 소득을 창출하지 않으면서, 여전히 활발히 비용을 발생시키고 있으며 그 대부분은 연방 정부에서 부담한다(사회 보장, 메디케어, 메디케이드). 자금 조달 능력은 줄어드는 동시에 연방 프로그램에 대한 부담은 증가하고 있어 퍼펙트스톰이 우려된다.

경제학자들의 근심이 이해가 간다. 이러한 추세는 듣고 있기도 힘들고 나 같은 사람들이 글로 쓰기도 힘들다. 이 장을 썼을 때 나는 이미 65세였다. 경제학자 동료들이 상기시켰듯이 이 나라에서 가장 빠르게 늘고 있는 연령층이다.

살아 있는 메시지

나는 여전히 종이 축하 카드를 주고받는 것을 좋아한다. 첫 아이를 낳은 사람에게 축하 카드를 보낼 때면 특히 기분이 좋다. 어떤 카드에는 몹시 웃긴 문구가 적혀 있다. "친구, 참고로 말하자면 아이가 있다는 건 클럽에서 사는 것과 같아. 아무도 안 자고, 물건은 전부 부서져 있고, 자주 토하거든." 어떤 카드 문구는 더 실용적이지만 여전히 웃기다. "아이가 생기기 전까지 나는 바지를 입으라는 부탁이 누군가의 인생을 망칠 수 있다는 사실을 전혀 몰랐다."

하지만 내가 좋아하는 카드 문구는 전혀 익살스럽지 않은, 한 인간을 키우는 심오함과 그에 필요한 수고를 균형 있게 보여주는 글귀들이다. "아기는 사랑은 더 강하게, 낮은 더 짧게, 밤은 더 길게, 돈은 더 적게, 가정은 더 행복하게, 옷은 더 추레하게, 과거는 잊히게, 미래는 살 만하게 만들어줄 것이다."

하지만 가장 기억에 남는 구절은 큰아들 조시가 태어났을 때 받은 카드다. 앞면은 일반적인 축하 문구였는데 뒷면에는 카드를 보내준 사람이 존 F. 케네디 대통령의 말을 적어주었다. "아이들은 우리가 보지 못할 미래로 보내는 살아 있는 메시지다."

이 장에서 검토했던 모든 데이터에도 불구하고, 우리 아이들의 양육에 최고의 가치를 두는 주장으로 위의 인용문보다 좋은 것은 떠올릴 수 없다. 가족이 번창할 수 있는 직장 환경의 조성은 기업이 장기적으로 할 수 있는 가장 중요한 사회 공헌이다. 그것은 기업에도 가장 큰 이익인 동시에 모든 사람에게 이익이다. 기업은 적절한 출산율을 필요로 한다. 기업은 자녀의 발달을 보살필 시간적, 정신적, 정서적 여력이 있는 양육자가 키운 미래 세대를 필요로 한다. 기업은 가족을 장기 투자로 간주할 필요가 있다.

실제 상황은?

이런 행동 촉구 이면에는 수치스러운 증표가 있다. 우리가 검토했던 뇌 및 행동 데이터 대부분이 미국의 연구소에서 나왔지만, 미국은 여전히 모든 근로자에게 연방 보조 (그리고 유급) 육아 휴직을 제공하지 않는 유일한 선진국이다. 여성의 육아 휴직도 남성의 육아 휴직도, 아무것도 보장하지 않는다. 육아 휴직이 그토록 양극화된 정치 쟁점이 될 수 있다는 사실로 볼 때 가까운 미래에도 육아 휴직이 보장되지 않을 게 거의 확실하다. 그러나 영유아기의 중요성은 정치적 쟁점이 아니다. 이는 엄연한 생물학적 사실이다.

다행히 미국 연방 정부는 이 부문에서 계속 노력 중이다. 2020년 10월 미국 정부는 연방 공무원 유급 휴가법(Federal Employee Paid Leave Act)을 통과시켰다. 특정 조건을 충족하는 특정 범주의 연방 공무원에게 12주의 유급 육아 휴직을 제공하도록 규정하는 법이다. 좋은 시도이지만 전국의 모든 사람에게 적용되진 않으며, 심지어 연방 정부의 모든 직원에게조차도 적용되지 않는다.

민간 부문의 고용주들도 비슷한 시도를 했고, 코로나19로 그런 조치가 가속화되었으며, 언뜻 보기에는 그런 노력이 진정한 진전을 보이는 듯했다. 팬데믹 이전에도 '지식 산업' 기업의 약 70퍼센트(마이크로소프트, IBM, 레딧, 아마존 등)가 이미 구글의 프로그램과 유사한 제도를 도입했다. 그러나 이 희망적인 소식은 그런 기업이 사실은 예외라는 냉정한 현실에 의해 경감된다. 한 조사에서는 가족 휴가 수당을 제공하는 미국 기업은 전체의 6퍼센트 정도라고 추정했지만, 최근의 다른 연구는 이를 반박하며 16퍼센트로 추정했다(그리고 또 다른 설문조사에서는 55퍼센트에 가깝다고 주장했다). 이렇게 요동치는 통계는 팬데믹으로부터의 회복 문제들을 고려하면 더 악화되었을 이 문제가 현재 유동적인 상태임을 보여준다.

실제 수치와 상관없이 경제계의 다수는 여전히 이 문제를 완전히 도외시하고 있다. 가족 휴가 제도를 채택한 회사들도 허용하는 휴가 시간과 휴가 기간에 지급하는 보수가 크게 다르다.

나는 연방 정책 전문가가 아니라 뇌과학자다. 두뇌 자본이 실질적인 기축 통화인 세계에서 미국이 경쟁력을 유지하고 싶다면 어디서나, 보이는 대로 두뇌를 돌봐야 한다. 우리의 가장 어린 시민들의 두개골부터 말이다. 그 어린 시민들은 아마 우리처럼 자녀의 잠재력을 최대한 발휘할 수 있게 키울 기회를 원할 양육자의 애정 어린 보살핌을 받고 있다. 그 양육자들은 그러려고 노력하는 동안 배우자와 상사와 끊임없이 싸울 필요가 없어야 한다.

다음 월요일에 할 일

첫머리에서 언급했던 영화 〈나인 투 파이브〉를 다시 살펴보자. 파튼과 가상의 동료들은 여기 언급된 혁명적인 직장의 특징들, 예컨대 근무 시간에 대한 통제권과 보육 시설 등을 실제로 추가했다. 그들의 회사 경영진은 그런 변화들이 생산성을 크게 향상시킨 요인임을 알게 되었다. 이것은 몇 년 후 논픽션 연구 문헌에서 입증된 사실이다(영화는 남녀 동일 임금 청원이 무시되리라는 예측도 했는데 슬프게도 사실로 입증되었다).

두 번째로 STAR 프로그램을 주의 깊게 살핀 다음(brainrules.net/references 참조), 그 원칙들을 당신의 직장에 적용해보기를 제안한다. 유연한 근무 일정은 혁명적인 아이디어가 아니다(〈나인 투 파이브〉는 1980년 그 개념을 언급했다!) 자신이 어느 정도 통제력을 갖고 있다는 느낌은 일정으로 인한 부담을 포함하여 어떤 원인에 의한 것이든 스트레스를 관리하는 열쇠다. STAR는 분석을 통해 효과가 확인되었다는 이점도 있는데 효과도 상당하다.

마지막으로 생애 초기의 중요성을 보여주는 30년간의 종단 연구를 분석한 헤커먼의 보고서를 좀 더 살펴보라. 그와 더불어 이 장에 인용한 참고문헌을 활용하여 발달신경학도 살펴보면 도움이 될 것이다. 당신이 (a) 일자리를 찾고 있고, (b) 자녀를 낳을 생각이라면, (c) 그 회사에 유급 육아 휴직제가 있는지 심각하게 고려하고, 그런 제도가 없는 회사는 선택하지 말라. 만약 지금 그런 정책이 없는 회사에 다니고 있다면, 관계자에게 이 장 또는 이 장을 뒷받침하는 참고문헌 중 최소 몇 개를 건네는 방법도 권한다.

패기 있는 사람이라면 국회의원들에게 편지를 쓰거나 전화를 걸어 육아 휴직의 범위를 확대하는 법안을 지지하라고 촉구하라. 이 장의 증거들을 들어 당신의 주장을 뒷받침하면서 이것은 정치적인 문제가 아니라 현실적 문제라고 설명하라.

영화의 마지막 장면에서 돌리 파튼의 캐릭터는 자신들이 이룬 혁신적인 직장의 변화가 새로운 시작이라고 생각하면서 동료들에게 건배를 제안했다. 그녀에게 결국 변화는 없었다고 말하는 건 슬픈 일이다.

'업무용' 뇌와 '가정용' 뇌는 따로 존재하지 않는다
하나의 뇌로 직장생활과 가정생활을 해야 한다

- 스트레스는 혐오 자극의 경험이 아니라 혐오 자극을 통제할 수 없는 경험이다.

- 직장생활을 통제하고 있는 느낌(자신의 일정 등)은 더 건강한 가정생활을 할 확률을 높여준다. 마찬가지로 건강한 가정생활(지지해주는 배우자 등)은 업무 생산성을 높여줄 수 있다.

- 이혼 절차를 밟고 있는 근로자들은 안정적 관계를 유지하는 근로자들보다 생산성이 40퍼센트 낮아진다.

- 자녀계획을 하면 여성이 훨씬 더 직장생활에 영향을 받는다. 여성이 직장을 그만두는 경우가 더 많고, 팬데믹 기간에 부부가 함께 집에 있더라도 여성이 집안일과 육아를 남성보다 두 배로 많이 했다.

- 모든 직원의 이혼율과 여성 직원의 이직률을 낮추기 위해 기업은 탄탄한 육아 휴직 프로그램을 운영해야 한다. 육아 휴직 프로그램 제공에 들어가는 순비용은 장기적으로 0이다.

- 미래의 노동력과 그에 수반되는 경제를 강화하기 위해 기업은 아동, 특히 신생아~5세 아동의 발달을 위해 시간과 자원을 투자해야 한다.

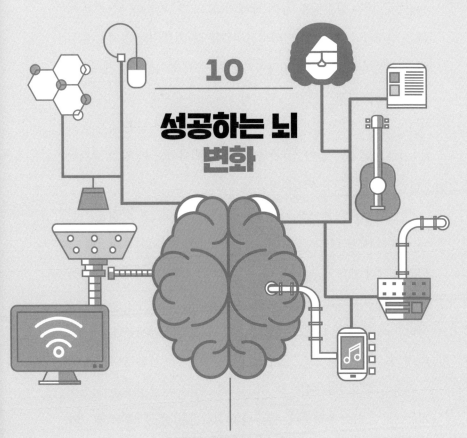

10

성공하는 뇌
변화

결심과 인내만으로는
아무것도 바뀌지 않는다

사람들은 더는 그것들을 '증기 삽차'라고 부르지 않는다. 뭐, 좋은 이름은 아니었다. 진짜 삽도 아니며 이제는 증기로 작동하지도 않는다. 골동품이라고 불러도 지나치지 않다. 증기 삽차는 2차 세계대전 전에 한물간 기계가 되었다. 이러한 노후화에 슬퍼진 작가이자 화가 버지니아 리 버튼(Virginia Lee Burton)은 증기 삽차에 관한 짧은 동화 《마이크 멀리건과 증기 삽차》를 썼다. 이 이야기는 이 장의 주제이기도 한 변화에 관한 이야기다.

이 책의 등장인물 마이크는 '메리 앤'이라는 이름을 붙여준 자신의 증기 삽차와 행복하고 유익한 동반자 관계를 누린다. 한창때 마이크와 메리 앤은 운하와 고속도로, 대형 사무실 건물들의 지하실을 파냈지만, 호시절은 영원히 계속되지 않는다. 결국 메리 앤은 구닥다리가 되고 가스와 전기 굴착기 등이 그 자리를 차지한다. 마이크와 증기로 작동하는 그의 오피스 와이프의 일감은 점점 줄어든다.

슬픔에 잠겨 있던 어느 날, 인근 마을 포퍼빌에서 새로운 시청을 짓는다는 소식이 들려온다. 신이 난 마이크는 시청 공무원에게 그와 자신의 재능 있는 증기 기계가 하루 만에 시청의 지하층을 파낼 수 있다고 말한다. 마이크는 마을 사람들의 응원을 받으며 정말 하루 만에 다 판다.

해피 엔딩 같지만 마이크와 증기 삽차는 마지막 문제에 부딪힌다.

서두르던 마이크는 삽차가 땅을 다 판 뒤에 구덩이에서 올라올 경사로를 제대로 만들지 않았던 것이다. 메리 앤은 구덩이에 갇히고 만다. 작가는 그들이 파놓은 구덩이 한가운데서 빠져나갈 길 없이 갇힌 낡은 기계의 쓸쓸함을 그려놓았다.

시대에 발맞추지 못한 결과를 보여주는 완벽한 그림이다.

이 책은 경제 혼란이 허리케인처럼 미국 노동자들을 휩쓸었던 대공황 말기에 출판되었다. 마이크에게 강요된 적응은 그 시절에 드문 일이 아니었다. 특히 바이러스로 인한 또 다른 경제적 혼란의 회오리와 싸우고 있는 지금도 드문 일이 아니다. 마지막 장인 이 장에서는 《마이크 멀리건과 증기 삽차》이면에 있는 핵심 교훈, 아마도 지난 80년 동안 가장 신뢰할 만한 상수였을 교훈을 논의하려 한다. 변화는 힘들지만 필요하고 불가피하며, 변화에 기꺼이 적응하지 않는 사람들은 스스로 만든 구덩이에 갇히게 된다는 사실 말이다.

우리는 이 장에서 (a) 뇌가 마음을 바꾸기를 매우 싫어하며, (b) 이 가여운 신경 주머니가 변화를 좀 더 쉽게 여기게 할 방법이 있음을 알아볼 것이다. 변화에 대한 적응을 다룬 연구물들도 살펴볼 텐데, 흥미롭게도 주로 습관 형성에 관한 것들이다. 좋은 습관이건 나쁜 습관이건 습관은 왜 형성되며 어떻게 굳어지는지, 나쁜 습관을 좋은 습관으로 바꾸려면 무엇이 필요한지 알아보자.

나는 변화에 관한 연구에 낙관적인 전망이 많다고 보고할 수 있어 기쁘다. 하지만 조심스러운 경고도 포함되어 있다. 버튼과 같은 시대를 살았던 헬렌 켈러는 이런 지적을 남겼다.

굽잇길이 길의 끝은 아니다 … 방향을 바꾸는 데 실패하지 않는 한.

변화는 어렵다

변화가 긍정적인 결과를 가져오더라도 사람들에게 변화는 턱없이 어렵다. 2014년 런던 지하철 근로자들이 파업에 들어가는 바람에 여러 지하철 정거장이 폐쇄됐을 때 통근자들에게 일어났던 일을 살펴보자.

파업으로 평소의 통근 경로에 지장이 생기자 사람들은 대체 경로를 찾아야 했다. 그런데 새로운 경로가 통근 시간을 오히려 줄여주는 경우가 많았다(대체 경로로 다녀야 했던 근로자들은 평소 30분 걸리던 통근 시간을 평균 7분 절약했다!) 이런 놀라운 시간 절약 효과에도 불구하고 파업이 끝난 후 통근 습관을 영구적으로 바꾼 지하철 이용객은 5퍼센트에 불과했다. 무려 95퍼센트는 시간이 더 걸리는 이전의 통근 습관으로 되돌아갔다.

변화에 대한 저항은 의료 결과에도 영향을 미친다. 놀랍게도 응급 혈관우회로술을 받은 사람들의 95퍼센트가 생활방식을 바꾸지 않으면 죽을 거라는 의사의 경고에도 불구하고 건강을 해치는 수술 전 생활방식으로 돌아간다. 전 세계적으로 각종 중증 질환을 진단받은 산업 국가 국민의 절반 이상은 말 그대로 생명을 구해줄 수 있는 처방약을 복용하지 않는다.

변화에 대한 저항은 어디에나 있다.

비즈니스 환경에서도 변화가 어렵기는 마찬가지다. 하지만 얼마나 어려운지 정확히 수량화하기란 쉽지 않다. 일부 연구에서는 모든 기업의 변화 계획이 열정적으로 시작되어도 70퍼센트는 완전히 실패하고, 이 우울한 수치는 수십 년 동안 그대로라고 주장한다. 다른 연구에서는 이것은 허튼 통계치이며, 실제로 실패한 경우는 약 10퍼센트, 일부 성공한 경우가 약 60퍼센트라고 주장한다.

왜 이렇게 차이가 날까? 그 이유 중 하나는 당신이 의미하는 변화와 저항이 무엇인지 정확히 정의한 다음 그 정의가 모든 경우에 적용되어야 하기 때문이다.

가장 좋은 변화의 정의는 살아 있는 경험을 반영한 것이다. 그런 정의는 거의 항상 연속체로 개념화된다. 최소 수준에서 정의하면 변화는 곧 혼란이다. 이 정의의 한쪽에는 현재 상황의 틀을 그대로 남겨둔 작고 점진적인 진화적 적응이 있다. 바늘에 찔린 상처처럼 짜증스럽긴 해도 특별히 삶을 바꿔놓지는 않는 변화다. 반대쪽에는 현재 상황의 틀을 산산이 깨뜨리는 진정으로 혁명적인 개조, 거대한 변화가 있다. 마치 심장마비만큼 걱정스럽고 절대적으로 삶을 뒤바꾸는 변화다.

혼란스러운 통계치의 배후에 있는 저항 역시 중요한 요소다. 일반적으로 '변화에 대한 저항'은 현 상황의 구조를 보호하기 위한 모든 노력으로 정의할 수 있다. 저항에도 여러 종류가 있다. 대대적이고 공공연하게 반항적인 저항도 있고 소송이나 관계의 균열, 지정학적 저항도 있는데 이는 무력 충돌로 이어지기도 한다. 어떤 저항은 활발하지만 작고 점진적이어서 그로 인한 장애물이 거의 눈에 띄지 않는다. 수동적이며 본질적으로 무저항의 무기화인 저항도 있다.

그 모두의 공통점은 변화를 어떻게 정의하든, 어렵다는 것을 어떻게 정의하든 간에 '변화는 어렵다'는 것이다.

왜 '새로운 상황'은 '지금 상황'보다 무서운가

변화에 대한 저항을 어떻게 규정하든 간에 혼란은 생후 3일된 갓난아기도 싫어할 정도로 모든 인간이 싫어한다. 우리는 이미 그 이유를 알고 있다.

인간은 통제광(control freak)이다. 이는 매우 중요한 현상이어서 우리가 내린 스트레스의 정의에도 들어가 있다. 스트레스는 스트레스를 통제할 수 없다는 느낌만큼 우리를 괴롭히지 않는다는 앞 장의 내용을 기억할 것이다.

사람들은 미래에 대해 생각하면 특히 불안해진다. 그 불안은 옛날 옛적에 개발된 처리 기능인 마음 시간 여행(Mental Time Travel)이란 인지 장치에 의해 시작된다. 마음 시간 여행은 현재 행동에 근거해 미래 결정의 결과를 상상하는 능력이다. 우리가 한 페이지 걸러 한 번씩은 논의해온 행동군, 집행 기능의 주요 부분이기도 하다.

마음 시간 여행은 변화에 대한 저항과 어떤 관련이 있을까? 변화가 일어나면 자신의 미래에 대한 통제권을 넘겨야 할 위험이 생긴다. 그럼 사람들은 변화된 삶을 상상하고, 장단점을 그려보고, 예측 장치를 사용하여 다음에 일어날 일을 통제하려 할 것이다. 많은 사람들이 이러한 노력을 불편해한다. 새로운 시도는 위험하고 변화는 힘들고 고통스러울 수 있다. 적응이 상황을 악화시킬 수도 있다. '새로움'은 고통스러울 수 있으니 '나쁨'이 될 수도 있다. 고통스러운 혼란을 좋아하는 사람은 없다.

그러나 우리가 변화에 반응할 때 동원되는 것이 마음 시간 여행만은 아니다. 우리는 '새로움'을 생각하는 동시에 '지금'과 계속 비교한다. 현재는 통제에 큰 문제가 없다. 이미 친숙하고, 명백하며, 불확실한 미래에 비하면 안락할 수도 있다. 우리는 변화 없음이 '더 적은 고통'과 같다면 '더 좋음'과도 같다고 정당화한다.

이 두 가지 인식, 막연한 미래와 예측 가능한 현재의 비대칭적 가치 평가는 인간의 뇌에 변화에 대한 저항의 기초를 형성한다.

직업이 과학자라면 상당한 변화에 익숙해질 것이다. 나의 혼란 여정은 실험실 가운을 입기 훨씬 전에 일어났다. 15세기 수도사들에게 익숙한 기술, 즉 잉크와 종이로 에세이를 쓰던 고등학생 시절의 어느 날, 강력한 워드프로세서가 마을에 등장해 나의 중세 시대 벽을 두드리며 이제 떠날 때라고 알렸다. 대학에 다닐 때는 아주 초기 버전의 마이크로소프트 워드가 호전적인 외국 점령군처럼 나를 압도했다.

처음에 나는 격분하며 변화에 저항했다. 나는 타자도 칠 줄 몰랐다. 워드 프로그램의 사용은 전혀 편하지도 익숙하지도 않았다. 흰

종이가 진청색 화면으로 변해 미칠 것 같았다. '페이지'의 글자들은 더 이상 검은 잉크가 아니라 작은 빛의 점들로 만들어졌다. 문장은 필기체 쓰기의 부드럽고 나른한 리듬이 아니라 기관총을 연상시키는 스타카토 소리를 내며 타이핑되었다.

내가 워드로 전환하기까지 반년은 걸렸을 테고, 매 순간이 싫었다. 효율성이 떨어진다는 반론도 계속 (속마음으로) 제기했다. 논문 마감일이 다가와 연구비 신청서를 써야 할 때 펜으로 1초도 안 걸려서 쓸 수 있는 단어를 힘들게 타자로 치려면 독수리 타법으로 몇 분이 걸렸다.

나는 왜 워드를 싫어했을까? 이 새로운 방식은 초기 비용이 따르기 때문이다. 보상이 있다 해도 먼 미래에 받는다. 복잡한 마음 시간 여행 능력이 있어도 우리는 여전히 단기 행동의 장기적인 결과를 잘 이해하지 못한다.

X시스템과 C시스템

연구자들은 이러한 인식의 뒤에 있는 뇌 신경망을 이해하고자 했다. 매튜 리버맨(Matthew Lieberman) 등은 그중 두 가지를 찾았는데 하나는 refleXive에서 유래한 'X시스템'이다. 이 뉴런들은 실시간으로 감지되는 특정 자극에 신속하고 효율적으로 반응한다. X시스템은 두 가지에 몰두한다. (a) 거의 모든 종류의 당면 목표를 처리하고, (b) 그 처리가 과거 경험, 특히 이전에 형성된 신념과 습관들과 어떻게 비교되는지 대조한다.

두 번째는 refleCtive라는 단어에서 유래한 'C시스템'으로 X시스템의 현명한 형 역할을 한다. 동생인 X시스템의 결론에 끊임없이 조언하고, 수정하고, 논쟁하는 C시스템은 자동으로 작동하지 않는다. 감독 업무를 수행하기 위해 자극에 더 느리게 반응하고, 그 과정에서 엄청난 에너지를 소모한다. 초기 비용이 많이 들더라도(나의 워드 경험처럼) 변화를 수용하고 인내하는 것은 C시스템 덕분일 수 있다.

모든 사람이 이 신경 분류법에 동의하진 않지만, 그래도 검증할 수 있는 아이디어들을 제공하는 연구다. 연구자들은 이런 행동들을 특정 뇌 영역과 연관 짓는 실질적인 진전을 이루었다. 그 결과 절대 하고 싶지 않은 일이더라도 뇌가 변화에 어떻게 반응하고 때로는 포용하는지 우리는 이전보다 잘 알고 있다.

신경 구조

X시스템에 관여하는 가장 중요한 뇌 구조물은 기저핵(basal ganglia)이다. 뇌의 많은 영역을 차지하고 움직이지 않는 부분이 많은 기저핵은 뇌 중앙에 놓인 커다란 쉼표처럼 보인다.

쉼표 모양의 이 신경핵은 주로 운동 기능에 관여하지만, 다른 많은 부수적 기능도 수행한다. 기저핵은 습관 형성에 관여하며 반사 반응도 생성한다. 반사 생성과 습관 형성에는 운동 기술이 포함될 때가 많은데, 기저핵의 다양한 영역이 친숙하고, 반복적이며 궁극적으로 자동화되는 행동을 위해 활성화된다. 퇴근 후 운전해서 집에 왔는데 어떻게 온 건지 전혀 생각나지 않았던 적이 있다면, 바로 기저핵 덕분이다.

C시스템에도 다양한 신경 기질이 관여한다. 가장 크게 관여하는 부분은 에너지 소비가 많고 집행 기능을 중재하는 이마 바로 뒤의 뇌 영역이다. 집행 기능은 충동 조절에 관여하며, 변화에 직면하면 충동 조절이 어려워질 것이다. 자연스러운 충동은 (내 워드프로세서 적처럼) 해야 하는 새로운 일로부터 달아나는 것일 수 있다. 집행 기능은 당신의 기분과 상관없이 그대로 계속하라고 알려준다. 그러한 행동에는 이만저만 엄청난 연료가 필요한 게 아니다. 뇌가 거의 알레르기를 일으킬 정도다. 변화에 저항하는 건 당연하다. 뇌로서는 엄청난 에너지 낭비이니 말이다.

뇌가 변화에 반응할 때 사용하는 신경망은 C시스템과 X시스템만이 아니다. 가장 흥미로운 것 중 하나는 기대 관리와 밀접하게 관련이 있는 소위 오류 탐지 시스템(error detection system)이다.

기대 관리란 무슨 의미일까? 내가 당신에게 샤넬 넘버 5 향수를 주면서 맡아보라고 한다면 무슨 일이 일어날지 생각해보라. 나는 향수병에 토사물 냄새가 나는 화학물질인 부티르산(butyric acid)을 몰래 섞어놓았다. 향을 맡던 당신은 느닷없는 악취에 진저리를 친다. 이렇게 반응한 이유는? 당신의 오류 탐지 시스템이 기대와 현실이 일치하지 않는다는 사실을 뇌의 나머지 부분에 즉시 알리기 때문이다. 느닷없이 부티르산을 감지한 뇌는 패턴 매칭 시스템 전체가 1단계 데프콘(방어 준비 태세)으로 격상된다. 이로 인한 적색경보는 우리에게 불편하고, 변화가 그토록 어려운 이유다. 경보는 자연에서의 생존 메커니즘으로서 필수다. 빠르게 변화하는 기업 환경에 대한 대응에선 그 정도로 필수는 아니겠지만.

변화가 자리 잡기까지 얼마나 걸릴까?

우리가 지금처럼 행동하는 핵심 이유는 에너지 절약임을 다시금 알수 있다. 게다가 우리는 에너지를 더 많이 절약하고 싶어 한다. 인간은 일상 활동의 43퍼센트를 자동 조정 장치에 맡기는 것으로 추정된다. 그러므로 변화를 원할 때는 자연히 다음과 같이 질문한다. "일단 뇌가 그것이 우리에게 가장 이익이 된다고 결정하면 새로운 습관으로 형성되기까지 얼마나 걸릴까?"

불행히도 알 수 없다.

오랫동안 21일이 마법의 숫자로 여겨졌다. 1950년대 성형외과 의사 맥스웰 몰츠(Maxwell Malts)가 제시했던 숫자다. 수술 후 환자들이 수술로 보완한 새로운 몸에 적응하는 데 얼마나 걸릴지 궁금했던 그가 관찰한 결과, 21일이 걸렸다. 몰츠는《사이코 사이버네틱스》(Psycho-Cybernetics)라는 이해하기 어려운 제목의 책을 썼고, 3천만부나 팔렸다(우리나라에서는《맥스웰 몰츠 성공의 법칙》이라는 제목으로 출간되었다-옮긴이). 곧 21일은 습관이 아닌 행동을 습관으로 바꾸는 데 걸리는 시간의 보편적 기준이 되었다.

그러나 모든 사람이 3주 만에 고착된 습관을 바꿀 수 있으리라 확신하지는 않았다. 몇 년 후 유럽의 연구자들은 이 질문을 좀 더 엄밀히 살펴보기 위해 주름 제거 성형 수술과 무관한 새로운 개인 일상 루틴의 정착을 조사했다. 무작위로 배정된 피험자들은 새로운 습관을 만든 다음 반사적으로 나오기까지 얼마나 걸리는지 기록했다. 그 기간은 경기침체기의 주식 시장만큼 심하게 요동쳤다. 어떤 사람들은 습관을 굳히는 데 18일이 걸린 반면 어떤 사람들은 254일이 걸렸다.

새로운 습관을 형성하는 데 걸리는 시간에 대한 답은 좌절감만 아니라면 간단하다. 편차는 있지만 2~3개월을 기준하는데, 이 수치도 모든 경우에 일률적으로 적용되진 않는다.

집단의 행동을 변화시키려고 노력할 때도 이런 불균질성이 관찰된다. 금연의 권장은 적어도 미국에서는 사회적으로 성공했다고 선전되었다. 미 질병통제예방센터는 연방 정부가 지원하는 한 프로그램이 200만 명 이상이 금연하게 독려했다는 사실을 발견했다.

그러나 집단 캠페인이 항상 효과가 있는 것은 아니다. 웬디 우드(Wendy Wood)는 과일과 채소 섭취를 늘리려고 고안한 캘리포니아의 유명한 〈건강을 위해 하루 5컵〉(5 A Day for Better Health) 프로그램의 실패를 인용한다. 좋은 식습관을 위한 이 캠페인을 시작할 때 11퍼센트만 이 건강한 식습관을 실천 중이었다. 수백만 달러를 투입한 지 5년 후 건강한 식습관을 채택한 사람의 수는 그대로 11퍼센트였다.

인식은 문제가 아니었다. 캠페인을 시작했을 때 과일 채소 하루

직장으로 간 뇌과학자

5컵 섭취가 좋은 생각임을 아는 사람은 8퍼센트에 불과했고, 5년 후 그 수치는 30퍼센트로 증가했다. 그렇지만 인식은 누구의 행동도 바꾸지 못했다. 과일과 채소를 안 먹으면 죄책감을 느끼도록 바뀌었을 뿐이다.

변화의 실패에 대한 두 가지 오해

왜 어떤 프로그램은 변화에 성공하고 어떤 프로그램은 실패하는가? 왜 어떤 사람은 변화에 성공하고 어떤 사람은 실패하는가? 여기에는 많은 이유가 존재하며, 프로그램과 사람들 자체만큼이나 다양한 설명들이 있다. 연구자들이 변화의 실패를 설명할 때 항상 두 가지 오해가 같이 등장한다. 둘 다 변화를 위해 노력하면서 거는 기대와 관련이 있다.

바뀌겠다는 결심만 하면 변화가 일어난다

첫 번째 기대는 가장 골치 아픈 합성어의 하나인 의지력과 관련 있다. 오랫동안 주요 연구 대상인 의지력에 관한 가장 유명한 연구가 있다. 유혹에 저항하려고 노력하는 인간을 영상에 담았는데, 보기 괴롭기도 하고 몹시 웃기기도 하다. 연구 대상은 항상 미취학 아동들이다.

아이 혼자 마시멜로가 놓인 탁자에 앉혀둔다. 몇 분간 자리를 비워야만 한다는 어른은 아이에게 거래를 제안한다. 마시멜로를 바로 먹어도 되지만 돌아올 때까지 기다리면 마시멜로를 하나 더 주겠다고 한다. 어른은 나가고 카메라는 계속 돌아간다.

고뇌가 시작된다.

어떤 아이는 이제 감시하는 사람도 없는 유혹을 빤히 바라본다. 작고 폭신한 과자를 갈망의 시선으로 쳐다본다. 아예 시선을 돌리고 외면하는 아이도 있다. 한 아이는 마시멜로를 등지고 앉아 텅 빈 벽에 집중했다. 손을 엉덩이에 깔고 앉은 아이, 눈을 감고 구구단을 외우려고 한 아이도 있었다.

슬프게도 이러한 전략 대부분은 소용이 없었다. 아이들 대다수가 결국 마시멜로를 집어 들어 만져보고, 맛보고, 내려놓았다가 입에 집어넣었다. 그들은 유혹에 저항하지 못했다.

이는 현재 논란이 되는 마시멜로 실험의 사례로, 원래는 심리학자 월터 미셸(Walter Mischel)이 고안한 방법이다. 다른 연구자들이 그의 초기 연구 결과를 재현하는 데 어려움을 겪긴 했지만, 영상 자체는 많은 설명이 필요하지 않다. 아이들은 충동 조절의 한 측면, 의지력(willpower)의 어떤 측면과 씨름하고 있었다. 〈건강을 위해 하루 5컵〉 같은 프로그램이 실패한 이유는 참가자들이 이 아이들처럼 행동했기 때문이라는 주장도 있다. 감자칩을 내려놓고 당근을 집을 절제력이 없었기 때문이라는 것이다.

이후의 연구들은 이것이 진실이 아님을 보여주었다. 그 점에 대해서는 사람들이 믿고 있는 변화에 대한 두 번째 오해를 살펴본 후에 본격적으로 살펴보자.

인내하면 변화가 일어난다

이것은 웹사이트가 바로바로 열리지 않으면 컴퓨터를 들어 던져버리고 싶은 유혹과 싸우는 수많은 사람들에게 친숙한 오해다(사용자의 절반 이상은 3초 이상 지연되면 실제로 그 사이트를 닫는다). 인내는 즉각적인 만족에 대한 욕구와 결과가 몇 초 이상 걸릴 수 있다는 인식 사이의 불안한 간격을 이어준다. 인내는 중요하다. 오랜 시간에 걸쳐 축적된 여러 사건들은 크든 작든 우리를 중대한 삶의 변화로 이끌기 때문이다.

워드를 사용한 시간이 점점 쌓일수록 나는 이 교훈의 긍정적 버전을 경험했다. 본문 일부의 오려두기와 붙이기에 익숙해지면서 이제는 지우개가 필요하지 않다는 사실을 깨달았다. 남은 평생! 그 사실이 정말 행복했다. 나는 글의 여러 편집본을 저장해둔 다음 나란히 놓고 비교하면서 무엇이 더 나은지 확인하는 즐거움을 발견했다. 더욱 행복해졌다. 결국 나는 잉크와 종이에서 키보드와 픽셀로의 변화를 받아들였다. 그렇게 되기까지 6개월 동안의 작은 유레카가 필요했다. 워드를 사용하기 전에 즉각 익숙해져야 한다고 생각했다면 나는 절대 바뀌지 않았을 것이다.

장기적 누적 효과를 고려하면 '누구든지 변화가 마법을 발휘할 시간을 허용할 필요가 있고, 모두는 속도를 늦추고 그 과정에 인내심을 가질 필요가 있다'는 조언을 쉽게 이해할 수 있을 것이다.

좋은 조언이지만 그것으로 충분하지 않다. 실망스러운 변이가 다시 떠오른다. 〈건강을 위해 하루 5컵〉 프로그램은 수년 동안 계속되었지만, 시민들의 행동은 전혀 바뀌지 않았다. 게다가 누적된다고 항상 긍정적 결과가 생기지는 않는다. 시간이 언제나 우리의 친구는 아니다. 심장마비처럼 부부의 관계가 뚝 끊기면서 결혼생활이 종지부를 찍는 경우는 드물다. 대부분은 수년간 쌓인 작은 감정적 상처들로 피를 흘리다 결국 이혼으로 끝나고 만다.

번아웃으로 인한 실직도 이런 식으로 발생한다. 사람들이 '갑자기' 직장을 그만둘 때는 흔히 로버트 새폴스키(Robert Sapolsky)가 말하는 '마이크로 스트레스 요인'(micro-stressors)이 쌓였기 때문이다. 마이크로 스트레스 요인은 마이크로라고 불리듯이 하나하나 보면 별것 아닌 듯하지만, 시간이 흐르는 동안 계속 발생하면 긴장을 낳고 '돌연' 사직하게 만든다. 몸을 당겨대는 고문대 같은 작고 혐오스러운 사건들이다.

긍정적 변화를 일으키기 위해서는 분명히 시간 이상의 것이 필요하다. 빠진 요소는 무엇일까? 인내심이나 의지력만으로도 안 된다면 (안 되는 이유는 이 장 후반부에서 살펴볼 것이다) 장기적으로 긍정적 전환을 뿌리내리게 하는 것은 과연 무엇일까?

우리는 답을 알고 있다. 좀 부끄러운 이야기지만 빠진 요소는 '편리함'이다.

새로운 습관과 마찰

수년 동안 나는 저널리스트 샹커 베단텀(Shankar Vedantam)이 방송하는 〈히든 브레인〉(Hidden Brain)이라는 프로그램(지금은 팟캐스트)을 즐겨 들었다. 그는 한 에피소드에서 이 장의 주제 중 하나인 습관 형성을 다뤘다.

베단텀은 불릿 센터(Bullitt Center)에서 팟캐스트를 시작했다. 언덕 위에 자리 잡은 이 6층짜리 사무실 건물의 위층에서는 시애틀 시내와 그 너머 퓨젯 사운드(Puget Sound)의 멋진 경치를 감상할 수 있다. 불릿 센터는 좋은 아이디어들로 잘 차려진 뷔페 같았고, 세계에서 가장 친환경적인 상업용 건물로 불렸다.

로비에 도착하는 순간, 베단텀이 불릿 센터에서 시작한 이유를 알 수 있다. 건물에 들어서는 즉시 제일 위층인 6층까지 이어진 계단과 마주할 수 있다. 따뜻한 색감의 미송으로 만들어지고 층계참이 넓은 그 계단을 오르는 동안 도시와 바다 경치가 눈 앞에 펼쳐진다. 엘리베이터가 아닌 계단으로 목적지까지 올라가고 싶을 정도로 아름답다.

그래서 사람들은 걸어 올라간다. 꼭대기 층에서 회의가 잡혀 있는 사람들의 3분의 2는 그 계단으로 다닌다. 그래서 '저항할 수 없는 계단'이라는 적절한 이름이 붙었다.

이 디자인은 우연의 산물이 아니다. 건물을 지은 건축가들은 운동하기에 지극히 편리하도록 내부를 만들었다. 아마 그들은 사무실에서 앉아 있기만 하는 행동이 직원 건강에 얼마나 위험한지 읽었을 것이다. 많은 시애틀 사람들처럼 자연 속에서의 하이킹을 좋아해서 건물 안으로 그 경험의 일부를 가져오고 싶었는지도 모른다. 계단을 오르지 않을 사람이나 오르지 못하는 사람들을 위한 엘리베이터도 물론 있고 위치도 확실하게 표시되어 있다. 그러나 이 건물로 들어오면 엘리베이터를 제일 먼저 찾게 되지는 않는다. 높은 건물에 들어가면 엘리베이터부터 찾는 경우가 많은데도 말이다. 여기서 볼 수 있는 모습은 다들 유산소 운동 중인 광경이다.

베단텀이 불릿 센터에서 팟캐스트를 시작했던 이유는 마찰(friction) 개념을 설명하기 위해서였다. 그의 프로그램에 게스트로 나왔던 우드 같은 연구자들이 주창해온 마찰은, 사람들의 습관을 형성할 수 있는 환경의 힘을 설명한다. 새로운 습관 형성을 방해하는 환경은 '마찰이 큰' 공간으로 명명된다. 엘리베이터를 찾는 데 너무 많은 에너지가 쓰이면 엘리베이터를 타지 않을 것이다. 새로운 습관 형성을 허용하고 촉진하기까지 하는 환경은 '마찰이 작은' 공간이라 칭한다. 계단이 바로 저기에 있고, 매력적으로 보이고, 친구들이 모두 계단으로 다니면 계단으로 올라갈 것이다. 대부분의 경험에서 마찰이란 단어는 편리함이라는 단어로 바꿀 수 있고, 최상의 시나리오에서는 편리함과 즐거움으로 바꿀 수 있다.

몇 페이지 뒤에서 즐거움의 역할을 좀 더 살펴보자. 이 책에서 가장 마음에 드는 부분이다.

마찰 없는 공간

마찰 연구는 편리함이 행동 변화에 미치는 영향을 연구하는 방법으로 많은 찬사를 받고 있으며 다양한 실증 증거도 확보했다. 일례로 회원권이 있는 체육관에서 8킬로미터 떨어진 곳에 살고 있다면 평균 방문 횟수는 한 달에 1번일 것이다. 그러나 6킬로미터 떨어진 곳에 살고 있다면 빈도가 한 달에 5번 이상으로 뛴다. 시설과 가까이 살수록 시설을 이용할 가능성이 커진다. 마찰이 적을수록 순응도가 높아진다.

식품 연구도 맥 빠질 정도로 우스꽝스러운 수준에서 동일한 결과를 보여준다. 건강에 좋은 음식(사과가 담긴 그릇)과 건강에 해로운 음식(버터 팝콘이 담긴 그릇) 중에서 하나를 선택할 수 있다면 어떤 것을 먹을지는 어떤 그릇이 가까이 있는가에 따라 달라진다. 살이 찌게 하는 팝콘이 건강에 좋은 사과보다 쉽게 손에 닿는다면 칼로리를 선택할 것이다(실험 한 번에 약 150칼로리 섭취). 그러나 사과가 팝콘보다 더 가까이 있다면 사과를 먹을 것이다(실험 한 번에 약 50칼로리 섭취). 이 경우 마찰은 불릿 센터의 계단과 마찬가지로 접근의 용이성과 밀접한 관련이 있다.

〈건강을 위해 하루 5컵〉 프로그램의 실패도 설명할 수 있고 해결책까지 생긴다. 프로그램 설계자들은 소비자의 손이 닿기 쉬운 곳, 예컨대 주중에는 모든 길모퉁이에, 토요일 밤에는 술집 출입구 근처에, 일요일 아침에는 교회 앞에 농산물 가판대를 배치했더라면 더 성공했을 것이다.

어디를 봐야 하는지 알게 되면 유통업체들이 거의 모든 곳에서 마찰에 주의를 기울이고 있다는 증거를 볼 수 있다. 마트는 사람들이 구매하기를 강하게 원하는 품목들을 눈높이에 배치하려고 최선을 다한다. 너무 팔을 뻗거나 힘들게 몸을 구부릴 필요 없이 카트에 담을 수 있다는 단순한 이유로 그것들을 선택할 가능성이 크다.

온라인 환경은 가장 완전한 예를 제공한다. 우버, 에어비앤비, 로켓 모기지('버튼만 누르면 담보 대출 가능')는 모두 제품과 서비스의 구매에 최대한 마찰을 없애려고 노력해왔다. 내가 가장 좋아하는 예는 마찰 없는 구매를 예술 형태로 끌어올린 회사, 아마존이다. 내가 가장 좋아하는 사용 편의성의 예는 '지금 구매' 또는 '원클릭 구매' 버튼이다.

그래서 아마존은 전 세계를 점령해나가고 있다.

마찰의 예와 유형

다행히도 마찰 개념을 활용하는 많은 전략은 세계 지배를 수반하지 않지만 여전히 지속적인 행동 변화를 끌어낼 수 있다.

기존의 습관에 뒤이은 새로운 행동의 형성은 그런 전략 중 하나다. 많은 사람은 이 목적만을 위해 잠자리에 들 때의 루틴을 이용한다. 나는 자기 전 집의 방범 경보기를 작동시키는 것을 종종 잊고는 했다. 그래서 이를 닦으러 갈 때 경보기 리모컨을 가지고 가는 습관을 들였다. 치약을 집으려고 손을 뻗을 때 손에 들린 리모컨이 보이므로 즉시 경보기를 작동시킬 수 있었다. 시간이 흐르면서 기존의 양치질 습관은 이 새로운 행동을 촉발했다. 연구자들은 공식적으로 이런 행동 업기를 습관 쌓기(stacking)라고 부른다.

다른 하나는 대체(swapping)이다. 기존 습관을 활용하되 무언가를 추가하기보다 대체하는 전략이다. 내 지인은 더 건강한 생활방식을 받아들이기 위해 대체 전략을 사용했다. 체중과 카페인 섭취를 줄이고 싶었던 그녀는 매일 주문하던 지방이 잔뜩 든 트리플 샷 라떼를 크림 없이 디카페인을 절반 섞은 아메리카노로 바꾸었다. 기존 루틴의 맥락에서 실행하면서 두 가지 문제를 동시에 해결하는 전략이었다.

똑똑한 사람은 두 전략을 혼합해서 쓸 수 있다. 〈히든 브레인〉과 인터뷰했던 과학자 우드는 매우 좋은 혼합 전략의 사례를 하나 제시했다. 규칙적으로 운동할 가능성을 높이고 싶은 그녀는 일어나자마자 조깅하는 방식으로 운동을 평범한 아침 일과로 만들기로 했다. 전형적인 습관 쌓기였다. 그러면서 대체 전략도 사용했다. 잠옷 개념을 바꾼 것이다. 평소 입던 잠옷 대신 운동복을 입고 잠자리에 들었다. 아침에 일어나 운동화를 신고 달리러 나가기까지 마찰이 거의 없었다.

새로운 행동, 특히 루틴이 되어야 유지되는 행동을 확고히 하는 데 매우 효과적인 전략이다. 하지만 이 방법이 처음에 아무리 마찰 없는 상황을 조성한다 해도 모든 사람에게 항상 효과적이지는 않다. 어떤 사람들은 새로운 루틴에 싫증 날 수 있다. 어떤 사람들은 기본 습관에 너무 많은 행동을 쌓기도 한다. 역시 장기적인 변화가 문제다.

다행히 연구자들에게는 준비된 답변이 있다. 약간의 뇌과학을 미리 알고 있다면 마찰을 줄이기의 성공률을 높여 지속적인 행동 변화를 이룰 수 있다.

도파민이 뇌를 움직인다

나는 앞서 행동 변화에 영향을 미치는 즐거움의 역할을 더 자세히 다루겠다고 이야기했다. 지구상에서 가장 행복한 신경전달물질인 도파민을 다시 논의하게 되어 대단히 기쁘다.

도파민은 뇌 깊숙이 자리한 특정 신경망들에서 생성된다. 이 신경망들을 도파민 시스템으로 총칭한다. 여기에는 적어도 네 개의 하위 시스템이 존재한다. 도파민 시스템은 운동 기능에서부터 보상과 즐거움에 이르기까지 모든 것을 중재하는 재주 많은 신경망 그룹이다. 도파민 시스템, 특히 중뇌 변연계(mesolimbic system)의 도파민 신경계는 새로운 습관이 형성되는 초반에 대단히 중요한 역할을 한다. 이 보상 시스템이 관여하지 않는다면 새로운 행동이 영구히 삶의 일부가 될 가능성은 없다.

아무 보상이나 효과가 있지는 않다. 도파민 막대사탕이 행동 수정에 효과적으로 작용하려면 세 가지 특성이 있어야 한다. 습관이 형성되지 않는 이유는 우리가 그 특성들을 무시하기 때문이다. 이 행복 시스템은 제대로 작동하려면 몇 가지 매우 구체적인 요구 사항이 충족되어야 하는 정교하게 맞춰진 시계와 같다.

보상은 즉각적이어야 한다

수행하는 데 익숙하지 않은 행동을 하면 즉시 자신에게 보상해주어야 한다. 정말 즉각적이어야 한다. 보상이 1분 이상 지연되면 도파민의 결정적인 도움을 잃을 위험이 있다.

왜 그렇게 신속해야 할까? 잘 알려진 대로 학습을 위해서는 항상 새로운 신경 연결이 생성되어야 하기 때문이다. 새로운 신경 연결은 처음에는 놀랍도록 연약하다. 도파민은 이러한 연결을 굳히는 강력 접착제의 공급을 도와준다. 하지만 연결이 풀리기 전에 재빨리 접착제를 발라야만 한다. 초반의 신경 연결은 그 정도로 연약하다. "지금 이걸 하면 오늘 밤 집에 가서 나 자신에게 보상해야지"라고 말하면서 새로운 행동이 유지되기를 기대해선 안 된다. 즉각적 보상의 필요성 면에서 우리의 뇌는 두 살배기 아기처럼 행동한다.

다음 특성은 아마도 셋 중 가장 잔인하고 가장 철저히 조사되었을 것이다. 주된 이유는 소수의 사람에게 꽤 많은 돈을 벌게 해주었기 때문이다.

보상은 불확실할 필요가 있다

보상의 예측 가능성 또는 예측 불가능성은 새로운 행동이 뇌에 영구히 자리 잡을지 말지를 결정한다. 여기서 예측 불가능성은 빈도의 불확실성과 질의 불확실성 두 가지를 의미한다.

빈도는 보상을 주는 스케줄을 말한다. 1분 이내 보상 규칙이 꽤 탁월하기는 하지만, 연구에 의하면 1분 내의 보상을 신뢰할 수 있고 예측 가능한 간격보다 불확실한 임의의 간격으로 경험하는 것이 더 낫다고 한다. 무언가를 잘했다고 해서 보상을 매번 받아서는 안 된다 (다만 화분 갈이를 했을 때 물을 흠뻑 주듯, 행동 변화가 시작될 무렵에 보상 빈도를 가속해야 한다고 주장할 수 있다).

보상의 질도 불확실해야 한다. 어떤 가치 있는 보상을 받을지 항상 확신하지 못할 때 지속적인 변화를 가져오는 효과가 가장 크다. 기대보다 크거나 기대와 다른 보상은 판에 박힌 듯 똑같은 보상보다 언제나 효과적이다. 뇌는 유쾌한 놀라움을 좋아한다고 밝혀졌다. 보상의 질의 다양화는 우리가 확고히 하려는 습관의 '접착성'을 강화한다.

이러한 도파민 원리가 작용하는지 확인하려면 인근의 카지노만 보아도 된다. 슬롯머신을 설계한 사람들은 불확실성의 효과를 잘 알고 있었다. 그들은 매번 다른 상금 액수와 빈도로 무작위로 보상받는다면 동전을 집어넣는 습관이 더 오래 지속되리라는 사실을 알고 있다. 최적의 보상 빈도는 당첨 확률을 50퍼센트 정도로 유지하는 것이다.

세 번째이자 마지막 특성은 외적 보상과 내적 보상의 차이로, 반드시 설명이 필요한 부분이다.

외적 보상은 내적 보상만큼 행동 조형에 효과적이지 않다

외적 보상(extrinsic reward)은 설령 그 경험으로 자극을 받는다고 하더라도 촉발 경험 외부에 있는 보상으로 정의된다. 나는 더운 날 잔디를 깎은 후에는 얼음처럼 차가운 맥주로 보상을 주고는 했다. 잔디 깎는 기계와 시원하고 청량한 맥주는 아무 관계가 없지만, 단지 내가 더운 날 차가운 맥주를 좋아하기 때문에 좋은 보상이 되었다.

내적 보상(intrinsic reward)은 그 반대이며, 흥미롭게도 훨씬 더 강력하게 변화를 주도하는 효과가 있다. 나는 《내 아이를 위한 두뇌 코칭》에서 비디오 게임 '미스트'를 처음으로 했을 때의 내적 보상 경험을 묘사했다. 흥미진진한 이야기와 내가 평생 본 것 중에서 가장 사랑스러운 디지털 아트로 가득한 고전적 문제 해결 어드벤처 게임에 완전히 빠졌다. 나는 미스트의 완벽한 고객이었다. 고민스러울 만큼 몰입하게 하는 환경에서 더 많은 시간을 보낼수록 더 많은 보상을 받았기 때문이다. 하지만 돈, 명예, 또는 조금이라도 대중적인 무언가로 보상받은 게 아니었다. 나는 전 단계에선 숨어 있던 새로운 게임 부분, 훨씬 더 아름다운 디지털 아트를 보여주는 화면들로 보상 받았다. 게임에 대한 내 관심은 점점 더 깊어졌고, 나를 그렇게 이끈 유일한 요소는 새로운 시각적 즐거움을 경험하려는 나의 관심이었다.

이는 내적 보상의 완벽한 사례. 이 유형의 보상은 직접적으로 사건의 '흐름 속'에 있고, 쏟아붓는 노력의 내부에 있으며, 경험의 맥락에서 나 자신의 투입에 전적으로 의존한다.

사람들 대부분이 대개 두 종류를 혼합하여 자신에게 보상하지만 외적 보상과 내적 보상은 새로운 행동을 창출하는 효과가 다르다. 앞서 언급했듯, 행동 결과와 직접 연관된 보상(누군가에게 호의를 베푼 후 느끼는 만족감)은 외적 보상보다 행동 형성에 더 강력한 효과가 있다. 내게 미스트 게임은 항상 시원한 맥주를 능가한다.

습관은 의지력의 문제가 아니다

나는 앞서 습관 형성 과정에서 의지력의 역할에 대한 오해가 있다고 언급하면서 나중에 자세히 설명하겠다고 약속했다. 지금이 그때다.

수년간 우리는 한 가지 습관을 다른 습관으로 대체할 수 있는지는 단순히 근성의 문제라고 생각했다. 다이어트로 체중을 감량한 사람들의 85퍼센트가 5년 안에 다시 살이 찌는 이유는 그들이 너무 나약해서 유혹을 거부하지 못했기 때문이라고 믿었다.

그러나 이후 연구들에 따르면 이는 사실이 아니다. 처음부터 다시 시작한 몇몇 연구자들은 만성적으로 예전 습관으로 돌아가는 이유는 나약함이 아닌 피로 때문이라고 결론지었다. 자아 고갈(ego depletion)이라고 불리는 이 아이디어는 연료통의 휘발유처럼 정량의 의지력만 가지고 아침에 일어난다고 설명한다. 너무 많은 유혹과 싸워야만 해서 충동에 저항하는 연료 게이지가 0을 가리키는 날, 의지력은 잠음을 내다가 죽고 만다.

좋은 아이디어이고 이를 뒷받침하는 강력한 증거도 분명 있지만,

의지력과 관련해 우리가 알고 있는 모든 것을 설명해주지는 않는다.

독일의 한 대규모 연구에서는 집행 기능을 측정하는 최적 표준을 사용하여 사람들의 자제력을 측정했다. 연구자들은 연구 당시 가장 정교한 기록 시스템(무선호출기와 유사한 장치)을 사용했다. 참가자들은 하루 동안 몇 번이나 나쁜 습관에 굴복하고 싶은 유혹을 느꼈고, 얼마나 자주 적극적인 저항을 시도했는지 기록했다.

이 테스트에서 높은 점수를 받은 사람들은 매일 직면하는 어떤 유혹에도 자주 굴복하지 않으리라는 가설이 설정되었다. 그러나 연구자들이 얻은 결과는 달랐다. 높은 점수를 받는 사람들은 낮은 점수를 받은 사람들보다 유혹에 더 잘 저항하는 게 아니었다. 그저 하루 동안 많은 유혹에 직면하지 않았을 뿐이다. 그들은 유혹을 일상적으로 경험하지 않도록 생활을 구성했다.

그들의 결론은 당신의 뇌에 강한 자국을 남길 수 있다. 데이터는 그들이 사는 환경이 유혹에 저항하는 데 적극적인 역할을 한다고 시사했다. 유혹에 잘 저항하는 사람들은 저장된 의지력을 자주 사용할 필요가 없었다. 오랫동안 감량 후의 체중을 유지하는 사람들은 건강에 해로운 음식을 집에서 모두 몰아내는 법을 배운 덕분에 그게 가능했다.

마찰의 문제 같은가? 환경 전환이라는 맥락과 자아 개념의 혼합으로 설명되지 않을까? 습관을 만들기 위해 마찰 없는 환경을 이용하는 것만큼 쉽게 나쁜 습관을 방지하기 위해 마찰이 심한 환경을 이용할 수 있다. 유혹이 적은 환경 만들기는 유혹에 직면했을 때 저항하는 것만큼 중요하다.

그렇다면 의지력은 아무 역할도 하지 않는 걸까? 감량 체중을 유지하는 사람들도 우리처럼 클릭 한 번이면 손쉽게 치킨을 주문할 수 있는데?

추후 연구들은 의지력도 역할을 하지만, 올바르게 사용될 때로 한정된다는 결과를 보여준다. 의지력은 단기적인 목표 달성에는 매우 효과적이다. 마치 치타처럼 단거리 경주에서는 훌륭하지만 마라톤에서는 엉망인 선수와 같다. 장기적인 성공은 환경을 재설계해야 가능하다. 유혹에 쉽게 접근할 수 없는 생활방식을 만들어야 한다. 그러면 유혹이 문을 두드릴 때 저항할 수 있는 자제력을 갖게 될 것이다.

그러므로 전적으로 의지력이 부족해서 바뀔 수 없다는 생각은 신화를 믿는 것이다. 단순히 유혹을 거부하는 것보다 훨씬 복잡한 일이다. 쉽게 자주 유혹 받는다면 전투 시작을 깨닫기도 전에 패배한 것이다.

다음 월요일에 할 일

《마이크 멀리건과 증기 삽차》의 내용으로 이 장을 시작했다. 마이크와 낡은 메리 앤이 새로운 시청 건물의 지하실을 파놓고 올라올 경사로를 만들었어야 했는데 잊어버렸고, 삽차는 구덩이에 갇혀 빠져나올 수 없었다.

공사 현장을 구경하던 총명한 소년이 갑자기 좋은 생각을 떠올린다. 마이크가 증기 삽차의 용도를 보일러로 바꿔 현재 갇힌 그 자리에 둘 용의만 있다면 문제는 해결된다고 말한다. 용도가 바뀐 기계 위로 시청을 지으면 된다. 마이크는 관리인이 될 수도 있다!

소년의 제안은 유익한 방식으로 변화에 적응하는 좋은 예다. 이 장에서 설명한 내용 대부분은 그러한 적응을 더 쉽게 만들기 위한 것이다.

이제 실용적인 세 가지 제안을 하려 한다.

마찰의 힘을 기억한다

변화를 만들려면 당신의 살아 있는 경험을 현명하게 조작해야 한다. 버리고 싶은 습관은 환경의 마찰을 늘린다. 기르고 싶은 습관은 환경의 마찰을 줄인다. 기억하라, 손이 닿지 않는 곳에 팝콘이 있으면 그것을 먹을 확률이 낮다. 운동복을 입고 자면 아침에 달릴 가능성이 더 크다.

보상의 힘을 기억한다

변화에 적응하려면 조금씩 단계적으로 자신에게 보상을 제공할 필요가 있다. 먼저 (a) 자신에게 즐겁고, (b) 신속하게 경험할 수 있는 보상 목록을 작성한다. 행동이 바뀌기 시작하면 자신에게 즉시 보상을 제공한다. 그런 다음 시간이 지날수록 점점 더 불규칙한 보상 스케줄로 바꾼다. 가능하다면 자신이 육성하려는 활동에 내재된 보상을 이용한다.

의지력의 한계를 이해한다

노력이 필요한 자제력은 변화의 초기 단계에서는 유용하지만 장기적으로는 유용성이 제한적이다. '날 괴롭히는 무엇이든 의지력으로 정복할 수 있다'는 생각은 신화임을 깨달아야 한다. '날 괴롭히는 무엇이든 처음에는 의지력으로 정복할 수 있다'는 생각으로 고쳐야 한다.

이러한 아이디어를 실행에 옮기는 것은 우리에게 필요한 크고 작은 변화를 만들 가장 좋은 방법이다. 누가 알겠는가? 당신이 마이크 멀리건과 그가 사랑하는 증기 삽차 같은 운명에 처할 수도 있다. 버튼은 그녀의 책을 이렇게 끝맺음했다.

이제 포퍼빌에 가면 새 시청사의 지하실에 꼭 내려가세요. 마이크 멀리건과 메리 앤이 거기에 있을 거예요 … 마이크는 흔들의자에 앉아 파이프 담배를 피우고 있고, 메리 앤은 그 옆에서 새 시청사에서 회의하는 사람들을 따뜻하게 해주고 있답니다.

결심과 인내만으로는 아무것도 바뀌지 않는다

- 사람들이 변화에 저항하는 이유는 통제권이 넘어갈 위험이 있기 때문이다. 사람들은 '새로운 상황'이 '지금 상황'보다 악화될 수 있다고 믿는 경향이 있다.
- 변화를 고려하고 궁극적으로 변화를 만들려면 뇌는 상당량의 에너지를 사용해야 한다.
- 새로운 습관 형성에 더 성공하려면 새로운 행동을 실천한 후 자신에게 즉각 보상을 제공하라.
- 깨뜨리고 싶은 나쁜 습관은 환경의 마찰을 늘려 불편하게 만들라. 기르고 싶은 습관은 환경의 마찰을 줄여 편리하게 만들라.
- 장기적으로 습관을 바꾸려면 깨뜨리고 싶은 예전 습관과 마찰이 일어나고 시작하고 싶은 새로운 습관을 보상해주는 시스템을 만들라. 의지력 자체의 효용은 제한적이다.

에필로그

뇌의 작동 원리를
아는 사람이 살아남는다

"뇌를 염두에 두고 근무 환경을 설계한다면 뇌가 그런 환경에 어떻게 반응할까?" 우리는 이 사고 실험으로 책을 시작했다. 20세기 마이크 멀리건의 교훈을 21세기 미래에 무사히 대입하면서 그 실험의 끝에 도달했다.

손가락이 다섯 개라서 손가락 장갑이 고안되었다는 내 말을 기억하는가? 권력, 창의성, 스트레스 문제의 해결이든 또는 파워포인트로 프레젠테이션을 할 때 사람들이 졸지 않게 할 방법의 강구든, 기업들은 이런 인체공학을 고려하고 뇌의 인지 형태에 따라 업무 경험을 구성해야 개선할 수 있다. 나는 당신이 이 책의 제안을 활용하여 직장을 뇌의 자연스러운 윤곽에 맞출 수 있기를 바란다.

이 책의 세부 사항들을 전부 기억하지 못해도 괜찮다. 대부분의 내용을 하나의 아이디어로 요약할 수 있다. '자기중심성을 줄이는 법을 배우라.' 유능한 팀을 만들고 싶다면 혼자 대화를 지배하지 않고, 자신이 관심의 중심이 아니라면 다른 사람의 말을 끊지 않아야 한다. 유능한 리더가 되려면 충분한 공감 속에서 결정을 내려야 한다. 시종일관 다른 사람의 경험을 생각하라는 뜻이다. 갈등 관리를 원한다면 자신의 분쟁에서 물러서서 제3자인 촬영기사가 되어 거기 끼지 않고 목격해야 한다. 연구계는 이 모든 평등주의에 사회적 탈중심화(social decentering)라는 근사한 용어를 쓴다. 직장을 재구상하려면 부모님이 가르쳐준 가장 기본적인 규칙의 하나, '나보다 남을 더 생각하라'는 것을 기억하라.

내 이웃이 되어주지 않을래?

프레드 로저스는 나의 영웅이다. 이 책을 마무리하면서 그에 관한 이야기를 마지막으로 하나 더 알려주려 한다. 1977년 에미상 시상식에서 로저스는 공로상을 받았다. 그날 하룻밤은 자기만족에 빠져도 괜찮았을 텐데, 그의 수상 소감은 로저스가 얼마나 자기중심적이지 않은지 보여주었다. 3분이 채 안 걸렸지만, 그 자리에 있던 냉정한 방송국 간부들과 야심만만한 TV 스타들, 과로하는 제작진 등 수백 명의 눈물을 자아내기에 충분했다.

"오, 이 동네는 아름다운 밤이군요." 로저스는 자신을 호명한 배우 팀 로빈스에게 고개를 끄덕이며 말을 시작했다. "정말 많은 분들이 제가 오늘 밤 이 자리에 서도록 도와주셨습니다. 그들 중 일부는 여기 계십니다. 일부는 멀리 계시죠. 심지어 천국에 계신 분도 있습니다. 우리 모두에게는 우리가 존재하도록 사랑해준 특별한 분들이 있습니다." 열광하던 청중들이 갑자기 조용해졌다.

그가 부탁했다. "저와 함께 10초만 지금의 여러분이 될 수 있도록 도와주신 분들을 생각해보겠습니까? 여러분을 아끼고 여러분 인생에 가장 좋은 것들만 원했던 분들이요. 10초만 조용히 생각해볼까요? 제가 시간을 재겠습니다." 그는 팔을 뻗어 손목시계를 보면서 10초를 세었다. 왜 모두 조용해졌는지 TV 카메라가 가만히 보여주었다. 사람들의 눈에 눈물이 고여 있었다. 어떤 이들은 애석한 표정으로 아래를 내려다보았고, 어떤 이들은 괴로운 기억을 떠올린 듯했다. 모두의 뇌는 약 10초 동안 자신이 아닌 누군가에게 공간을 내주고 있었다. 10초가 지나자 로저스는 다음 말로 수상 소감을 마무리했다.

> 여러분이 누구를 생각했든 그분이 만든 변화를 여러분이 생각했다는 걸 알면 얼마나 기뻐할까요. 내 가족, 친구들, 공영 방송의 동료들에게 특별한 감사를 전합니다 … 그동안 저를 격려해주고, 저를 이웃으로 허락해주어서 고맙습니다. 하느님이 여러분과 함께하시기를.

박수와 환호가 터져 나오는 동안에도 몇몇은 여전히 손수건을 들고 있었다. 그 짧은 순간, 그 마법의 10초가 이 책이 말한 모든 것을 담고 있다.

직장으로 간 뇌과학자

기회가 된다면 로저스가 제안한 감사의 순간을 가지라. 그런 다음 인터넷에 접속하여 그의 수상 소감을 직접 확인하라. 이것이 내가 마지막으로 제안하는 실천사항이다. 믿어도 좋다. 오늘 하루 할 수 있는 가장 잘한 일일 것이다.

감사의 글

편집자 에릭 이븐슨에게 진심 어린 감사를 보낸다. 많은 통찰력 있는 아이디어들, 활발한 토론, 시들지 않는 낙관론에 감사드린다. 그와 함께 일하는 건 정말 재미있었다!

스티븐 브랜스테터, 팀 젠킨스, 라이언 메클렌버그, 마고 칸 케이스, 케이티 프린스, 제니 피오레, 그렉 피어슨 그리고 때로는 멘토이고 언제나 친구인 리 헌츠먼에게도 감사드린다.

또한 참을성 강한 아내 카리와 아들 조슈아와 노아에게 인내심 명예 훈장을 주고 싶다. 코로나 위기 동안 네 식구가 함께 지낼 수 있어 좋았지만 그 와중에 책을 써야만 했다. 세 사람은 아래층에 틀어박혀 책을 써야 하는 나를 이해해주었고, 가끔 한숨을 돌릴 때면 멋진 음악과 수제 피자, 가족의 사랑으로 맞아주었다. 우리가 이렇게 오랫동안 집에 모여 있을 수 있었다는 게 감사하다. 우리가 훨씬 더 젊었을 때 공유했던 가족의 리듬을 마지막으로 완벽히 재현한 시간이었다. 그 시간을 영원히 소중하게 간직할 것이다.

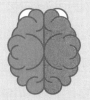

Brain Rules for Work

최상의 효율로 최대의 결과를 만드는 10가지 두뇌 법칙

직장으로 간 뇌과학자

제1판 1쇄 인쇄 | 2024년 2월 7일
제1판 1쇄 발행 | 2024년 2월 14일

지은이 | 존 메디나
옮긴이 | 김미정
펴낸이 | 김수언
펴낸곳 | 한국경제신문 한경BP
책임편집 | 윤혜림
교정교열 | 최혜영
저작권 | 백상아
홍 보 | 서은실·이여진·박도현
마케팅 | 김규형·정우연
디자인 | 권석중
본문디자인 | 디자인 현

주   소 | 서울특별시 중구 청파로 463
기획출판팀 | 02-3604-590, 584
영업마케팅팀 | 02-3604-595, 562   FAX | 02-3604-599
H | http://bp.hankyung.com   E | bp@hankyung.com
F | www.facebook.com/hankyungbp
등   록 | 제 2-315(1967. 5. 15)

ISBN 978-89-475-4939-4 03180